図解即戦力

豊富な図解と丁寧な解説で、
知識0でもわかりやすい！

EC担当者の実務と知識がしっかりわかる教科書

これ1冊で

株式会社これから 著
COREKARA Inc

技術評論社

Contents

Chapter 1

ECの基礎知識と EC担当者のお仕事

SECTION 01 国内EC市場の概要と歴史
そもそもECサイトとは？ …… 12

SECTION 02 国内EC市場の推移と世界との比較
まだまだ成長する！ EC市場の動向 …… 14

SECTION 03 ECビジネス・進化のキーワード
2020年代 ECはさらに進化する …… 16

SECTION 04 EC担当者のお仕事①
EC担当者の基本的な販売業務 …… 18

SECTION 05 EC担当者のお仕事②
EC担当者が行うべき販促業務 …… 20

SECTION 06 EC担当者のお仕事③
サイト運営で必須のお客様対応 …… 22

SECTION 07 ECサイトの種類と特徴
自社ECサイトとモール型ECサイトの違い …… 24

SECTION 08 ECカートシステムの種類と特徴
自社ECサイトのカートシステムは大きく3種類 …… 26

SECTION 09 ASP型カートシステムの種類と特徴
ASP型カートシステムの選び方 …… 28

SECTION 10 ECサイトの多店舗展開
自社ECとモール型ECの両方を運営するメリット …… 30

SECTION 11 注目のマーケットプレイス
EC担当者が知っておきたいCtoCサービス …… 32

SECTION 12 海外EC出店の基礎知識
越境ECを行う理由と注意点 …… 34

Column ECサイトは我が子のように愛情をかけて育てよう! …… 36

Chapter 2

ECビジネスで知っておきたいこと

SECTION 01 ECサイトの売上公式
売上を決めるのはアクセス数×購入率×平均客単価 …… 38

SECTION 02 ECビジネスのフレームワーク①
サイトの強みと弱みを明らかにするSWOT分析 …… 40

SECTION 03 ECビジネスのフレームワーク②
ペルソナによる自社の顧客像の描き方と活用法 …… 42

SECTION 04 KPI設定の基礎知識①
ECサイトの目標設定や評価のための指標「KPI」 …… 44

SECTION 05 KPI設定の基礎知識②
KPI設定で発見・解決するECサイトの課題 …… 46

SECTION 06 ECサイトの年間販売計画
販売機会を逃さない販促イベント計画の立て方 …… 48

SECTION 07 サイト運営関連法規のキホン①
特定商取引法とサイトに必ず掲載すべきこと …… 50

SECTION 08 サイト運営関連法規のキホン②
ウソや誇大表現はNG！ 景品表示法と薬機法 …… 52

SECTION 09 決済方法の基礎知識①
ECサイトで利用される決済方法 …… 54

SECTION 10 決済方法の基礎知識②
ECサイトの売上を伸ばすID決済 …… 56

SECTION 11 商品の魅力的な伝え方①
商品写真の撮影前に伝えたいことを考え抜くのが大切 …… 58

SECTION 12 商品の魅力的な伝え方②
商品写真で知っておきたい撮影の知識 …… 60

SECTION 13 商品の魅力的な伝え方③
自社で撮影するのに必要な機材 …… 62

SECTION 14 ネット販売での価格設定
価格の決め方と平均客単価を伸ばす方法 …… 64

SECTION 15 通販ビジネスの物流のキホン①
在庫管理から発送までのフルフィルメント業務とは …… 66

SECTION 16 通販ビジネスの物流のキホン②
販売戦略につながる配送料金の設定 68

SECTION 17 梱包業務のキホンとアイデア
梱包と封入物でお客様とコミュニケーション 70

SECTION 18 ECビジネスに関する情報収集
EC担当者なら知っておきたい情報サイト4選 72

Column 「ECに詳しい人に任せてるから安心」は間違い！？ 74

Chapter 3

企画から開店準備までで学ぶ ECサイト制作の知識

SECTION 01 ECサイト制作のフロー
コンセプト決定からオープンまでサイト制作の流れ 76

SECTION 02 ECサイトの企画設計①
サイト制作の精度が上がるコンセプトシートの作成 78

SECTION 03 ECサイトの企画設計②
必要なページと階層を設計するサイトマップ 80

SECTION 04 トップページの構成<基本>
購入率が2倍に上がるトップページ必須の要素 82

SECTION 05 トップページの構成<タイプ別>
商材や業態で異なるトップページ構成のセオリー 84

SECTION 06 スマホサイトの構成のつくり方
画面サイズを意識したスマホ専用サイトの構成 86

SECTION 07 ページの構成<商品カテゴリーページ>
工夫するほど売上が伸びる! 商品カテゴリーページ 88

SECTION 08 ページの構成<商品詳細ページ>
購入へ最後のひと押しをする商品詳細ページ 90

SECTION 09 ページの構成<カートページ>
最後のダメ押しで売上を伸ばすカートページ 92

SECTION 10 ページの構成
見落としがちな商品ページのつくり込み 94

SECTION 11 4つのページの複合型サイト
ブランディングや定期購入に効くランディングページ …… 96

SECTION 12 ECサイトの実装
知っておきたいコーディングの知識 …… 98

SECTION 13 ECサイトの開店準備①
サイトの不備から配送トラブルまでテスト注文で検証 …… 100

SECTION 14 ECサイトの開店準備②
オープン前に行うべき運営者側のチェック項目 …… 102

Column 実店舗で売れてもECサイトで売れるとは限らない！ …… 104

Chapter 4

ECサイトの集客方法 <SEO&SNS編>

SECTION 01 ECサイト集客の基本知識
ECサイトの集客方法と集客チャネル …… 106

SECTION 02 検索のしくみとSEOのキホン
検索エンジンのしくみとSEO対策 …… 108

SECTION 03 SEOの内部対策①
EC担当者が行うSEOの内部対策<タグ設定編> …… 110

SECTION 04 SEOの内部対策②
EC担当者が行うSEOの内部対策<キーワード設定編> …… 112

SECTION 05 SEOのためのコンテンツ作成
SEO効果の高いコンテンツのつくり方 …… 114

SECTION 06 SEO対策のルール
やってはいけないSEO対策 …… 116

SECTION 07 SNSの特徴と活用①
SNSの特徴を活かしたECサイト集客術 …… 118

SECTION 08 SNSの特徴と活用②
シームレスなInstagramマーケティング …… 120

SECTION 09 スマホアプリの活用
実店舗と連動したアプリ集客 …… 122

Column ウェブ集客は魚釣りだ！ 124

Chapter 5

ECサイトの集客方法 <ウェブ広告編>

SECTION 01 ウェブ広告の基本知識①
ウェブ広告の利点と広告費の種類 126

SECTION 02 ウェブ広告の基本知識②
配信ターゲットの設定と媒体・メニュー選び 128

SECTION 03 広告計画と目標設定
ウェブ広告で大切なKPIの考え方 130

SECTION 04 ウェブ広告の種類①
検索ページに表示される「リスティング広告」 132

SECTION 05 ウェブ広告の種類②
リマーケティングが重要「ディスプレイ広告」 134

SECTION 06 ウェブ広告の種類③
商品写真付きで表示「Googleショッピング広告」 136

SECTION 07 ウェブ広告の種類④
商品への興味関心が高いユーザーにリーチできる「SNS広告」 138

SECTION 08 ウェブ広告の種類⑤
見込み客に毎日商品を宣伝できる「インフィード広告」 140

SECTION 09 ウェブ広告の種類⑥
静止画広告よりも購買率が高い「動画広告」 142

SECTION 10 ウェブ広告の種類⑦
定番の集客法「アフィリエイト広告」 144

SECTION 11 ウェブ広告の種類⑧
アンバサダーマーケティングとインフルエンサーマーケティングの違い 146

SECTION 12 ウェブ広告のデザイン
訴求と表現が大切！ バナー広告のデザイン 148

SECTION 13 ウェブ広告のテキスト
文字の力で訴える！ 広告の見出しと説明文 150

SECTION 14 ウェブ広告の運用①
失敗しないウェブ広告の配信と運用 …… 152

SECTION 15 ウェブ広告の運用②
勝ちパターンを見つけるA/Bテストの実施 …… 154

Column 情報の見極めが大切！ 話題の記事LPとは？ …… 156

Chapter 6

購入率を上げる ECサイトの接客術

SECTION 01 ECサイトの接客のキホン
価格よりも大事？ ウェブ接客力の重要性 …… 158

SECTION 02 購入申し込み時の接客サービス
売上アップに効果的なカゴ落ち対策 …… 160

SECTION 03 おすすめを紹介する接客ツール
レコメンドツールは購入率・客単価・リピート率を改善する優秀なスタッフ …… 162

SECTION 04 商品案内の接客ツール
訪問者を離脱させない商品検索サジェスト …… 164

SECTION 05 問い合わせに対応する接客ツール
ECサイトの利便性を高めるチャットボット …… 166

SECTION 06 商品レビューの獲得と管理
「お客様の声」商品レビューはサイトの強い味方 …… 168

SECTION 07 メディアECによる情報発信①
ショップのファンを育成するメディアEC …… 170

SECTION 08 メディアECによる情報発信②
管理しやすいコンテンツ配信サイトのつくり方 …… 172

SECTION 09 メディアECによる情報発信③
サイトを訪れる理由になるコンテンツのつくり方 …… 174

Column 世界中の商品が即日到着で購入できる未来は近い？ …… 176

Chapter 7

もっと売上を伸ばすための ECサイト分析と改善

SECTION 01 定量分析と定性分析
売上をゴールにおいて解析するECサイト分析 …… 178

SECTION 02 5つのKPI
ECサイトの分析時に押さえておきたい指標 …… 180

SECTION 03 アクセス解析ツールのキホン①
Googleアナリティクスの役割と重要性 …… 182

SECTION 04 アクセス解析ツールのキホン②
GoogleアナリティクスでECサイト専用分析 …… 184

SECTION 05 Googleアナリティクスによる分析①
EC分析のポイントは流入元のメディアとデバイス …… 186

SECTION 06 Googleアナリティクスによる分析②
売上改善につなげるコンバージョン率の分析 …… 188

SECTION 07 SEO分析ツールのキホン
SEO対策の分析ツール！ Google Search Console …… 190

SECTION 08 AIとサイト分析
客観的データで改善を提案「AI解析ツール」の活用 …… 192

SECTION 09 その他のウェブ解析ツール
デザインの分析も！ ウェブ解析に利用できるツール …… 194

Column 売れない理由は商品ではない！ 販売戦略だ！ …… 196

Chapter 8

ECサイト運用の王道！ リピーター対策

SECTION 01 リピーター対策の必要性
売上を安定的に伸ばしていくにはリピーター対策が必須 …… 198

SECTION 02 顧客管理の基礎知識
顧客を知ることから始まるリピート対策 200

SECTION 03 顧客分析の基礎知識
顧客分析の王道 会員ランク分析とRFM分析 202

SECTION 04 F2転換率
F2転換はスピードが命！ 鉄は熱いうちに打つもの 204

SECTION 05 ダイレクトマーケティング①
メルマガ配信はタイミングが大事 206

SECTION 06 ダイレクトマーケティング②
セグメントメール配信とステップメール配信 208

SECTION 07 LINEマーケティング①
圧倒的な誘導率でお客様とつながるLINE公式アカウント活用法 210

SECTION 08 LINEマーケティング②
友だち獲得のコツと即ブロック防止術 212

SECTION 09 納品時のリピーター対策
顧客のハートを掴むには開梱時がチャンス 214

SECTION 10 紙媒体のリピーター対策
アナログ対策も忘れずに！ 30代以上にはDMとカタログを 216

SECTION 11 定期購入のリピート技①
1年目で年商1億円も夢ではない！ 単品リピート通販の世界 218

SECTION 12 定期購入のリピート技②
サブスクリプションモデルはリピート通販の新潮流 220

Column ユーザーとウェブがつながり続けるIoT世界のCRM 222

Chapter 9

多店舗展開で売上アップ！ ECモールへの出店

SECTION 01 ECモール出店の基礎知識①
ECモール出店のメリットと注意点 224

SECTION 02 ECモール出店の基礎知識②
3大ECモールの特徴と売上アップのサイクル 226

SECTION 03 ECモールでの販売促進
ECモール型サイトでの販促ポイントは「目玉商品」 228
SECTION 04 ECモールでの広告&イベント
広告出稿とECモール主催のセールイベント 230
SECTION 05 ECモールで登録する商品情報
商品検索ページで表示される情報の重要性 232
SECTION 06 レビューの収集と特典の活用
特典の魅力で集める! ECモール内の商品レビュー 234
SECTION 07 Amazonマケプレの基礎知識①
Amazonマーケットプレイス出品のポイント 236
SECTION 08 Amazonマケプレの基礎知識②
フルフィルメント by Amazonの利用 238
Column ECモールへの出店だけでいいのか? 240

ご注意:ご購入・ご利用の前に必ずお読みください

■免責

■商標、登録商標について

Chap

1

ECの基礎知識とEC担当者のお仕事

指先ひとつで欲しいものがすぐに購入できるECサイト。

ここでは「ECとは何か」や「市場動向」などの

基本的な知識から、販売や販促、

お客様対応などEC担当者として

具体的に知っておきたい業務を紹介しています。

SECTION 01

国内EC市場の概要と歴史

そもそもECサイトとは?

EC業界の市場規模は年々伸びています。欲しい物がすぐに購入できることから、現在の人々の生活に欠かせない重要なインフラとなっています。

市場規模が伸び続けるEC業界

ECとは「Electronic Commerce」の略で、日本語では「電子商取引」と訳します。馴染みのある言葉で表現すると「ネットショップ」のことです。ECの中には、商品が実際に送られてくる物販ECと、電子書籍や音楽のようなダウンロード販売などの非物販ECがあります。一般的にECサイトといえば、物販ECを指すことが多く、本書でも主に物販ECについて解説します。

国内のEC市場規模は2018年時点で17兆9千億円となり、コンビニの市場規模10兆2,000億円をはるかに超えています。現在も市場規模が伸びている業態で、今後の伸びも大いに期待されています。

市場の拡大に併せて新規参入も

日本のECサイトはEC先進国のアメリカと比較しても歴史が古く、1997年の楽天市場の開業をきっかけに参入企業が増えました。2000年代前半にPCやネット環境の普及により、さらに増えます。そして**2010年代のスマホの普及によって加速的にECは世の中に広がり**ました。BtoCやBtoBの業態だけではなく、CtoCのジャンルにおいても多くの人が参入しています。

現在、ECサイトは、欲しい物がすぐに購入できるサービスであり、生活を支える重要なインフラです。また、その発展とともに人々のライフスタイルをより豊かにするものとして、欠かすことのできない存在となっているのです。

BtoB　BtoC　CtoC
ECは顧客対象の違いから3つに分けられる。企業同士で行う取引のBtoB EC、ネットショップ企業と一般消費者間の取引のBtoC EC、オンラインオークションなどの消費者同士の取引のCtoC ECで、それぞれシステムも違う。

国内EC業界の主なできごと

1997年	エム・ディー・エム（現 楽天株式会社）が「楽天市場」を開始 ヨドバシカメラ、ノジマ、カゴメ、味の素などの大手企業が同時期にECを開始
1998年	佐川急便が宅配事業を開始し、ECの配送面が整備されていく
1999年	Eストアー創業（独自ドメインのカートシステムのスタート）。「Yahoo! ショッピング」「Yahoo! オークション（現 ヤフオク!）」がサービス開始
2000年	Amazonが本販売のECを開始。インターネットバブル崩壊
2002年	Amazon マーケットプレイス開始。楽天市場が6,000店舗突破
2003年	自社ECサイト構築システムが普及
2004年	ZOZOTOWN運営開始。MakeShopが自社ECのASPカートを提供
2005年	個人情報保護法施行。カラーミーショップが自社ECのASPカートを提供
2007年	スマホの普及。楽天市場が年間流通総額5,000億円達成
2008年	SNS拡大。SoftbankがiPhone販売開始。Amazonがフルフィルメント開始、取引高1兆円を達成。楽天市場が「あす楽」を開始
2009年	Amazonが当日配送サービス開始
2010年	Yahoo!がGoogleの検索エンジンへ移行。Amazonがお届け日時指定便の提供を開始。グルーポン、ポンパレなどクーポンサイトが多く登場
2012年	無料でECサイトが開設できる「BASE」「STORES.jp」開始
2013年	Yahoo! ショッピングが出店料を無料化。フリマアプリ「メルカリ」開始
2014年	消費税が8%に引き上げ（2019年10月に10%へ）
2016年	アリババが独身の日に取扱高1,207億元（約1.8兆円）を達成
2018年	メルカリが株式公開

SECTION 02

国内EC市場の推移と世界との比較

まだまだ成長する！ EC市場の動向

20年で278倍に拡大し、今後も成長が予測されるBtoC EC市場。フリマをはじめとするCtoC EC市場も急速に拡大しています。近年の市場動向や世界での立ち位置を分析してみると、今後の成長分野が見えてきます。

20年で278倍に拡大したマーケット

1998年に645億円だったBtoC EC市場は、2018年には17兆9千億円と20年間で278倍に拡大しています。2024年には27兆円を超えるという予測結果も出ており、今後も伸びる市場であると考えられます。分野別に見てみると、対前年比の伸び率は物販系分野が8.12%（前年度：7.45%）、サービス系分野が11.59%（前年度：11.3%）となっており、これらの分野が成長市場であることがうかがえます。

また近年、**ECチャネル**のひとつとして**メルカリをはじめとしたCtoC ECが急速に拡大。**その市場規模は6,392億円（前年4,835億円、前年比32.2%増）に急増しており、フリマがはじめて登場した2012年から、わずか6年で巨大市場が形成されたことになります。

ECチャネル
チャネルはチャンネルのことで、データの経路を表す。ECサイトにおける流入経路や販売経路のこと。

電子商取引が進んでいない業界も

日本の市場規模は、現在世界で第4位で、1位の中国とは約9倍の差があります。また「EC化がいまだに進んでいない企業」も多く、前年からの成長率が6.0%と、他国と比べると低くなっています。特に**食品業界や医薬品業界は、市場の規模に対しEC化が遅れて**います。しかし現在は、さまざまな業界がECサイトのポテンシャルに気付き、新規参入企業が増えています。またコロナウィルスの影響を受け、ECサイトを利用する消費者も増えており、今後も大きな成長が見込める市場と言えるでしょう。

過去20年間のBtoC EC市場規模の推移

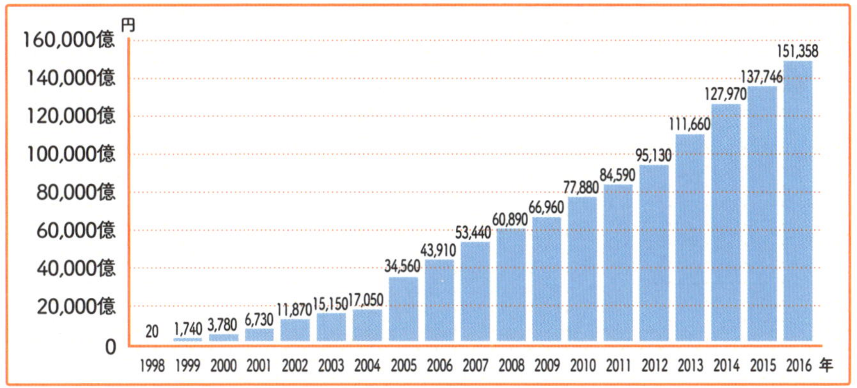

※「これから」調べ

BtoC EC分野別に見る市場の対前年伸び率

ECの種類	2017年	2018年	伸び率
A.物販系分野	8兆6,008億円 （EC化率5.79%）	9兆2,992億円 （EC化率6.22%）	8.12%
B.サービス系分野	5兆9,568億円	6兆6,471億円	11.59%
C.デジタル系分野	1兆9,478億円	2兆382億円	4.64%
総計	16兆5,054億円	17兆9,845億円	8.96%

出所：経済産業省の最新の調査結果より：平成30年度 我が国におけるデータ駆動型社会に係る基盤整備（電子商取引に関する市場調査）

世界の市場規模ランキング

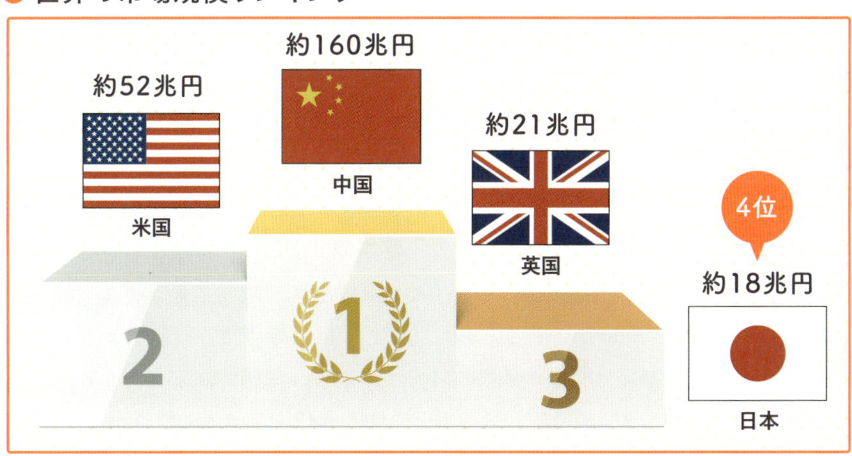

※2018年「これから」調べ

SECTION 03

ECビジネス・進化のキーワード

2020年代 ECはさらに進化する

ECという概念が生まれて約20年。インターネットを通じ、世界中のものを指先ひとつで買えるようになりました。まさに買い物革命です。そして次の10年でECはさらに進化し、より密接に生活と関わってくるでしょう。

2020年代　キーワードはAIと5G

ググる
検索エンジンの「Google」で検索をかけること。もとの単語と発音が似ており、短くて言いやすいことから、普及した。

2020年代には「**ググる**」という言葉がなくなるかもしれません。今までのネットショッピングでは、検索エンジンで検索をかけ、欲しいものを探し、比較検討するといったプロセスを踏んでいました。しかし、レビューの発達やSNSの普及により、「検索をしてものを探す」機会はどんどん減ってきています。今後この流れは、AIの発達によってさらに加速していくでしょう。つまり、最適化されたAIが、好みの傾向や、欲しいものの特徴を伝えなくても、あなたの**購買履歴や行動データをもとに、世界中のECサイトから心躍る商品を探し出してくれる**のです。自ら「検索する」という作業から解放され、優秀なコンシェルジュが誰にでもつくような購買体験が、もうじき実現されようとしています。EC事業者の立場から見ると、より一層商品の魅力を伝えたり、購買者とつながったり、購入後の体験を発信したりできるかが、次の購買者獲得へのポイントとなります。

5G
「第5世代移動通信システム」のこと。特徴として「超高速化」「超多数同時接続」「超低遅延」が挙げられる。あらゆるものをインターネットにつなげるIoT機器が、より普及することが見込まれる。

そして、このAI革命を支えるのが、次世代通信の**5G**です。2020年に5G通信が始まり、より多くのデータが瞬時に転送できるようになります。**4G時代の100倍の情報を消費者に届けることができる**のです。たとえば、売り場全体をリアルタイム動画で追いかけることも可能でしょう。すると、店舗に足を運ばなくても、まるで店舗にいるかのような購買体験ができます。買い物に必要な情報がオンラインとオフラインの垣根なく、瞬時に行き交う時代になるのです。

O2OとOMOの違い

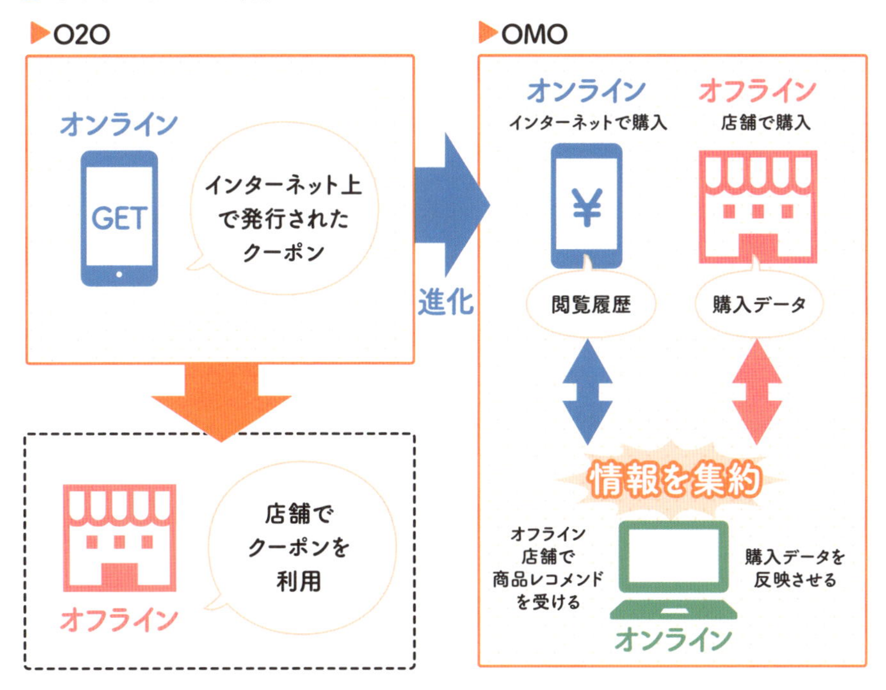

O2OからOMOへ

O2O（Online To Offline）とは、オンラインで得られた情報をオフラインでも活用していくという概念です。オンラインクーポンをオフライン店舗で使用する施策などが代表例です。この場合、あくまでもオンラインの世界とオフラインの世界を別々に捉えています。この O2O の進化系が、**OMO**（Online Merges with Offline）です。これは直訳すると「オンラインとオフラインの融合」を意味します。オフラインでの購入データをオンラインへ反映させたり、オンラインでの閲覧履歴を元にオフライン店舗で商品レコメンドを受けたりと、**オンラインとオフラインの垣根なく、買い物をますます便利にしていく**概念です。ユーザーに心地よく購入体験を積んでもらえるかが今後の成長のポイントになるでしょう。

O2O
ネット上（オンライン）からネット以外の店舗など（オフライン）での行動へと促す施策のこと。マーケティングの効果を測定しやすく、IT に詳しくない人でも効果を実感・把握できる利点がある。

OMO
「ネット」と「ネット以外」という垣根にこだわらず、人がモノやサービスに触れて得られる体験や経験を主軸に考えるマーケティングのひとつ。購入に関する行動をデータとして蓄積し、業務効率化やサービスの充実を図る。

SECTION 04

EC担当者のお仕事①

EC担当者の基本的な販売業務

EC 担当者の販売業務は、実店舗での業務とほとんど変わりません。ただし EC サイトでのお客様とのやり取りは「メール」が中心。お客様の満足度を高めるためにも 3 種類のメールを送ることが大切です。

ECサイトであっても実店舗と同様の作業が必須

EC サイトの運営における基本業務を、実店舗での必要業務に置き換えて考えてみましょう。実店舗の場合「商品の仕入れ・陳列」を行い、お客様に「商品案内」をし、「注文を受け」「代金を受け取り」「商品を渡す」というのが基本的な業務です。EC サイトにおいても、やり取り自体がウェブを介したものになりますが、実際に行う業務としては変わりません。

まず「商品の仕入れ・陳列」です。これは、販売する商品を実店舗同様に仕入れる作業と、EC サイト上に登録する作業です。商品名や価格、**在庫数**などをサイト上に登録することが陳列作業になります。また、商品を陳列する際に大切なのが「商品案内」です。実店舗であれば、商品を手に取ってもらったり、店員に直接相談していただいたりすることができます。しかし、EC サイトはそのような「商品案内」ができません。そのため、**実店舗で購入する際によく問い合わせがあるような項目について、EC サイト内に追加記載することが大切**です。

在庫数
実店舗と EC サイトの両方を運営している場合は、在庫数が双方で合致するように管理することが大切。

次は「注文を受け」「代金を受け取り」ます。注文が入ると運営者に注文内容がメールで届きます。後述しますが、注文を受けたら「注文確認メール」、代金を受け取ったら「入金確認メール」を送ります。

最後に「商品を渡す」作業です。契約をしている宅配業者に商品の配送を依頼します。なお、商品を配送する際は納品書を添付するのが一般的です。

ECサイトでの販売業務の流れ

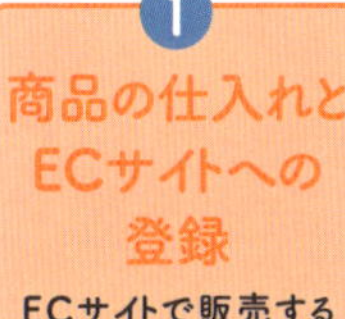

1 商品の仕入れとECサイトへの登録
ECサイトで販売するための商品の仕入れと、ECサイトへの登録をする。

2 受注内容の確認
注文があると、注文内容が記されたメールが届く。その際に配送先や決済方法、配送希望日を確認する。お客様に注文内容の確認メールを送付する。

3 入金確認
クレジットカード払い、後払い、代引きの場合はすぐに商品配送。銀行振込、コンビニ決済の場合は入金の確認を行う。入金が確認できた段階で、入金確認のメールを送付する。

4 在庫の確認と商品ピックアップ
在庫を確認し、配送する商品をピックアップする。

5 商品の検品作業、梱包
配送する商品を検品し、問題がなければ梱包を行う。その際、熨斗（のし）やラッピングなどが必要かどうか注意する。

6 配送
指定の配送業者に依頼し配送する。

7 商品配送のメール
商品の配送をお客様へメールで送信する。

注文後に送付する3種類のメール

ECサイトではお客様とのやり取りは「メール」が中心になります。そのため、**お客様の満足度を高めるためにもメールは大切なツール**であり、注文から商品が配送されるまでに3種類のメールを送ります。

最初に必要なのが、「注文確認メール」です。お客様は購入ボタンを押した際、正しく注文できているか不安を覚えます。お客様からの注文を確認したら、すぐにメールを送りましょう。

次に「入金確認メール」を送ります。入金が確認できたタイミングで、メールを送ります。クレジットカード払いの場合は注文時にすぐ送付できますが、銀行振込の場合は入金の確認後に送付します。

そして最後に「配送メール」です。配送会社の配送状況が確認できるURLを載せておきます。

SECTION 05

EC担当者のお仕事②

EC担当者が行うべき販促業務

EC 担当者は商品登録や配送作業という基本的な業務以外に、売上を上げるための施策を考えます。EC サイトを立ち上げただけでは、思うように売上は伸ばせないかもしれません。他の EC サイトを研究し、他社が行う施策を積極的に取り入れましょう。

競合調査と施策の分析で売上を伸ばす

EC 担当者にとって、サイトに商品の登録をし、受発注業務や配送処理を行うことは最低限必要な業務です。しかし本当に大切なのは、**EC サイトの売上を伸ばすための販売計画を立て、日々施策を実行する**ことです。

ベンチマークとなる競合他社の EC サイトをいくつかピックアップすることが売上アップへの近道です。それらのベンチマークサイトが行っていて、自社がやっていない施策をピックアップしてみましょう。

ベンチマーク
水準点や基準、指標を意味し、もともとは測量において水準点を表す言葉。比較対象となる他社の考察や展開方法を指標に、自社の問題点や改善点を洗い出すこと。

実際に商品を購入してサービスを体験する

ポイントは実際にその EC サイトで購入してみることです。①EC サイト内のどの部分を見て購入意欲が湧くか、②商品を購入してから到着するまでにどういったメールがどのタイミングで届くか、③同梱物はどのようなものが付いてくるか、④日々の更新内容など、競合サイトをさまざまな視点で研究することが大切です。そのうえで、**自社でも実施できる施策を積極的に取り入れて**いきましょう。

施策を取り入れたら、その 1 つひとつの施策の結果を分析していきましょう。仮に競合サイトが成功している施策であっても、自社に落とし込んだ際、必ずしも成功するとは限りません。そのため各施策を実際に行い、結果を確認し、**PDCA** をまわしていくことが、EC 担当者において最も大切な業務となります。

PDCA
Plan（計画）、Do（実行）、Check（評価）、Action（改善）の 4 つの頭文字を取ったもの。業務効率化の方法のひとつで、P→D→C→A→P…という順番で業務を行う（サイクルをまわす）ことで、成果の改善や仕事の効率化ができる。

販促業務のPDCA

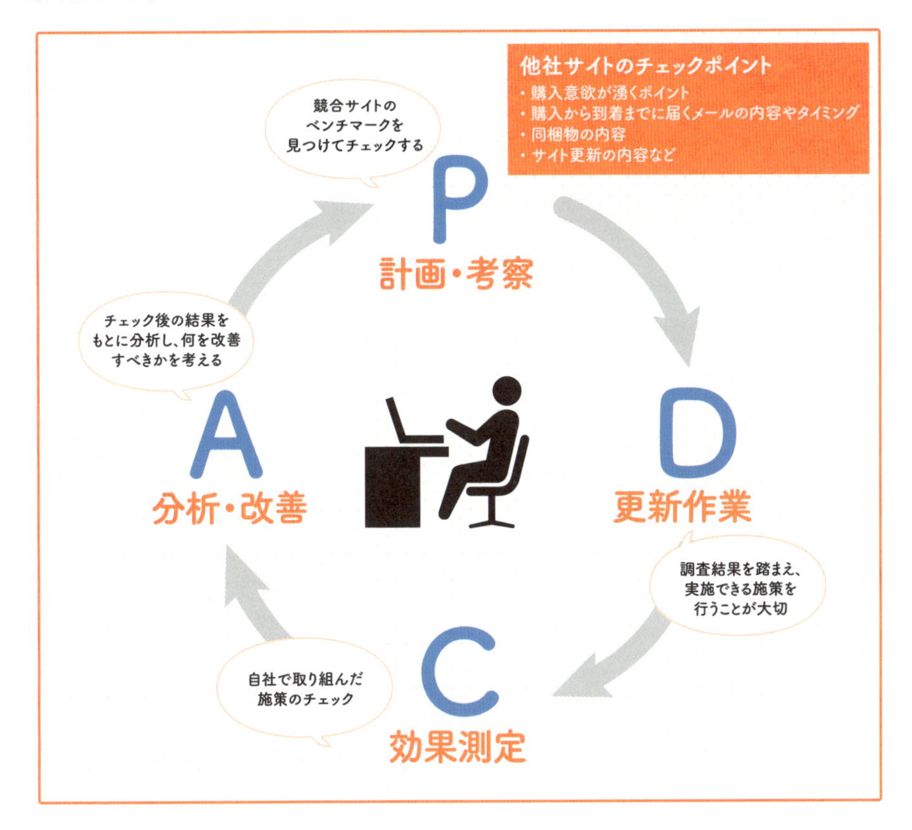

売上が伸びた理由を分析し、再現性の高い施策を

ECサイトを立ち上げただけでは、予想通りに売上が伸びるとは限りません。そのため、正しく集客対策を行い、お客様が買いたいと思う魅力的なECサイトを更新し続けることで売上は上がっていきます。結果を分析し、ECサイトの売上がなぜ上がらないかだけでなく、**売上が上がっている理由も明確にする**ことが大切です。

そして、何の対策を行えば、どれだけ売上が伸びるかというデータを明確にし、再現性が高い施策をいくつか用意することが、より大切です。

SECTION 06

EC担当者のお仕事③

サイト運営で必須のお客様対応

ECサイトは対面での接客ができないため、より丁寧でかつ素早い対応が好ましいとされています。ECサイトへの問い合わせが多いと他の業務に支障をきたすため、FAQページを充実させるなど、お客様対応への対策を事前に行うことも必要です。

問い合わせに対するECならではの注意点

ECサイトへの問い合わせの代表的な例は、右の図に挙げられます。実店舗と違い対面での対応ができない分、より丁寧でかつ素早い対応を心がけます。特に**メールのみのやり取りでは意図が伝わりきらず、問い合わせから不満へと発展してしまう**ケースもあるので、よくある質問には対処法を準備しておきましょう。

商品の購入前は「購入するまでの疑問」を解消するための問い合わせになります。特に商品の仕様や入荷、配送についてが主なものです。注意が必要な商材は、ギフト商材や季節商材。誕生日やクリスマスなど、到着日に合わせた配送が必要な商材に関しては、この到着日に関する問い合わせが多くなるため、全国の各地域ごとにいつまでに到着するかを把握しておく必要があります。

購入前の問い合わせは不安、到着後は不満

商品の購入後は、「注文内容の変更」「返品」と「配送の遅延」に関しての問い合わせが多くなります。特に注意が必要なのが返品に関する対応です。ECサイトの場合、**クーリングオフ**が適応されません。ただし、「イメージと違う」や「不必要になったから」という理由から商品の変更や、返品を求める問い合わせが来るケースもあります。このような場合、なぜイメージと違うか、不必要になったかなど、原因を丁寧に聞きだします。そして、返品の対象外であっても、可能な限り返品の対応を受け入れ、より一層利用したくなる店舗を目指すことが大切です。

クーリングオフ
契約の締結をした場合でも、一定期間であれば契約を解除できる制度。通販販売にクーリングオフは適応されないが、特定商取引法改正により、返品の可否・条件を表示してない場合、8日以内であれば返品が可能となった。

ECサイトの問い合わせ代表例

受注前

- 商品の仕様
- 納期や入荷の予定
- 配送に関する確認
- 決済方法の確認
- サイトの表記漏れ

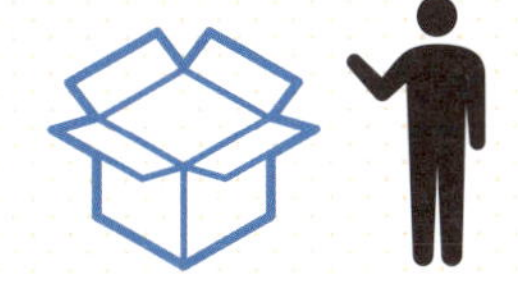

受注後

- 注文内容の変更、確認
- メールの不達
- 配送の遅延
- 商品の返品
- 使用法、用途の確認
- 商品の不良
- 商品の誤配送
- 商品のイメージ違い

購入後の
不満を解消したい

配送中に発生したトラブルもEC担当が迅速に対応

配送中のトラブルで、商品がお客様のもとに到着しないなど、何らかの不具合が発生してしまうことをゼロにすることは難しいもの。出荷後の配送トラブルであっても、EC 担当者が配送会社以上に誠意をもって対応することで、お客様との信頼関係を深めることが可能です。迅速に代替商品の到着日の案内ができれば、そのお客様がリピーターになってくれる可能性もあるので、EC 担当者のミスでない場合でも誠意をもって対応しましょう。

EC サイトへの問い合わせが多いと、他の業務に多大な支障をきたします。**同じような問い合わせがないように、その原因を分析し、問い合わせを減らしていく工夫が必要**です。そのためにもFAQ ページを充実させるなど、事前に対策することが大切です。

FAQページ
FAQ とは、よくある質問とその回答のこと。それをホームページ上にまとめているページが FAQ ページ。このページを設けることで、お客様は質問をする手間を省くことができる。

SECTION 07

ECサイトの種類と特徴

自社ECサイトとモール型ECサイトの違い

ECサイトには、自社でECサイトを構築するものと、ECモールに出店するものの2種類があります。それぞれのメリット・デメリットを押さえることで、自社がどちらのECサイトに適しているかがわかります。

ECサイト・2つのタイプのメリット・デメリット

自社ECサイトとモール型ECサイトの違いを、実店舗に合わせイメージしてみます。自社ECサイトは、自分たちのお店を構える路面店のようなものになります。一方モール型ECサイトはショッピングモールなどに出店をするイメージです。では、それぞれの特徴について見ていきましょう。

まずモール型ECサイトについてです。これは、楽天市場やYahoo!ショッピングなどのECモールの中に、ECサイトをつくる方法です。メリットは、ECモール自体にブランド力があるため、自分たちのブランド力に関係なく集客が見込めるという点です。しかし、**ECモールのブランド力に集客を依存してしまう点や、ECモールの運営ルールに出店側が振り回されてしまう**などのデメリットがあります。たとえば、ECモール側に対応していない機能やデザインで制限がかかることがあります。また、出店料などECモールへの出店にお金がかかるだけでなく、売上件数によって**ロイヤリティ**が発生するケースも多くあります。

ロイヤリティ
ECモールによって異なるが、登録料や月額出店料、販売手数料などの費用がかかる。売上の件数や金額が増えればその分負担が多くなる場合がある。

一方、自社ECサイトは、文字通り自社のECサイトを立ち上げる方法です。最大のメリットは、ブランディングがきちんとできる点です。自社ECサイトは、サイト運営に原則制限がないため、販売のルールやサイト更新の方針などすべて決めることができます。**デザインや機能などの自由度が高く、自社サイトのブランド力を高めることもできます**が、立ち上げた直後は、ECモールと違いブランド力が弱いため、集客対策が必須です。

➔ 自社ECとモール型ECサイトを実店舗でたとえると

ECモールへの出店に向いている企業とは？

ECモールのもうひとつの特徴は、販売した金額に対し、**手数料**がかかることです。配送料についても手数料が発生するECモールもあります。また、配送料を一律にするルールや、手数料の増額を実施されるなど、モール側のルール変更もあります。自社ECサイトの運営と比較しても利益を出しにくいため、売上を伸ばすには販売数を伸ばしていく必要もあります。

このようなことから、モール型ECサイトでは**利益率の高い商品やオリジナル商品の販売などのほうが適している**ことがわかります。

モール型ECサイトで特に相性のいいものは、「価格競争で勝てる商材」です。モール型ECサイトは、モール内をウィンドウショッピングのように回遊し、商品を比較検討し購入するというケースが多くなります。そのため他社と比較したとき、価格での優位性があるような商品であれば相性がいいと言えます。

手数料
業務の手続きや、仲介などを行った場合に、発生する費用のこと。

SECTION 08

ECカートシステムの種類と特徴

自社ECサイトのカートシステムは大きく3種類

ECサイトの運営に必要なネットショップの注文を処理する「カートシステム」。サーバーをレンタルできる「ASP型」、公開されているソースコードを無償で利用できる「オープンソース型」、個別にECサイトを構築する「パッケージ型」の大きく3種類に分けられます。

最もポピュラーな「ASP型」

カートシステム
インターネット上で消費者が買い物をするためのしくみのこと。コンビニでショッピングカートに欲しいものを入れて会計するように、ネット上で欲しい商品を選択し購入の手続きに進み、合計金額や手数料、送り先や決済方法などを管理することができる。

自社ECサイトに実装する「**カートシステム**」には、「ASP型」「オープンソース型」「パッケージ型」の3つがあります。

「ASP型」は、あらかじめカートシステムがインストールされているサーバーをレンタルできるサービスです。ホームページ作成機能が付随しているものも多く、レンタルカートの提供会社と契約することで簡単にECサイトを立ち上げることができます。

また、保守費用やセキュリティー対策などもカート会社が行ってくれるため、初心者や専門的な知識がない人でも、ネットショップを開店できます。しかし、**使える機能やサイトのカスタマイズは、他のシステムと比べ自由度が低くなります。**

代表的なASP型カートには「カラーミーショップ」「Make Shop」「futureshop」が挙げられます。カートの月額使用料は無料のものから、数万円かかるものまであり、実装したい機能によってカートを選ぶのがポイントです。汎用性が非常に高く利用しやすいため、近年はASP型カートを選ぶのが主流です。

低コストで自由度の高い「オープンソース型」

次に利用者の多いのが「オープンソース型」です。カートシステムを構築するのに必要なソースコードが公開されており、誰でも無償で利用できます。契約をしたらすぐに開店準備ができているASP型と違い、オープンソース型はECサイトの立ち上げに**必要なソースコードを自分でカスタマイズする必要があります。**

ECのカートシステムの種類

	ASP型	オープンソース型	パッケージ型
メリット	・汎用性が高く、コストが安い ・高度な知識が不要	・自由度が高い ・カートシステムを無償で使用できる	・自由度が高い ・サポートが充実している
デメリット	・独自の機能追加はできない	・高度な知識が必要 ・サポートがない、すべて自己責任	・コストが高い
リアル店舗での例え	建売	セルフビルド	注文建築

そのため、専門知識と技術が必須ですが、ASP型より自由度の高いシステムとなります。代表的なものに「EC-CUBE」があります。

資本力のある企業向けの「パッケージ型」

「パッケージ型」は、システム提供事業者が顧客の要望に合わせて個別にイチからECサイトを構築するサービスです。ASP型やオープンソース型で**プラグイン**を組み合わせるだけでは実現できない複雑な機能にも対応できます。

しかし、サイトごとに機能を開発する必要があり、導入費用が高額なため、大手企業向けのカートシステムです。また、部分改修する際もシステムの開発者でないと行えないこともあり、**提供事業者への依存が大きくなるのがデメリット**です。代表的なものに「ecbeing」や「ebisumart」があります。

プラグイン
ソフトウェアに機能を追加するためのプログラム。

SECTION 09

ASP型カートシステムの種類と特徴

ASP型カートシステムの選び方

現在主流となっているのがサーバーと一緒にレンタルできる「ASP型カートシステム」。サービスの選び方とそれぞれの特徴を理解しておきましょう。

必要な機能とコストと自社の商材からカートを選ぶ

まずは無料カートか、有料カートかを選択します。無料カートは**簡単に早くECサイトを立ち上げることができる反面、デザイン性や集客力が弱く、使える機能も少ない**です。本格的にECサイトを立ち上げるのであれば、有料カートを選択しましょう。

次に**単品通販**か、**総合通販**かを選択します。単品通販であれば「サブスクストア」や「リピスト」「EC Force」など**リピート機能**に対応したシステムを選びましょう。総合通販サイトの場合は、必要な機能とランニングコストによってシステムを選びます。代表的なシステムに「カラーミーショップ」「MakeShop」「futureshop」があります。どのシステムも、サイトのデザインの自由度が非常に高くなっています。しかし、価格によって対応する機能に差があります。

この3つのカートシステムの中では最も安価なのが「カラーミーショップ」です。用意されているテンプレートの数も多く、初心者も使いやすいシステムで、有料システムの中で最も利用者が多いのが特徴です。「MakeShop」は機能数が非常に多いカートシステムです。ASP型の中で最も流通金額の大きいシステムで、幅広い事業者に対応しています。「futureshop」は、ASP型の中では最も高機能なカートシステムで大規模ショップの構築も可能です。

それぞれの特徴を押さえ、自社のECサイトの運営方針に沿った必要な機能が揃っているシステムを選ぶことが大切です。

単品通販
1種類の商品または少数の商品のみを取り扱う通販のこと。化粧品や食品などの消耗品が多く、他のサイトでは購入できない自社製品を販売するのに向いている。

総合通販
商品数が多く、本や家電、アパレルなどさまざまなジャンルの商品を扱う通販のこと。複数の会社から商品を仕入れているため、多くの商品をまとめて購入できるのが強み。

リピート機能
主に単品通販で、再購入を促す機能。継続して購入する定期購入ができる。扱う商品が消耗品であれば定期的に必要になるため、リピート機能により売上が継続する。

ASP型カートシステムの選び方

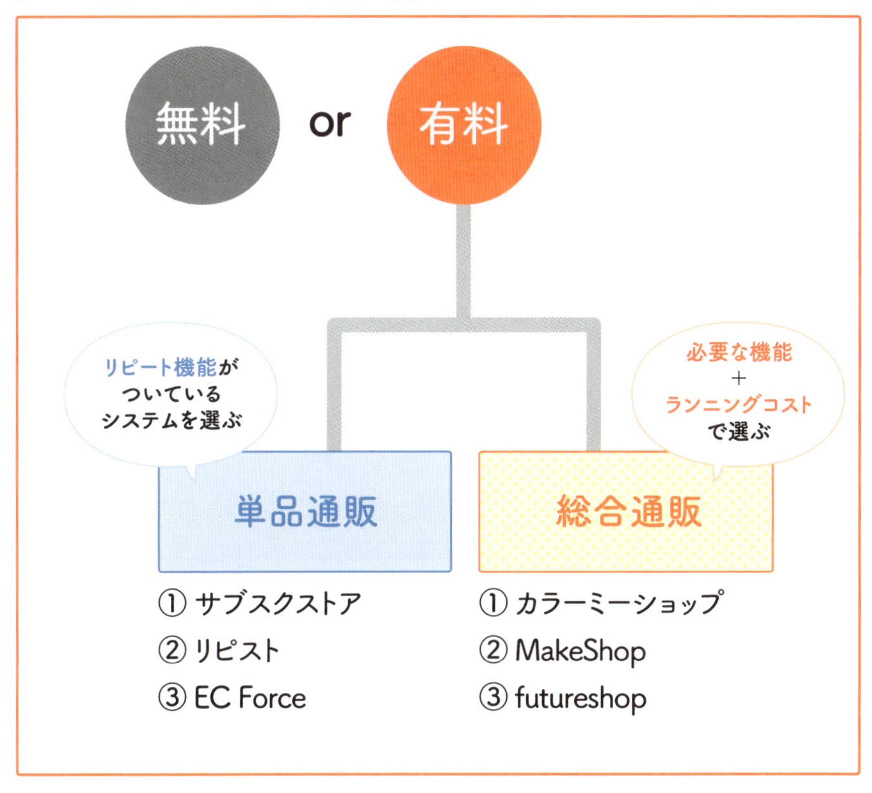

カートシステムのポイントとメリット

	カラーミーショップ	MakeShop	futureshop
ポイント	・用意されているテンプレート数が多い	・機能数が非常に多い ・流通金額が大きい	・最も高機能
メリット	・初心者が使いやすい	・幅広い業態に対応	・大規模ショップの構築も可能

SECTION 10

ECサイトの多店舗展開

自社ECとモール型ECの両方を運営するメリット

自社ECサイトの運営だけではなく、Amazonや楽天市場などのECモールへも出店する多店舗展開をしているショップが近年多くなっています。多店舗展開すると、管理が煩雑になりますが、一元管理ツールを導入することで解決できます。

新たなお客様を獲得できるが、管理面で注意も

自社ECサイト以外にECモールへの出店をしているショップが増加しているのには理由があります。それは自社ECサイトだけでは集められないユーザーの集客ができるためです。ユーザーの中には、通販で何かを購入する際はAmazonや楽天市場など、使い慣れたECモールでしか購入しない層が一定数います。自社ECサイトしか運営していない場合、**ECモールのみをリピートするユーザーの取りこぼしを防ぐためにも、ECサイトの多店舗展開は大切な販促施策**となります。

ECサイトの多店舗展開をする際は商品の在庫や売上の管理が煩雑になりやすいため、気を付ける必要があります。たとえばサイト上で売り切れ商品が出た場合、当然ですがECモール店の在庫数も減らし、売り切れ表示にしないといけません。また、日々の受発注処理や複数管理画面の確認も必要です。

そのような問題はECサイトの**一元管理ツール**を導入することで解決できます。複数の店舗の商品在庫情報や受注情報をまとめて管理するだけでなく、出荷管理やメールの送信などの業務をシステム上で行うことができます。多店舗展開をするのであれば必須のツールです。代表的なものにHamee株式会社が提供する「ネクストエンジン」と、株式会社アイルが提供する「CROSS MALL」などがあります。それぞれで対応しているカートシステムが違うため、自社のカートシステムを確認し対応したこれらのツールを選びましょう。

一元管理ツール
複数のECサイトに出店していても、売上や在庫の管理、商品の更新などが一括で管理できるシステム。

一元管理ツールのしくみ

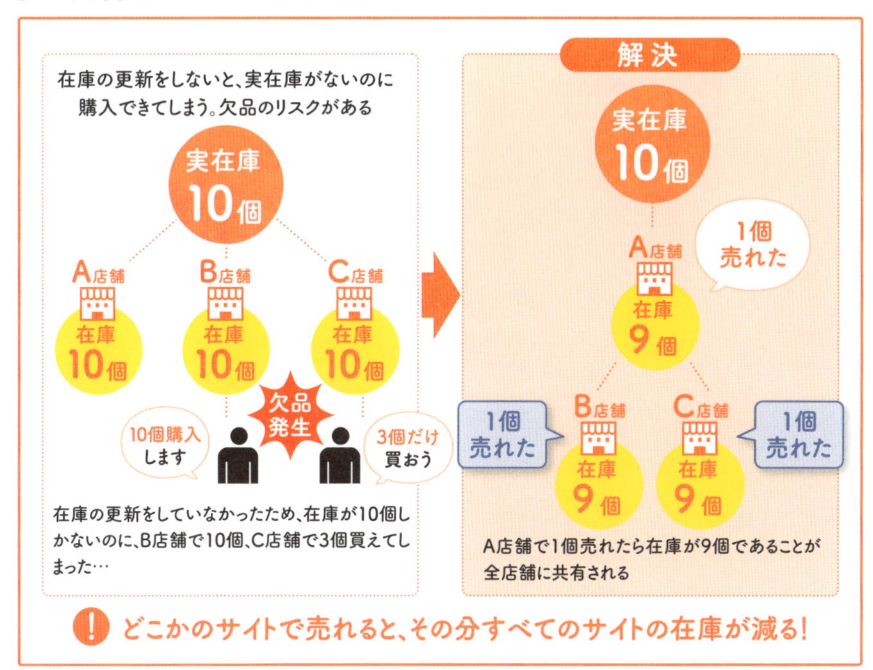

どこかのサイトで売れると、その分すべてのサイトの在庫が減る!

一元管理ツール導入後の対応

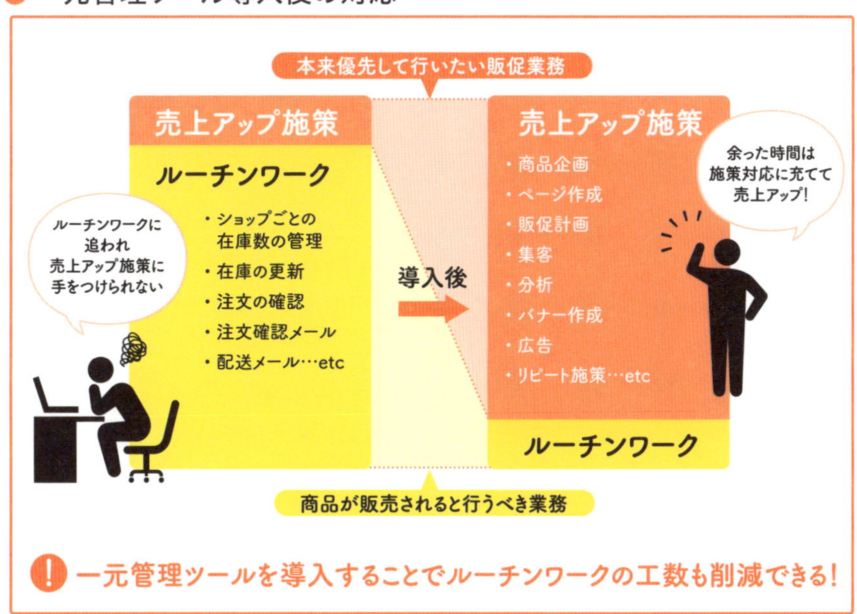

一元管理ツールを導入することでルーチンワークの工数も削減できる!

SECTION 11

注目のマーケットプレイス

EC担当者が知っておきたいCtoCサービス

近年はBtoCやBtoBのECサイトのみならず、個人同士で物の販売ができるCtoCサイトがフリマサービスを中心に市場を広げています。オークションサイトやハンドメイドの通販サイトについても理解し、自社のビジネスに役立てましょう。

フリマサービス、人気のひみつ

CtoCサービスでまず押さえておきたいのは、2018年6月に上場、話題になった「メルカリ」です。商流金額が日本最大級のフリマサービスで、幅広い年代から人気があります。有名ブランドの洋服やゲーム、サプリメント、雑貨などさまざまな物が出品されています。これまでCtoCサービスの場合、購入者は出品者に個人情報を伝える必要がありました。しかし、メルカリは個人情報を公開せず、匿名でやり取りできるのも人気の要因です。

オークションやハンドメイド専門のマーケットプレイスも

オークションサイトの草分け的存在である「ヤフオク！」も根強い人気があります。常時6,000万点以上の商品が出品されており、オークションサイトとしては日本一の流通金額があります。多くの**在庫連携ソフト**やYahoo!ショッピングとの連携も充実しています。そのため、個人間の取引サイトとしてだけでなく、**法人が多店舗展開をする際の1チャネルとして利用する**ことも多いです。

また、GMOペパボが運営する「minne」や株式会社クリーマが運営する「Creema」というハンドメイド作品に特化したサービスも人気です。出品者が作成したアクセサリーや革雑貨など、ハンドメイド雑貨や手づくりの食べ物などが販売できます。あくまでハンドメイド商品の通販サイトのため、**大量販売目的ではなく、1点モノや受注生産での販売**を行っている人も多く、人気です。

在庫連携ソフト
複数のサイトや倉庫、担当者がいても在庫数を一元管理できる連携ソフト。複数のサイトで商品を展開したり、販売動向を把握したりすることができる。

リユースにおける売買チャネルの意向

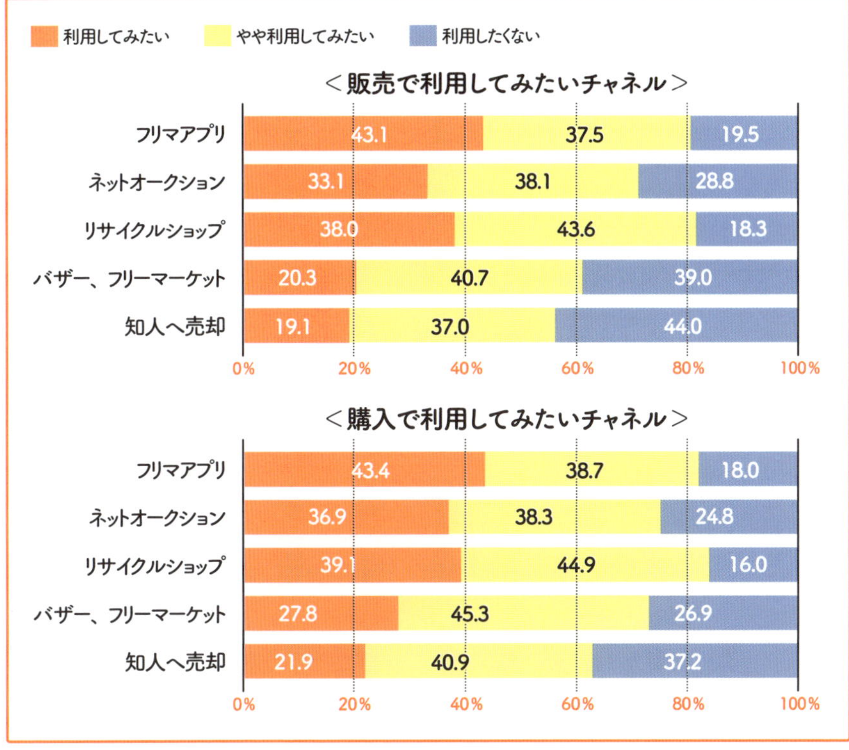

出典：大和総研

フリマサービスとオークションサイトの比較

	フリマサービス	オークションサイト
主な商品	・洋服　・雑貨	・ブランド品 ・電化製品　・ホビー品
利用者層	・若者　・女性　・主婦	・中高年層も多い ・法人
利用デバイス	・スマートフォン	・PC ・スマートフォン
目的	利用しないものを手軽に処理したい	できるだけ高く売りたい

SECTION 12

海外EC出店の基礎知識

越境ECを行う理由と注意点

国境を越えてオンラインショップを行う「越境EC」が日本でも盛んになってきています。越境ECを行うには、自社ECサイトを作成するか、進出先の国のECモールに出店するかの2パターンが主な方法です。

なぜ越境ECが進むのか？ 注意することは？

国境を越えてオンラインショップを運営することを「越境EC」と言います。日本で越境ECが盛んになった理由は2つあります。1つ目は海外で高品質・低価格な日本製品の需要が高まっていること。2つ目は、企業がさらに広い市場を求め海外進出を目指すようになったことです。**自国にないアイテムや日本製の信頼性の高いアイテムを購入できる消費者側と、さらに市場拡大をしたい供給側の双方のニーズが高まった**ことで盛んになりました。

越境ECに出店する場合は国内EC同様、自社ECサイトを作成するか、各国のECモールに出店するかの2パターンが王道です。自社の越境ECサイトでは「Shopify」「Magento」「マルチリンガルカート」の3つが人気のカートとなっています。また各国で人気のECモールは右上図のようになっています。

海外で最もEC市場の大きい国は中国です。もし中国に出店するのであれば、**アリババ**が運営する中国用の越境ECモール「Tmall Global」や「JD Worldwide」に出店することをおすすめします。アリババ全体で、2019年の売上は5兆6,000億円を超えています。**中国では自社ECサイトの立ち上げのハードルが高く、集客対策が難しい**ため、モールが人気になるのです。

越境ECを立ち上げる際は、国によって出品できないもの、かかる関税率も異なります。そのため各国の市場状況を分析し、臨機応変に対応することが大切です。

アリババ
中国のAlibaba Group（阿里巴巴集団）が運営するECサイト。BtoBのECサイトでは世界屈指のシェアを誇る。他にもBtoCのECサイトや、CtoCのECサイト、越境ECサイト、決済サービスなど複数の事業を展開している。

主要国の人気ECモール

海外配送代行サービスのしくみ

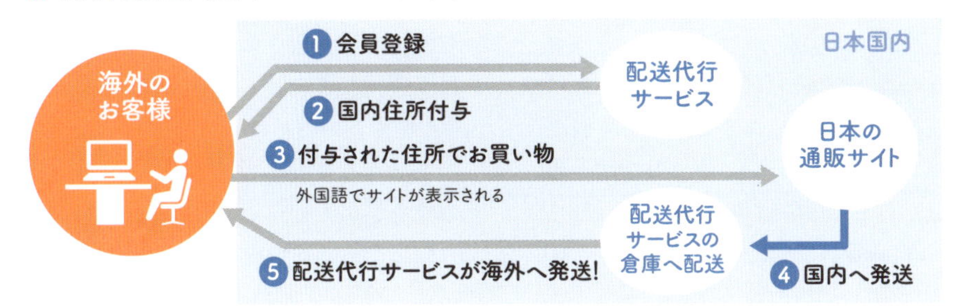

海外配送代行サービスを使って気軽に越境EC

海外向けのECサイトをつくらなくてもEC展開は可能です。国内で運営をしているECサイトでも、アクセス数の数%は海外からのものになります。しかし、かな入力や決済サービス、そもそも海外発送に対応していないことから、なかなか購入につながりません。そこで**便利なのが海外への配送代行サービス**です。

海外からのアクセスがあると、自動でアクセス元の言語でサイトが表示され、その国の決済方法で決済が可能になります。事業者は、対応している日本国内の倉庫へ商品を配送すると、配送代行会社が注文のあった国まで配送をしてくれるサービスとなります。配送代行サービスのHTMLコードをサイトに貼るだけで、誰もが簡単に越境ECを行うことが可能となります。

越境ECを行うのであれば、まずは手軽に始められる配送代行サービスを利用するのがおすすめです。

Column

ECサイトは我が子のように愛情をかけて育てよう！

「ECサイトってどうすれば売れるようになりますか？」と聞かれることがよくあります。売れているECサイトにはいろいろな理由があります。たとえばコツコツとブログの更新を繰り返し行うことで売上を伸ばしたサイトもあれば、スタートダッシュに広告費をドーンとかけたサイト、ファンが口コミで広めてくれたサイトなどなど、さまざまです。ただ、あえてひと言でいうのであれば、「ECサイトを我が子だと思って愛情を込めて育てていきましょう」とECの事業者の方にはお伝えしています。

愛情を注ぐほど良いショップに育つ

子育てでは愛情をたっぷり注ぎますよね。ECサイトにも愛情を注いであげれば、良いショップに育ちます。ただ受発注の処理を繰り返すだけで、その他の施策はほったらかしでは、売上を伸ばしていくことは難しいのです。

子どもにさせる習い事も、プログラミングなどの新しい時代に対応できるものに通わせたいと考える人も多いのではないでしょうか。ECサイトであっても、トレンドに合わせてよりパワーアップするような施策を、日々行っていくことが大切です。

ECサイトのコミュニティに所属しよう

ECサイトはどんな些細な問題でも解決できるように、愛情をもって日々運営していきましょう。まずはECサイトのためになる施策は、何であっても実行します。しかしEC事業を始めたばかりの時期は、行った施策が本当に効果があるのかどうかの判断ができないこともあります。EC事業者と支援会社がコミュニティをつくり、日々情報をアップデートしていくことが大切です。

また、子どもに将来どのように育ってほしいかを考えるのと同様に、ECサイトも最終的にどのようなカタチになるのが好ましいかを考え、その理想に近づくようにチャレンジしていきましょう。

いくら手間暇をかけて運営してもなかなかうまくいかない時期もあります。そういうときは、ECサイトの反抗期だと思い、根気強く運営していきましょう。必ず成果が出はじめます。

Chap

2

ECビジネスで知っておきたいこと

「ECサイトでの売上公式」などの

販売に関することや、

「サイト運営の関連法規のキホン」などまで

ECサイトでビジネスをするにあたって、

知っておきたいさまざまなことを紹介しています。

SECTION 01

EC サイトの売上公式

売上を決めるのは アクセス数×購入率×平均客単価

EC サイトの売上は 3 つの要素のかけ算によって構成されています。公式を知り、自社の弱点を把握することで、効率的な売上改善策を立てることができるようになります。

サイトの課題を明確にして改善する「売上公式」

平均客単価
消費者一人当たりが一度の購買時に支払う平均額のこと。総売上を注文件数で割ったときの金額。

EC サイトの売上は、アクセス数×購入率×**平均客単価**という 3 つの要素によって構成されています。この公式は、EC サイトに何人が訪れ、そのうちの何%が購入し、その平均購入金額がいくらか、ということを表しています。たとえば、月商 100 万円の EC サイトがあったとします。その内訳としてアクセス数が 1 万人、購入率が 1%、平均客単価 10,000 円で商品を購入した場合、1,000,000 円＝ 10,000 人 × 1% × 10,000 円で売上を表すことができます。**売上を伸ばすには、この 3 つの数字を複合的に伸ばしていく必要があります。**

売上を伸ばすことを考える際は、まず 1 日 100 件のアクセス数を目指しましょう。アクセス数がそれ以下の場合、タイミングによっては購入率や平均客単価が大きくブレてしまい、施策を検討するための数字を正しく把握できません。

次は購入率です。購入率はまずは 1% を目指しましょう。これを下回る場合は、購入率の改善施策を練り実施します。

EC サイトの立ち上げ時は、アクセス数と購入率を最低限の水準まで引き上げることが何よりも大切です。それが達成できたら、次は EC サイトの中で改善しやすいポイントから手をつけていきます。先述したように、EC サイトの売上は 3 要素のかけ算で構成されているため、1 つの要素の数字が変化するだけで、売上の数字も大きく変わってきます。売上を伸ばす際は、公式に当てはめ、サイトの課題を明確にし、改善していくことが大切です。

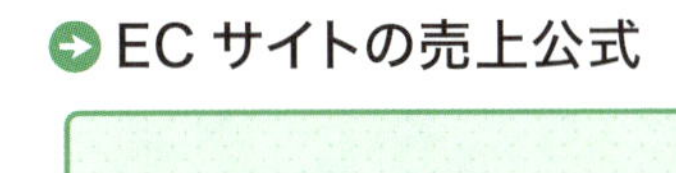

アクセス数 × 購入率 × 平均客単価

購入率 = 注文件数÷アクセス数

平均客単価 = 合計売上÷注文件数

= 売上

（例）月間アクセス数5,000人ショップの場合

アクセス数 5,000人 × 購入率 0.5% × 平均客単価 5,000円

= 売上 12万5千円

購入率が 0.5%→2%に アップすると…

5,000人 × 2% × 5,000円

= 50万円

購入率が変わると、同じアクセス数でも 売上には こんなに差が出る！

SECTION 02

EC ビジネスのフレームワーク①

サイトの強みと弱みを明らかにするSWOT分析

自社サイトの今後の施策を考えるには、自社サイトの強み・弱み、その時の政治や社会状況などを複合的に考えて分析する必要があります。その際に有効なのがSWOT分析というビジネスフレームワークを使った考え方です。

SWOT分析とは

フレームワーク
元々は「骨組み」や「枠組み」を表す言葉で、自社サイトの問題点や課題を解決し、戦略などを構築していくための思考ツールのこと。

SWOT分析とは、外部要因（機会、脅威）と内部要因（強み、弱み）の４つの項目で、自社の状況を分析するための**フレームワーク**です。自社の強み・弱みとなる部分と、それを取り巻く世の中の状態を総合的に分析し、**現状の課題や将来起こりうる問題に対処するための販売戦略を考えたり、自社の強みを活かした販路の拡大を行ったりする**際に利用します。

分析を行う順番は次の通りです。まず外部要因の分析項目である「機会」と「脅威」を、市場や社会状況などのマクロな視点から洗い出します。たとえば、ガラケーは認知度が高い商材（強み）でしたが、技術革新によるスマホの市場の拡大（脅威）により、ガラケーの市場は小さくなりました。このように、内部要因は外部要因の影響を大きく受けるため、外部要因から調査を行います。

「地方で酒蔵の運営を行う酒屋が、自社のECサイトの運営を行う」例をモデルケースに解説していきます。まずは外部要因である「機会」と「脅威」の分析です。「機会」はSWOT分析の「O」で、目標達成に貢献しそうな市場動向などの外部要因を列挙します。上記の例だと「酒蔵が観光地として特集され、ECサイトへの集客が期待できる」「ECサイトの需要が高まっている」などが該当します。次の「脅威」はSWOT分析の「T」です。目標達成の妨げになるであろうマイナスの外部要因を列挙します。「若者のアルコール離れ」「競合他社が多くECサイトの出店を始める」などが該当します。

SWOT 分析のかけ合わせ表（地方の酒蔵編）

	内部要因	
	強み Strengths ・酒蔵が観光地として既存客からの認知度が高い ・プレミア価格商材が多い	**弱み Weaknesses** ・商材数が少ない ・粗利益が低い
外部要因 機会 Opportunities ・酒蔵が観光地として特集されることが多い ・酒税法の改定で価格が安くなる	**機会×強み** 最も優先して対策をすべきポイント。自社の持つ「強み」を最大限活かす機会をつくり、市場シェアを広げていく施策を検討する	**機会×弱み** 現在抱える「弱み」を、販売機会を利用し克服していく戦略を考えていく。欠点である部分を補填できるような機会を設けることが大切
脅威 Threats ・若者のアルコール離れ ・競合店のECサイト出店	**脅威×強み** 自社の持つ「強み」を活かして、脅威になる部分の克服をしていく戦略。強みを活かし、競合と差別化できるような戦略を考えていくケースが多い	**脅威×弱み** 自社の抱える「弱み」と外的な「脅威」が重なり、最悪の結果にならないよう事前に課題の防御案を考える戦略。いかにリスク管理を行いつつ、弱みの解決を行えるかが大切

分析結果をかけ合わせて施策を考える

外部要因を明らかにしたら、次は内部要因の「強み」と「弱み」を分析します。「強み」は SWOT 分析の「S」です。目標に対して武器となる自社の強みを列挙します。「酒蔵が観光地として既存客からの認知度が高い」「プレミア価格商材が多い」などが該当します。

最後に、「弱み」は SWOT 分析の「W」です。目標達成の妨げになる自社内部の障害を列挙します。「EC サイトで販売できる商材数が少ない」「粗利益が低い」などが該当します。

SWOT 分析を行うことで、自社の強みと弱みの要素を明らかにしたら、それらをかけ合わせ、より具体的な販売戦略を練ることが大切です。まずは、**内部要因と外部要因の強み同士を活かした販売戦略を立て、他社との差別化ポイントを明確にする**ことが、EC サイト運営を成功につなげるポイントです。

SECTION 03

EC ビジネスのフレームワーク②

ペルソナによる自社の顧客像の描き方と活用法

ECサイトの売上を伸ばすためには、ペルソナ＝詳細な顧客像を設定することが大切です。また、ペルソナを活用するためには、カスタマージャーニーマップについて理解する必要があります。

ペルソナの設定の仕方

ペルソナ
マーケティング方針の統一のために設定する、商品やサービスを利用する架空の顧客像。似た言葉に「ターゲット」があるが、ペルソナはターゲットよりも詳細に人物像を絞り込んで設定する。

ペルソナを設定するいちばんの目的は、自分たちの獲得するべき顧客がどのような属性を持つかを明確にし、より具体的に想像できるようにすることです。

たとえば、20代の女性向けにダイエットグッズを販売する際、漠然と「20代女性」と想定するのと、「都内に暮らす24歳の女性。福岡の大学卒業後、新卒で都内の会社に入社した、未婚で土日休みのOL」と事細かに姿を描くのとでは、具体的な販売戦略の立てやすさがまったく違ってきます。イメージを掘り下げることで、**プロジェクトメンバー内での販売戦略のズレを減らすという効果**もあります。そのため、「年齢」「性別」「居住地」「職業」「役職」「年収」「休日の過ごし方」といった詳細なパーソナル情報までを明らかにし、架空の顧客が実在しているように設定していく必要があるのです。

ペルソナ設定では、まず男女、年齢、職業といった核となる情報を1つずつ固めていきます。その後、実際のターゲットに当てはまる人へインタビューやアンケートを取り、具体的な人物像を明らかにしていきます。

上記のような20代女性向けにダイエットグッズを販売する場合のペルソナを設定すると、顧客のかなりパーソナルな部分まで見えてきます。具体的なイメージを明確にし、想定されるペルソナに向けて販促を行っていくことが大切です。

AISAS ×カスタマージャーニーマップでストーリー作成

潜在層			顕在層	
A Attention 注目・認知	I Interest 興味・関心	S Search 検索	A Action 購買	S Share 共有

	休日 家にいるとき	通勤中	平日 家に帰ったタイミング	土日	商品使用後
行動	YouTubeを見ている際に流れていた広告を見る	Instagramを見ていたら写真が流れてきた	Googleで検索し、口コミや公式サイトを確認	いちばんお得に買える公式サイトで購入	SNSへ投稿
施策	YouTubeに広告出稿（Chap5－09）	SNS広告でリマーケティング広告の出稿（Chap5－07）	コンテンツ作成（Chap4－05）	平日割引のキャンペーン実施 リマーケティング広告（Chap5－05）	SNS投稿でポイント付与
思考	うさん臭いな、でも安い、ダイエットはしたい、簡単に痩せられるならうれしい	使っている人いるんだ。しかもスタイルがいい！	いろいろな人が使っていて、良い口コミが多い。しかも公式が一番安い！	早く届くといいな	SNSへ投稿したらポイントがもらえてお得

通勤時間である朝や夜にInstagramで広告を出稿すれば、
興味・関心を持たれることがわかる！

設定したペルソナをカスタマージャーニーマップへ

ペルソナの設定をしたら、そのペルソナが自社サービスを購入するまでに、どのような心理で、どのような段階を踏むのかを、時系列のストーリーで細かく書き出していきましょう。これを**カスタマージャーニーマップ**と言います。カスタマージャーニーマップには、**顧客がサービスを受けるまでに感じることや考えることを、顧客目線で把握できる**というメリットがあり、顧客分析をする際には欠かせないものです。

カスタマージャーニーマップの最もメジャーなつくり方は、**AISAS**（上図）という行動フローに合わせてストーリーをつくる方法です。これは、顧客が何をきっかけに商品を知り、興味を持ち、どのように商品を探し、購入し、買った後はどのようにして他の人に共有していくか、というように顧客の行動を段階に分けて整理するものです。

カスタマージャーニーマップ
顧客が商品購入に至るまでの思考回路や行動を、段階に分けて時系列に並べたもの。

AISAS
消費者の購売行動をモデル化したもの。Attention（注意）、Interest（関心）、Search（検索）、Action（購買）、Share（共有）の5段階の行動プロセスによって意思決定されていると考える。

SECTION 04

KPI設定の基礎知識①

ECサイトの目標設定や評価のための指標「KPI」

ECサイトを運営するにあたって、KPIを正しく活用することが大切です。KPIとは「Key Performance Indicator」の頭文字で、日本語に直すと「重要業務評価指標」という意味です。ECサイトの目標設定や評価を行う際に、とても有効な指標です。

ECサイト運営でKPIを設定する目的は？

KPI
目標の達成度合いを計測・監視するための評価指標。Key Performance Indicatorの略で、「重要業績評価指標」の意味。

KPIとは、事業目標を達成するにあたり、その目標達成にはどれだけの数字が必要で、その数字を達成するためには何を行えばいいのか、というプロセスを指標として表したものです。「ECサイトの売上を上げる」という目標のためには、アクセス数、購入率、平均客単価のそれぞれの数字を伸ばすことが必要ですが、その際、**各要素の数字をどれだけ伸ばす必要があるのか、数字を伸ばすためにどのような施策をするのか、を示す**ことがKPIの設定にあたります。

たとえば、「来年度中に売上を今より40%向上させる」という目標を立てたとします。この目標を達成するため、「アクセス数を○%改善」「購入率を○%改善」するための施策を行い、今より40%向上させるという具体的な数値目標を設定するのがKPIの設定です。目標の数字を決定し、どうすれば目標を達成できるかをひとつずつ明確にすること、「何をしたら、どのような結果になるか」という筋道を立てることが大切です。

KPI設定のポイントは、具体的な数字目標で、かつ実行できるものを施策に設定することです。「毎月広告を出稿する」や「アクセス数を1万件以上にする」だけでは、目標数字を達成する具体的な施策がわからないため不適切です。KPI設定では、「アクセス数を毎月1万件増やすために、広告を出稿する」など、定量目標と定性目標をセットで設定しましょう。

1つひとつの数字の改善施策とその期待値を明らかにしながら

KPI 設定の例

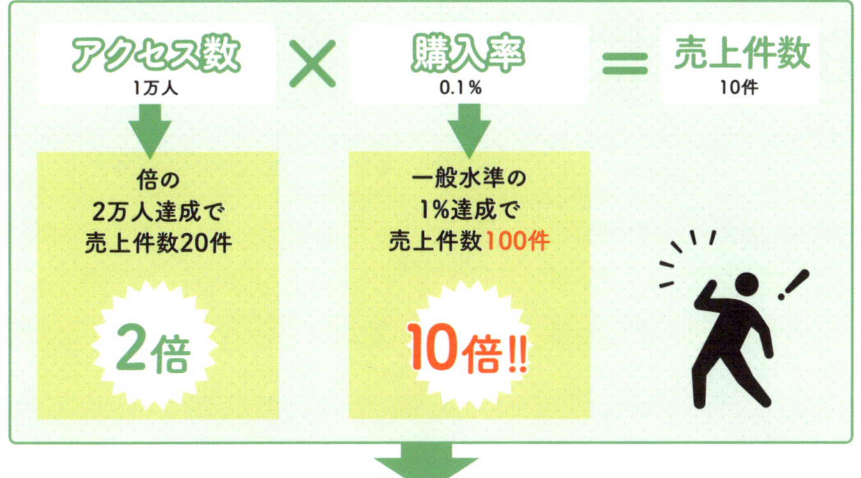

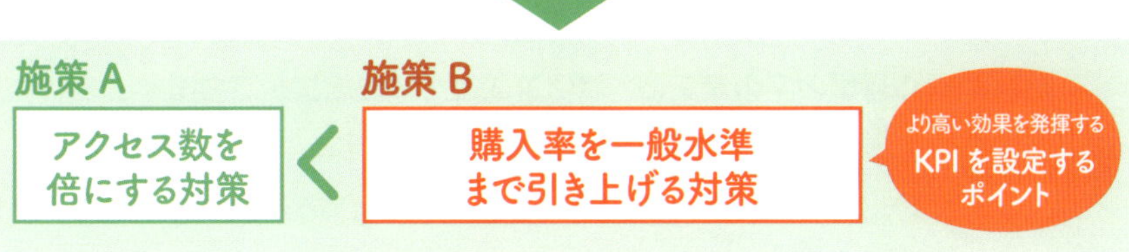

設定するのが、KPI 設定の大切な要素です。また、**KPI は立てて終わりではなく、その効果を検証しながら PDCA を回していく**ことが目標達成のカギとなります。

より高い効果を発揮するKPIを設定する

KPI の設定では、達成した際の改善幅にも目を向けます。たとえば、現在運営しているECサイトが下記のような状態だとします。

・アクセス数：1 万人 / 購入率：0.1%/ 売上件数：10 件

このEC サイトのアクセス数を 2 万人にすると、売上の件数は 20 件になります。しかし、**購入率**を一般的な水準の 1% まで引き上げることができれば、売上の件数は 100 件になります。1 万人のアクセス数を倍にするのと、購入率を一般的な水準の 1% まで引き上げるのであれば、後者のほうが難易度が低く、よりインパクトの大きい効果的な施策になるのです。このように、KPI を設定するときは、**改善幅が大きい箇所から選ぶことが重要**です。

購入率
商品詳細ページを訪問した中でどれだけ購入まで進んだかを表す。商品の購入者数から、その商品詳細ページの訪問者数で割って 100 をかけた割合のこと。

SECTION 05

KPI 設定の基礎知識②

KPI設定で発見・解決するECサイトの課題

ECサイトの売上を伸ばすためには、KPI設定が必須です。KPI設定の際には、自社サイトの課題を明らかにし、その課題を解決するための施策を設定することが大切です。具体的な施策にはどのようなものがあるのか見ていきましょう。

KPIの施策はサイトの課題ごとに考える

繰り返しになりますが、ECサイトの売上を伸ばすには、アクセス数を伸ばすか、購入率を伸ばすか、平均客単価を上げるかのいずれかが必要になります。**ECサイトのKPI設定とは、この3要素の目標数字の設定と、目標達成のための施策を打ち出すこと**です。

まずアクセス数を考える際には、顧客には新規客とリピーターの2種類がいることを理解することが必要です。はじめてECサイトを訪れた人と、すでに自社のECサイトで購入をしたことがある人とでは、行うべき施策が変わってきます。また、購入率においても、商品をECサイトのカゴに入れてもらうための施策と、カゴに入れてから注文を完了してもらうための施策では内容が変わってきます。客単価も同様に、1件あたりの商品単価を伸ばす施策と、まとめ買いで商品単価を伸ばす施策は異なります。これらの各施策の代表的なものをまとめると右図のようになります。

ECサイトの売上を伸ばそうとする際、根拠がないのに先入観から「アクセス数を伸ばせば売上につながる」「サイトデザインを変えれば売上が上がる」などのアバウトな改善施策を立てているのをよく見かけます。しかし、根本的な原因の解決とは関連性の低い施策では、効率的に売上改善にはつながりません。そのため、KPIを設定する前には、**自社ECサイトのどこに課題があるのかを明らかにしておくことが大切**です。そして、「その施策はなぜ必要なのか」という根拠のあるKPIを設定することが大切です。

売上を構成する要素と改善の施策

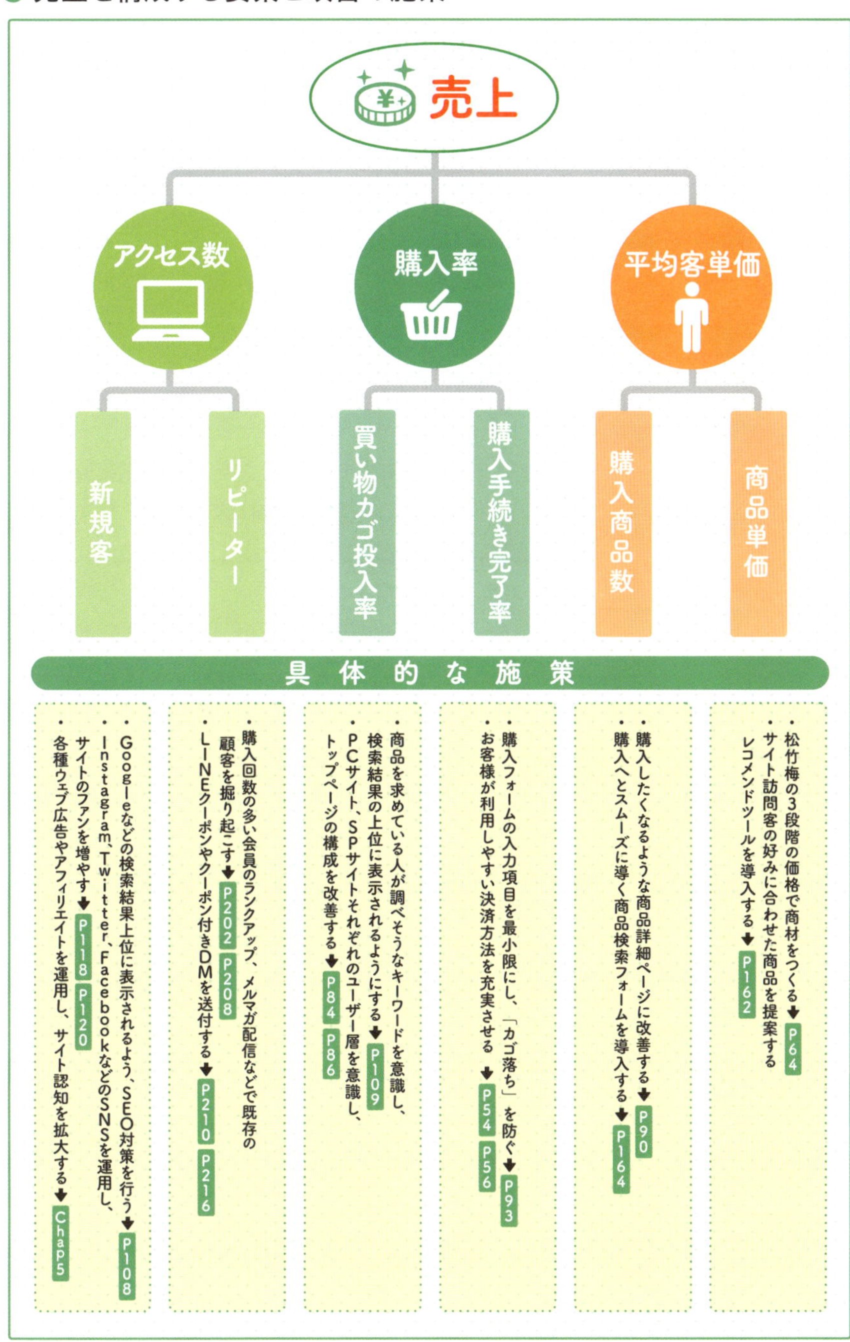

SECTION 06

EC サイトの年間販売計画

販売機会を逃さない 販促イベント計画の立て方

EC サイトの運営では、年間の販売計画をきちんと立てることが大切です。販売計画には繁忙期や閑散期のほか、一般的な季節のイベントも盛り込み、販促イベントの企画に役立てましょう。

年間の販売計画を立てるポイント

年間計画を立てるポイントは繁忙期、閑散期、通常期を明確にし、書き出すことです。繁忙期には売上を最大化するために行動を起こすことが大切ですが、**通常期や閑散期にいかに安定した売上を確保する対策がとれるか**、戦略を練ることも大切です。これらの予定を立てる際、周年記念イベントや、一般的な季節イベントを列挙してみましょう。右図のカレンダーの左側に記載したものは、これらの代表的なものです。特に閑散期がある商材に関しては、積極的に記念イベントや季節イベントを企画し、売上を最大化するための販促計画を立てることが大切です。

たとえば、水着が商材の EC サイトであれば、繁忙期は夏ですが、閑散期の冬期に南半球や常夏の島などの海外へ旅行する人に向けたキャンペーンを計画します。大切なことは、アクセスしたお客様が購入したくなる理由付けを設定することです。

どのようなイベントがあるのかわからない場合は、Yahoo! 広告が季節ごとのイベントをまとめた**販促カレンダー**（https://promotionalads.yahoo.co.jp/online/calendar/）を利用するのがおすすめです。各時期に行われるイベントや、どのようなキーワードが調べられているかがまとめられています。さまざまなイベントを毎月実施し、購入を促すことが大切です。

販促カレンダー
季節ごとの年間行事や社会行事、それに合わせた時節のトレンドなどが詳しく記載されたカレンダー。

また、これらの販促イベントを行う際は、EC サイトで公表するだけでなく、メールマガジンやダイレクトメールを発送するなど、お客様への案内を必ず行うようにしましょう。

国内の代表的な年間イベントとカレンダー記入例（ケーキ屋さん編）

月	イベント	記入例
1月	正月、成人の日、初売り	世界の新年のお菓子フェア（ガレット・デ・ロワ／フランス）
2月	バレンタインデー、節分、受験	バレンタインデーフェア（ビターチョコレートのケーキ・生チョコ）
3月	ホワイトデー、卒業式、ひな祭り	ホワイトデーフェア（バラのケーキ）
4月	新生活、お花見、エイプリルフール	イチゴフェア（新製品の売り出し）
5月	母の日、ゴールデンウィーク、紫外線対策	母の日フェア（カーネーションプレゼント）
6月	梅雨、ブライダル、父の日	ゼリーなど夏商品の贈答品・メロンケーキフェア
7月	ボーナス、海の日、夏休み	スイカのゼリーなど夏のフルーツフェア
8月	夏バテ、お中元、残暑見舞い	お中元商品フェア
9月	敬老の日、お彼岸、シルバーウィーク	秋のケーキフェア
10月	ハロウィン、紅葉、日本シリーズ	ハロウィン菓子・パンプキンケーキ祭り
11月	勤労感謝の日、ボジョレーヌーボー解禁、七五三	七五三の記念ケーキ
12月	クリスマス、大晦日、ボーナス	クリスマスケーキ

※赤色の月は繁忙期

カレンダーに書き込むことで過去の施策を俯瞰する

　自社で行う年間の販促イベントの内容を決め、カレンダーに書き込みます。またイベントが終了したら、その結果もカレンダーに書き込みましょう。メールマガジンの配信やイベント商品の登録などを行う予定日と、施策を行った結果をその都度記載することが大切です。この書き込みを行うことで、**次の作業の備忘録になるだけではなく、過去の施策がどのように作用しているか**、何日前からの告知か、どの時間、曜日でのタイミングでのメルマガがより効果的かなど、各施策の結果を俯瞰で見られるようになります。季節イベントもただ行うだけでなく、PDCA を回し、より効果が出るようにブラシュアップしていくことが大切です。

SECTION 07

サイト運営関連法規のキホン①

特定商取引法とサイトに必ず掲載すべきこと

ECサイトの立ち上げ時には、法律上必ず「特定商取引法に基づく表示」のページを設ける必要があります。ページに記載するよう法律で義務付けられた項目のうち、特に注意が必要なものについて解説します。

「特定商取引法」とは

特定商取引法は、事業者による違法・悪質な勧誘行為等を防止し、消費者の利益を守ることを目的とする法律です。ECを含む通信販売など、消費者トラブルを生じやすい取引類型を対象として、**事業者が厳守すべきルールや、消費者を保護するためのルールを定めています。**ECサイトの運営には、必ずすべてのページに「特定商取引法に基づく表示」という文字に右図の事項が記載されたページのリンクを張ることが義務付けられています。記載事項で、特に注意が必要な項目を見ていきましょう。

特定商取引法
事業者による違法・悪質な勧誘行為などを防止し、消費者の利益を守る法律。事業者が守るべきルールと、クーリングオフ（P.22）制度などのルールを定めている。

まずは「販売事業者名」です。個人事業主の場合は戸籍上の氏名を、会社の場合は**正式な社名**を記載する必要があります。続いて「運営統括責任者名」です。ここでの責任者は通信販売の責任者を指すため、EC事業の担当責任者でも問題はありません。

正式な社名
法人は登記簿上の正式な名称を記載する。「通称名」や「屋号」、「サイト名」などの記載は認められていない。

「住所」や「電話番号」の表記は、「東京都新宿区」だけやフリーダイヤルのみの表記は禁止されています。必ず所在地がわかる住所と、利用中の電話番号を掲載する必要があります。

「返品条件」に関する表記です。サイト内に返品の可否・条件・送料負担を表示していない場合、**お客様都合であっても商品到着後8日間であれば送料を消費者負担で返品することが可能**になりました。記載がない場合は返品を受け付けなければなりません。特に消費期限が短い生鮮食品などを販売する場合は注意が必要です。また、見つけにくいような小さい文字で記載している場合も無効となります。ユーザーが見つけやすいように配慮しましょう。

「特定商取引法に基づく表示」に必要な項目

事業者の情報

販売事業者名
運営統括責任者名
ショップ住所
電話番号
メールアドレス

支払いや料金の情報

商品代金以外の必要金額
代金の支払時期
支払い方法

その他 商品の引き渡し時期　返品条件

配送料の表示方法

①全国一律○○円

②すべての地域について表示
○○円（北海道）　○○円（東北）
○○円（関東）　…○○円（沖縄）

③最低送料と最高送料のみ表示
○○円（東京）～○○円（沖縄）

④平均送料の表示
○○円
（約○％範囲内で地域によって異なります）

※基本的には全地域の配送料金を記載する必要があるが、すべてのケースを表記すると複雑になってしまう場合は、③、④のような表記でもかまわない。

代金支払いやお客様負担のお金について

そのほかに記載する必要がある事項として、「販売価格」だけでなく、「代金支払い時期・方法」、「商品の引渡時期」といった、支払いや商品の受け渡しに関する事項や、「販売価格、送料等以外に購入者が負担すべき金銭の額とその内容」など、商品代金以外に発生する料金はすべて記載する必要があります。

購入者が負担すべき金銭とは、たとえば「配送料」や「代引き手数料」「梱包代」などがそれにあたります。特に配送料に関しては、**地域や購入額によって金額が異なる場合は、条件などの詳細を明記する**必要があります。配送料の表示方法については、上の表を参考にしてください。

SECTION 08

サイト運営関連法規のキホン②

ウソや誇大表現はNG！ 景品表示法と薬機法

ECサイトを運営するうえで気を付けたいのが、薬機法と景品表示法のルールです。特にサプリメントや食品、化粧品などを扱うのであれば必ず押さえる必要のある法律ですので、しっかり覚えておきましょう。

取引条件や品質などのウソを禁止する「景品表示法」

ECサイトを運営する際、覚えておきたい法律に「**景品表示法**」と「**薬機法**」があります。これは、嘘や誇張表現、ユーザーに誤解を与えるような表現をしてはいけないという法律です。

景品表示法の正式名称は「不当景品類及び不当表示防止法」と言います。これは商品の販売に関して「有利誤認表示」と「優良誤認表示」を禁止する内容です。

有利誤認表示とは、**商品やサービスの価格や販売条件について実際の条件を偽って掲載**することです。たとえば、本当はいつでもキャンペーン価格で販売しているのにも関わらず「今月だけの特別価格」といって販売をしたり、限定ではないのに「限定〇〇個販売」などと虚偽のキャンペーンを行ったりすることです。

優良誤認表示とは、**商品・サービスの品質や規格について実際よりも優れていると掲載**すること。たとえば、実際は効果がないのに「履くだけで1ヶ月で9kg痩せる」などと表示することです。こういった虚偽の内容を掲載することを禁止する法律です。

景品表示法
商品やサービスの品質、内容、価格などを偽って表示を行うことを厳しく規制するとともに、過大な景品類の提供を防ぐために景品類の最高額を制限する法律。

薬機法
医薬品などの品質と有効性、安全性を確保するために、製造、表示、販売、流通、広告の方法を細かく定めた法律。

効能や効果の表現に制限を定めた「薬機法」

薬機法の正式名称は「医薬品、医療機器等の品質、有効性及び安全性の確保等に関する法律」です。これは医薬品や医療機器、化粧品や薬用化粧品について定めた法律です。よくある商材であればサプリメントや化粧品です。これらの商品は**効果効能で掲載できる内容が、法律によって決められています。**この範囲を超え

景品表示法と薬機法の概要

	景品表示法	薬機法
管轄	・消費者庁 ・都道府県庁	・厚生労働省 ・都道府県庁 ・警察
内容	・虚偽や、誇大表現の禁止 ・効果効能の合理的根拠を記載しなければならない	・医薬品と誤解させてはいけない ・効果効能をうたってはいけない
事例	・虚偽の「限定○○個販売」 ・「飲むだけで痩せる」 このような嘘の内容を記載するのを禁止する	・「アンチエイジング成分配合」 ・「脂肪分解を促進」 このような商品の効果効能を超える内容を記載するのを禁止する

代表的な商品：サプリメント・化粧品・医薬部外品など

た内容を掲載することが禁止されています。たとえば化粧品で「飲むだけで肌のシミがなくなる」といった記載は禁止されています。このような効果の訴求を行うと行政処分をされる可能性もあるため注意しましょう。

商品の説明にはガイドラインに留意した表現を

ダイエット商材、健康商材、美容商材を販売する事業者は特にこれらの法律に注意が必要です。原材料にこだわりを持ってつくった商材では、他社との差別化のポイントを打ち出したいあまり、次第に表現が法律のガイドラインを超えていくケースというのがよくあります。お客様の声に「個人の感想であり、効果には個人差があります」という注釈を入れたとしても、医薬品としての効果効能を掲載している場合、薬機法の違反になるため注意が必要です。

景品表示法や薬機法は、サービスに対して誤解を与えないようにして、消費者に購入してもらうための法律です。そのため、過度な訴求を行うことはやめ、正しい情報の記載を心がけましょう。

SECTION 09

決済方法の基礎知識①

ECサイトで利用される決済方法

ECサイトには、商品の代金を支払ってもらうための決済システムが必要です。決済方法の種類を充実させることは、売上を伸ばすために押さえておくべき基本的なポイントです。主要な決済方法の種類とその特長を知っておきましょう。

決済方法の60%以上がクレジット払い

トランザクション費用
クレジットカード決済をする場合に、そのカードの信用照会、購入確定後の業務処理などに発生する費用のこと。

決済方法についての調査結果（右図）を見てみると、圧倒的にクレジットカード決済の利用頻度が高いことがわかります。クレジットカード決済は、ECサイトのカートシステムが対応している決済代行会社に申請を行うことで利用することができます。費用面としては、3～5%程度のカード手数料や**トランザクション費用**などが発生します。また、クレジットカードをつくれない18歳未満や、カードを持たないことが多い20代前半の若年層の利用率が低いという特徴もあります。

10代や20代前半の人に人気の高い決済方法は、コンビニ決済です。購入時に指定される番号を使い、コンビニ店頭で購入料金を支払うサービスです。クレジットカードを持たない人や、クレジットカードをネットで使うことに抵抗がある人に人気があります。運営者側も、店頭での支払いが完了したのを確認してから商品の配送ができるため、**商品を送った後で代金が振り込まれないといったリスクを避ける**ことができます。

その他のメジャーな決済方法には、「代引き決済」「キャリア決済」「銀行振込」「電子マネー決済」「後払い決済」などがあります。また、昨今はAmazonや楽天市場などに登録している会員情報を使って購入する「ID決済」（P.56）が人気です。

どの決済方法にもメリットとデメリットがあるため、さまざまな決済方法を自社サイトに導入することがユーザーの利便性を高め、購入率アップにもつながります。

インターネットで購入する際の決済方法（複数回答）

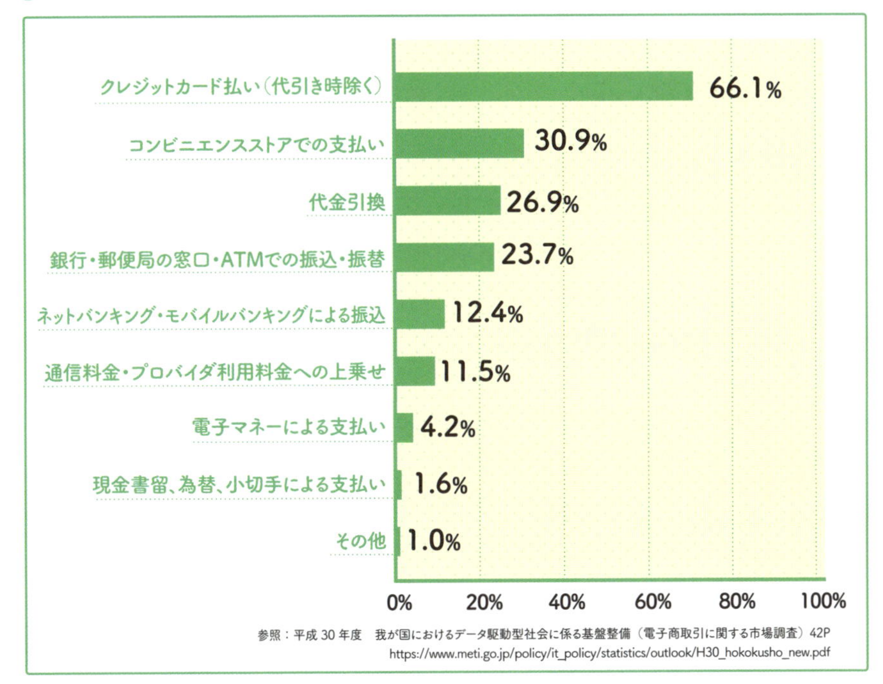

参照：平成 30 年度　我が国におけるデータ駆動型社会に係る基盤整備（電子商取引に関する市場調査）42P
https://www.meti.go.jp/policy/it_policy/statistics/outlook/H30_hokokusho_new.pdf

ECサイト・利用者ともにメリットある「後払い決済」

EC サイトのさまざまな決済方法の中で、利便性が高く人気でありながら導入店舗がまだまだ少ないのが**後払い決済**です。

これは、サイト運営者がユーザーと商品売買の契約をしつつ、金銭のやり取りは後払い会社と契約して立替払いをしてもらうという決済方法です。ユーザーにとっては、商品受け取り後に支払いができ、かつクレジットカードを使わないため、安心して EC サイトを利用できるというメリットがあります。また運営者側にも**代金未回収のリスクや、回収にかかる業務を削減できる**などのメリットがあります。

最近では、アパレル EC サイトの ZOZOTOWN が「ツケ払い」という名前でこの方式を導入するなど、決済方法として採用する企業が増えています。

後払い決済
購入した商品をユーザーが受け取った後に代金を支払う決済方法。後払い決済サービスを提供する決済代行会社と契約する必要がある。クレジットカードを持っていない人や、ネット上にクレジットカード情報を入力することに不安を感じる人でも安心して決済ができる。

SECTION 10

決済方法の基礎知識②

ECサイトの売上を伸ばすID決済

購入率を上げる最も簡単で効果の出やすい方法は、人気のある決済方法を充実させることです。中でも昨今人気を博しているのが、Amazon Pay をはじめとする ID 決済。ID 決済を導入することにより、購入率がアップする理由を中心に解説します。

購入率アップの守護神「ID決済」

スマホ時代の決済手段として、近年勢力を伸ばしているのが ID 決済です。ID 決済とは、他サービスに登録している会員情報（ID）のログイン情報を入力するだけで、はじめて利用する EC サイトであっても、「住所」「氏名」「電話番号」「メールアドレス」「クレジットカード情報」などの必須情報の入力を省略して購入できる決済方法です。**お客様の購入の手間を大幅に省けることが、購入率を飛躍的に伸ばす秘訣**です。

代表的な ID 決済に Amazon Pay、楽天ペイ、LINE Pay、PayPay などがあります。2020 年時点でシェアを大きく伸ばしているのは、ネットショップと親和性の高い Amazon Pay、楽天ペイです。今後は圧倒的なユーザー数を誇る LINE Pay、PayPay の本格参入で、より ID 決済の需要が増えることが見込まれます。

Amazon Pay/楽天ペイ
ユーザーが自身の ID とパスワードを入力するだけで、Amazon や楽天市場に登録した配送情報が自動で入力されるシステム。

需要増の秘密は「ながら決済」。十年来、一番人気の決済手段はクレジットカード決済でしたが、スマホ時代の「ながら決済」には不向きです。たとえば、「通勤電車に乗りながら」ネットショッピングを楽しんでいたとします。満員電車の中でクレジットカードを取りだして、スマホにクレジット情報を入力することはできません。また、自宅のリビングで「横になりながら、テレビを見ながら」ネットショッピングをしているときも、クレジットカードを財布から取りだすのは面倒です。ID 決済であれば、登録されている ID とパスワードを入力するだけなので、決済完了まで数タップでたどりつけるのです。

Amazon Pay の例

上記の「Amazon Pay」ボタンを押すと、
Amazonに登録している配送情報を簡単に利用することができる

クレジットカード以外の決済手段が必要な理由

カード番号やセキュリティコードなどの入力画面で手元にカードがなかったり、外に情報を出すことに抵抗があると離脱の原因になる。

このような機会損失を防ぐためにも、できるだけペルソナに合わせた多様な決済が必要になる。

SECTION 11

商品の魅力的な伝え方①

商品写真の撮影前に伝えたいことを考え抜くのが大切

商品写真はECサイトの売上を大きく左右する、とても重要な要素です。同じ商品でも写真の撮り方で売上が変わるので、EC担当者は“売れる写真”のポイントを押さえておく必要があります。またプロのカメラマンに依頼する外注で効率化を図ることが可能です。

写真を撮る前に商品の魅力を考える

ECサイトの商材写真を撮る際に最も大切なのは、「商品の魅力をとことん理解する」こと。売りたい商品の魅力はデザインなのか、それとも機能面なのか。一番の魅力、伝えたいポイントを詳細まで理解したうえで撮影に挑んだほうが、**テキストによる説明がなくても商品情報がお客様に伝わるようになります。**そのため、商品のどこを注力して見せたいのかをまず把握しておくことが大切です。

トップページに掲載する写真でも、魅力が一番伝わる構図やアングル、小物などを加えたコーディネートを考えること。いつ、だれが、どんな時に使うものなのか、写真を見た瞬間に、この商品を使うとこんな体験ができる、こんな自分になれる、などのイメージをユーザーが持てるようにすることが大切です。ECサイトでは、**実際に手に取って商品を体験することができません。**そのため、イメージが膨らむような小物やロケーションをコーディネートし、商品の魅力をさらに引き出せるよう演出します。

また商品の細部も写真で説明します。アパレルであれば、**商品詳細ページ**に全身の着用シーンや、正面、バックスタイル、ボタンなどの装飾品や縫い目の位置、生地の質感がわかるアップの写真など、5～10枚程度以上の写真で説明するのがベスト。仕様や機能がきちんと伝わるよう、あらゆる角度から、見やすく鮮明に写るような撮影を心がけましょう。またその際、モデルの体格も記載することで、情報により深みを持たせることができます。

トップページ
サイト全体の拠点となるページ。ホームページ全体の要約や抜粋を掲載した構成になっている（P.82）。

商品詳細ページ
商品の詳細情報をユーザーが確認するためのページ。そこから、購入画面へ移動できる（P.90）。

トップページに掲載する写真の例

▶売りたい商品　レディースアンティーク調腕時計
▶ターゲット層　30代～40代のファッションに関心のある働く女性
▶撮影イメージ　商品から連想するアンティーク感を上品に演出する
実際の金額よりも少しだけ高価なイメージを与える

小物①
アンティーク調の時計の
印象を強めるため、
古紙風の洋書を土台に

小物②
レースでアンティーク感と
落ち着いた女性らしさを演出

商品
主役を強調するために
日の丸構図で撮影

小物③
ドライフラワーを置いて、
スタイリッシュさと
アンティーク感を演出

難度の高い商品や定番商品の撮影は外注する

ジュエリーなどの撮影難度の高い商品写真や、モデルを活用したロケーション写真、キッチンスタジオが必要な商材など、店舗での撮影が難しい場合にはフォトスタジオに依頼する方法もあります。また、商品の入れ替えがほとんどなく、一度撮影した写真をしばらく使用できる場合も、プロに依頼してしまったほうが賢明です。他にも月間30アイテム以上の入れ替えが発生するようなアパレル店や雑貨店、撮影の時間と手間が膨大にかかってしまう場合も、**プロに依頼をしたほうが効率的ですし、社内で撮影するよりもコストも抑えられます。**

特にアパレルショップ店の場合には「**ささげサービス**」というものもあります。「ささげサービス」とは、「撮影」「採寸」「原稿」の頭文字をとった、撮影から採寸、商品説明の原稿作成までを代行してくれるもので、かなりの効率化を図れます。

ささげサービス
「撮影(さ)」「採寸(さ)」「原稿（げ)」の頭文字をとった略称で、ECサイトで販売する商品の写真やサイズの確認、必要な情報を制作すること。

SECTION 12

商品の魅力的な伝え方②

商品写真で知っておきたい撮影の知識

商品写真の撮り方ひとつで購入率を上げることも可能です。光の使い方や機材のセッティングなど、ちょっとしたコツを覚えるだけで、ぐっと商品の魅力が伝わる写真が撮れるようになるのです。

露出補正で失敗写真は無くせる

オート撮影でも、うまく商品撮影ができるコツがあります。そのコツはずばり「明るさ」＝「露出」の調整です。「露出」と聞くと難しそうに聞こえますが、簡単に言うと「明るさ」の調整です。写真撮影の基本は、絞りとシャッター速度、ISO感度の組み合わせで「明るさ」を調整してシャッターを切ります。カメラまかせのオート撮影では、ピントもカメラが合わせてくれますが、**「なんだか写真が暗い」「実際に見た色と違う」といった写真が後を絶ちません。**でもそれは「明るさ」を調整することで解決できます。オート撮影で写真が暗くなってしまう理由は、被写体が明るい状態と勘違いをして、実際よりも暗めに撮影してしまうためです。たとえば、被写体が白くて明るい色の場合、オート撮影だと、カメラは明るすぎると判断して暗めに撮影してしまいます。そんなときはカメラで**「露出」＝「明るさ」をプラス**に補正すれば、思い通りの明るさで撮影をすることが可能です。逆に真っ黒な商品を撮影した場合には、明るく撮影されがちで、黒の重厚感が失われてしまいます。その場合は**「露出」＝「明るさ」をマイナス**に補正することによって解決します。

また、白いものが黄色みがかってしまったり、実際の目で見ている色と違う色になってしまうときは、撮影している部屋の電球の色に影響を受けている場合があります。その際は電気を消して自然光で撮影したり、明るさが足りなければスタンド照明などで光量を補って撮影したりしましょう。

露出をプラス、マイナス

露出（写真の明るさ）をプラスに（明るく）したり、マイナスに（暗く）したりすることを露出補正といい、写真の明るさを補正できる機能。一眼レフカメラに備わっている機能だが、一部のコンパクトカメラやスマホのカメラでも使用可能。

➡ 商品撮影の成功・失敗例

▶オート撮影のみで失敗

被写体の多くを白っぽい色が占める場合、オート撮影のみだと暗くなりがち。失敗写真の一番多いパターン

▶部屋の照明で失敗

部屋の照明をつけたままで撮影をしたので、電球の色味が、白いショートケーキに反映されてしまった例

▶オート撮影＋露出補正で撮影して成功

見た通りの明るさや、色味を撮影できている。自然光　オート撮影で露出をプラス補正している

仕様や機能を伝える説明写真かイメージ写真か

商品撮影では、どんな商品でもパッケージから出して撮影するのが基本です。付属品がある場合も、すべて取り出して撮影しましょう。ただし、贈答品の場合は、送り先に到着したときの状態もイメージできるように、**パッケージに入ったままの写真や、梱包、ラッピング、のし紙などの写真も必須**です。

コーディネートは「写真を見た瞬間に商品の魅力が伝わる」ことを意識します。あくまでも主役は商品ですので、引き立て役である小物や背景が目立ちすぎないようにセッティングするなど、ファインダーを覗きながらバランスを調整します。全体のコーディネートが確認できるカットに加え、商品の魅力を強調するために、寄りのカットも撮りましょう。

また、イメージ写真以外に、商品詳細ページで使用する白背景の写真も撮影します。これは多ければ多いほどよいのですが、最低限、正面・上面・側面の３カットは必要です。

SECTION 13

商品の魅力的な伝え方③

自社で撮影するのに必要な機材

一眼レフカメラかスマホか。撮影の機材はどこまで用意すればいいのか。売れる商品写真を自社で撮影するために揃えたい、商品撮影に欠かせない基本的な道具を紹介します。

店舗やオフィスで撮影するのに必要な機材

一眼レフカメラがあれば背景をぼかした雰囲気のある写真を、**交換マクロレンズ**を用意すれば、細部まではっきりキレイに見える写真を撮影できます。ただし一眼レフカメラは安価なものでもボディに数万円、レンズに数万円ずつの予算が必要ですし、取り扱いも難しくなります。もし予算的に厳しい場合などは、コンパクトデジタルカメラや最新のスマホカメラでもきれいに撮影できます。**照明に注意したり、撮影環境を整えたりすることのほうが、ネットショップの撮影においては優先度は高く**なります。

一眼レフカメラ
カメラの中にあるレフ（ミラー）にレンズが取り込んだ景色を反射させ、撮影されるイメージをファインダーで確認できるカメラ。レンズが交換できるため、撮影用途や被写体によって使い分けができる。

交換マクロレンズ
マクロレンズは被写体（商品）を大きく写すことができ、商品のディテールや細部も写すことができる。

撮影ボックスと照明でプロのような撮影が可能に

撮影ボックスと照明を用意することにより、さらに安定してキレイな写真が撮影できるようになります。右の写真はコンパクトデジタルカメラで、撮影ボックスと照明を活用したときと、活用していない写真の比較です。サイドとトップから撮影ボックスを照明で照らすことによって、撮影ボックス全体に光が回り込み、簡単にプロのような撮影が可能となります。照明で撮影ボックス内が明るくなるので、前頁で解説した「露出」＝「明るさ」をマイナスに補正するのも忘れないようにしましょう。

その際に**シャッタースピード**が低速になる傾向がありますので、手振れを起こさないための三脚も撮影必須アイテムです。最適な場所はなるべく外光の入らない室内で、部屋の照明に色がついている場合は部屋の照明も消すと色かぶりも防げます。

シャッタースピード
シャッターボタンを押してからシャッターが切れるまでの、カメラが光を取り込む時間のこと。明るさが足りずシャッタースピードが低速になると、シャッターが切れる前にカメラを動かしてしまい手振れの原因になる。

撮影ボックスを使って撮影

▶撮影ボックスあり

全体に光があたってバナナの黄色が自然な色合いに

▶撮影ボックスなし

全体が暗く、バナナ発色も悪い

コンパクトデジタルカメラを使いフルオート撮影した場合は、撮影ボックスを使用したほうが全体が明るく、被写体本来に近い自然な色が表現できる。

あると便利なお役立ちアイテム

撮影ボックス

薄い布でつくられていて、光を透過する。余計な映り込みを防ぎ、きれいな写真が撮れる

照明

定常光の場合、LEDや蛍光灯が主流。使用時にはディフューザーなどを使って光の強さをコントロールする

三脚

所有するカメラを載せたときに、倒れない程度の大きさで

商品説明写真の撮影（照明を使って撮影ボックスで撮る）

撮影ボックスは１万円前後、照明は１灯１万円程度で入手できるので、三脚も含めて数万円の投資で、プロのような撮影が可能となる。是非揃えておきたいアイテム

SECTION 14

ネット販売での価格設定

価格の決め方と平均客単価を伸ばす方法

ECサイトでの販売において、悩むことが多いのが価格の設定です。値段を低めに設定すればたくさん売れるかもしれませんが、適正な価格で売りたいものです。実店舗での価格設定との違いに気をつけて考える必要があります。

ECサイトならではの値付けの考え方

ECサイトの場合、競合となるのは全世界の同様の商品を扱うECサイトです。顧客視点に立った際、購買意欲を湧かせる価格設定をしていく必要があります。

価格設定で最も大切なのは付加価値を付けることです。実店舗と比較したときのECサイトならではの大きな付加価値は、「普段手に入らないものが購入できる」「どこで購入しても自宅まで運んでくれる」です。これらの商材は、実店舗と比べて少々高い値段設定にしても、ネットで販売しやすいと言えます。ただし、実店舗ではなく競合ECサイトと比べた場合の、自社サイト独自で提供する価値には、「配送時間の短さ」「商品価格」「サイトの使いやすさ」「決済方法の充実度」など、多くの要素が考えられます。価格決定する際は**競合がどのようなサービスをいくらで設定し、それに伴う付加価値がどこにあるかを分析**し決定します。

平均客単価を伸ばす価格設定のヒント

より積極的に売りたい商品があるときは、松竹梅の3段階の価格で商材を用意することが大切です。最上級の松、真ん中の竹、一番下の梅と3段階の価格帯を設けることにより、真ん中の価格のもの（＝竹）が最も売れやすくなるという価格設定の手法です。これにより、3つのセット商品の価格設定次第で、平均客単価を伸ばすことができるようになります。

商品価格を決めるポイント

メイン商材	サブ商材	お試し商品
売上の主軸になる商品。利益率が高く、付加価値を付けやすいものがおススメ。	配送料や手数料を考えたら一緒に買いたくなる商品。利益率は低くても、メイン商材とセットで購入したくなるようにする。	リピーターになってもらうための初回購入商品。目玉となるものをつくり、のちにほかの商品の購入へつなげる。

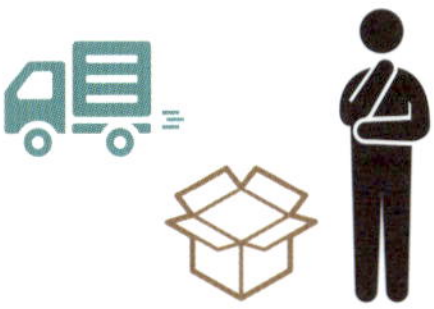

松	竹	梅
10,000円 高価な商品セット	8,000円 売りたい商品 （一番売れる）	4,000円 安い価格を設定

諸経費を考えたうえで戦略的な価格の設定も

ECサイトの立ち上げ時に、忘れてはいけない費用に販促費があります。ECサイトは立ち上げたらそれでおしまい、ではありません。**売上を伸ばしていくには広告費を継続的に投入する必要があります。**

特に健康食品や日用品は、定期的に購入される商品であるため、初回購入で多めに広告費をかけても、リピートで費用を回収しやすい商品となります。このような商品の場合は、初回の価格を下げて購入のハードルを低くした状態で、2回目3回目以降の購入で採算を合わせていくという考え方もあります。

他にも継続的にかかる費用として、配送料や梱包料、人件費、決済手数料、システムや**ドメイン**の使用料などがあります。商品価格はこのような継続的コストを考えて、「いつまでに採算を合わせるか」をもとに決めることが成功のカギです。

ドメイン
インターネット上のコンピュータやネットワークを識別するための名前。インターネットでの「住所」のようなもの。

SECTION 15

通販ビジネスの物流のキホン①

在庫管理から発送までのフルフィルメント業務とは

ECサイトにおいて、注文から商品がお客様の手元に届くまでの配送業務は、非常に大切な作業です。ここでは、配送業務について押さえておきましょう。

物流の一連の流れ「フルフィルメント」

商品の発送までの流れは､おおまかに「入荷管理」･「商品保管」･「受注処理」・「ピッキング」・「検品」・「梱包」・「発送」です。この一連の流れのことを「**フルフィルメント**」と呼びます。ECサイト立ち上げ時には、自社で行うお店も多くありますが、月の出荷件数が100件を超えた段階で、フルフィルメント業務の一部を外注することを視野にいれましょう。

フルフィルメント
ECサイトで商品が注文されてからお客様に商品が届くまでに必要な業務全般を指す。

なお、梱包をスタッフ自ら行う場合には、梱包材販売のECサイトの利用をおすすめします。専門サイトで、自社で扱う商品に合った梱包材を仕入れます。

フルフィルメント業務を外部委託するメリット

フルフィルメント業務を外部委託することは、配送品質の向上や工数削減につながります。それにより、本来注力すべき、マーケティングや商品管理、個別のお客様対応といった、**アウトソーシングが難しい領域に時間を割くことができ、お客様満足度を高められる**ようになります。

ECサイトの場合、その性質上購入から発送、商品到達までにどうしてもタイムラグが発生してしまいます。そのため、注文件数が増えてくるにつれ、自社管理では対応が難しくなります。お客様の不利益になるポイントを減らし、他店との差別化を明確にするためにも、一部業務をアウトソーシングすることで、注文日即日配送などが行える体制を整えましょう。

フルフィルメント業務の流れ

配送作業は自分たちだけでは完結しないため、その他の作業よりさらにお客様目線で、最適な配送体制を整えることが大切です。

失敗しない配送業者の選び方

配送会社は一般的に3大配送会社と呼ばれる「ヤマト運輸」「佐川急便」「日本郵便」の中から選ぶケースが多いです。では、配送会社の選び方について考えてみましょう。

配送会社によって、料金や、配送可能なサイズと重量、クール便の値段が異なります。また、商材によっては宅配便ではなく、メール便のほうが安く利用できるケースもあります。販売商材の配送条件によって利用する会社を決めたり、複数の業者を組み合わせた配送システムを検討しましょう。まずは最寄りの営業所に電話し、商材の種類や梱包時のサイズ、月間出荷数などを伝え、**各配送会社からの見積もりを比較検討する**ことが失敗しないポイントです。

SECTION 16

通販ビジネスの物流のキホン②

販売戦略につながる配送料金の設定

通販ビジネスを始める際、意外と難しいのが配送料の設定です。配送料金の設定次第でECサイトの売上そのものを左右することもある、非常に重要な項目です。お客様目線でわかりやすい料金設定にすること、料金設定を工夫して売上アップにつなげることを意識します。

配送料は「無料」か「全国一律」がベスト

配送料金を決めるうえで大切なのは、お客様にとってわかりやすい料金設定をすることです。当然ですが、配送先が遠いほど送料は高くなるので、地域ごとに異なる料金を設定しているECサイトは多いのですが、配送料金は全国無料にするのがベストです。商品の価格に送料分の金額を上乗せして他サイトより価格設定を高くしても、送料が別途かかる低価格のサイトより、売上が上がる傾向にあるためです。

配送料金
商品のサイズや梱包のやり方次第で配送料金は安くできる。特に、メール便が使えるサイズの商品であれば、箱詰めが必要な商品と比較してかなり送料を下げられる。商品によっては商品設計の段階で箱詰めではなく、パウチでコンパクトにする。

無料が難しい場合でも、なるべく送料は全国一律にしましょう。その際、配送料金は全国の配送料金の平均と、売上が多い地域とのバランスを考えて決定します。たとえば、東京にある会社の場合、会社から近い関東圏内での売上が多ければ、配送料金を低く設定することができます。反対に、北海道や九州など、配送料金が高くなる地域での売上が多い場合は、配送料金を高く設定する必要があります。**バランスを考慮しながら、お客様にとって納得できる全国一律料金を設定**しましょう。

商材によっては配送料金の設定が複雑になるケースもあります。代表的なものはクール便で送らないといけない商品や、1回の注文で複数の配送先の指定が必要なケースです。このように配送料金が複雑になる商材の場合は、配送のルールをまとめて一覧にしたページを設け、お客様が簡単に計算できるようにすることが大切です。

配送料を使った販売戦略と顧客の心理

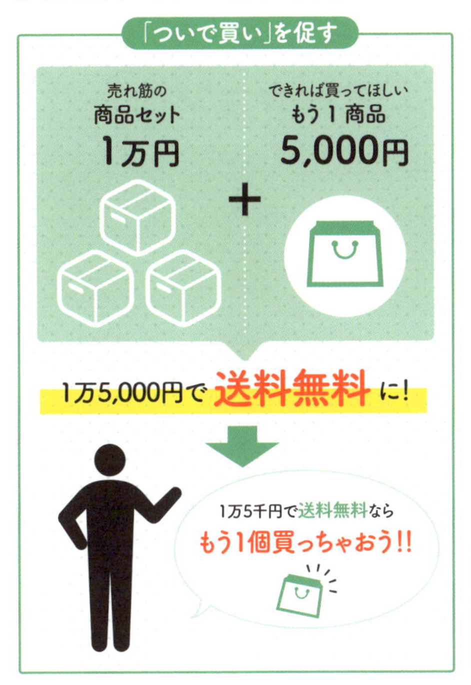

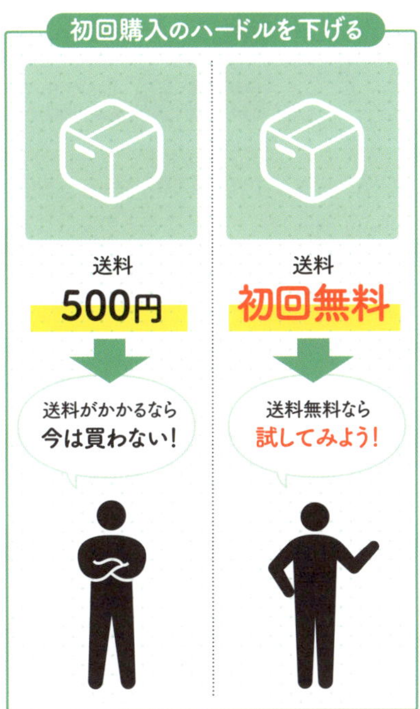

配送料を工夫すれば売上は伸びる

配送料のコントロールによって平均客単価や購入率を伸ばすことも可能です。多いのは「購入総額○○円以上で送料無料」というように、一定額を購入すると送料が無料になるパターンです。このように設定すると、「送料無料の金額」に達していない**お客様に「ついで買い」を促す効果**があります。

また、「初回購入は送料無料」という特典を付け、ECサイトの初回購入のハードルを下げることも、配送料を使ったECサイトの大切な販売戦略です。最もハードルが高い初回購入のハードルを下げ、新規顧客の増加が狙えます。こちらは特に定期購入をしてほしい商材で行うことの多い施策です。

このようにお得感を演出し、商品の購入意欲を引き上げることもできるため、配送料はオープン当初に設定して終わりではなく、状況に合わせて常に改善すべき大切なポイントです。

SECTION 17

梱包業務のキホンとアイデア

梱包と封入物でお客様とコミュニケーション

商品がお客様の手元に届いた瞬間は、お客様とショップのコミュニケーションの場でもあります。丁寧な梱包と同梱物の工夫で他社との差別化を図り、繰り返し購入いただけるようにしましょう。

梱包を解く瞬間ははじめてお客様と接する瞬間！

通信販売において、商品が届く瞬間はお客様とショップが実際に接する最初の瞬間であり、お客様の期待値が最も高まる瞬間でもあります。そのため、梱包の状況によってお客様が受ける印象は大きく変わります。たかが梱包と思いがちですが、**実はリピート率や売上に大きく影響するポイント**なのです。商品がお客様の手元に届いた際は、購入したときに抱いていた期待を裏切らないよう、梱包や同梱物にも注力しましょう。箱のデザインや同梱物の中身を工夫すれば、他社と差別化を図ることも可能です。

まずは箱選び。商品のサイズに対してあまりに大きい場合、商品を固定するためのクッション材が余計に必要になります。できるだけ商品のサイズに合ったものを選ぶようにします。**クッション材**にはエアー緩衝材を使い、段ボールに隙間なく詰め、商品がしっかり固定されるようにします。試しに梱包した商品を思いっきり振った後、梱包を開けてみましょう。顧客の手元に届いた状態を確認できます。このときに、もし商品の裏表が逆になっていたり、傷がついていたりしたら、梱包が甘い証拠なので箱詰めのやり方を変えましょう。

クッション材
緩衝材ともいう。空気の入った袋など、外部からの衝撃や振動を和らげるための資材のこと。

また、箱を開けた際に商品と納品書しか入っていないのも、味気ないもの。**同梱物はお客様との重要なコミュニケーションツール**です。商品の包み紙、手紙やすでに利用されているお客様の声、商品の使い方など、ちょっとしたものや情報でも商品に添えて、より好印象を持たれるような工夫をしましょう（P.219）。

お客様の心をつかむ梱包

封筒の開け口はきれいに、しっかり梱包する

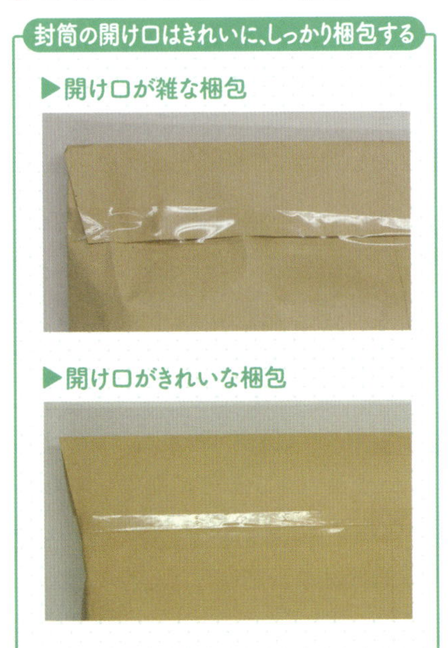

ラッピングにもひと工夫

ギフトラッピングの感覚で包むと、きれいに梱包できる

お客様とのコミュニケーションツールとしての同梱物

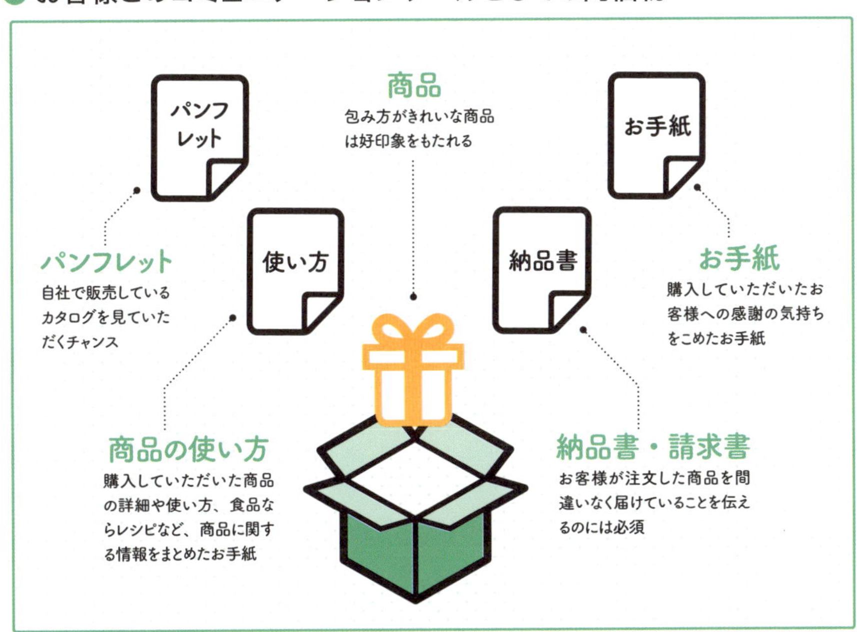

SECTION 18

EC ビジネスに関する情報収集

EC担当者なら知っておきたい情報サイト4選

常に情報がアップデートされ続けるEC業界では、昨日までの常識だったルールが今日には変わっている、ということがあります。ここで紹介する4つのEC担当者向けECサイトを日々チェックし、最新のEC事情を把握しておくことが大切です。

最初に押さえておきたい情報サイト2選

EC事業に取り組むためには、情報収集が欠かせません。最新の情報を常に把握しておくことが、売上げアップの鍵になります。それでは代表的な情報サイトを見ていきましょう。

まず紹介するのがMIKATA株式会社が運営している、「ECのミカタ」(**https://ecnomikata.com/**)。ECのミカタは、EC業界の基本的な情報から最新のニュースまであらゆる情報を日々更新しているので、ぜひチェックしておきましょう。さらに、情報配信だけではなく、**ビジネスマッチングサイト**としての側面も持っています。たとえば、ECサイトの制作や、プロモーションの導入を検討したい企業がECのミカタに問い合わせると、ECのミカタに登録している各サービスとの関連性が高い企業を紹介してくれます。そのため、情報サイトとしてだけではなく、**企業間同士のマッチングサポートまで行ってくれるサイト**となっています。

ビジネスマッチングサイト
業務の外注や製品やサービスの発注を、条件によって事業者同士で結び付けることを目的とするウェブサイト。

次に紹介するのが翔泳社が運営している「ECzine」(**https://eczine.jp/**)。EC業界の最新の情報はもちろん、EC担当者向けに売上アップを目指す細かな施策や実際の事例、事業者や支援企業のインタビューなど、ECビジネスに関する情報が充実しています。ちなみに、翔泳社は他にもマーケティング担当者向けの「MarkeZine」や、システム開発者向けの「CodeZine」も運営しています。

マッチングサポートサービスも提供する情報サイト

少し上級者向けのEC情報サイト2選

「ネットショップ担当者フォーラム」(https://netshop.impress.co.jp/) も、EC担当者なら欠かせない情報サイトです。ここは、ECサイトやネットショップを運営している担当者に向けたEC業界の情報やインタビュー記事が充実しています。また、ECサイトの販促に必要な情報を漫画で解説するコンテンツなど、比較的ライトな読み口のものが多いのが特徴です。

最後に紹介するのが、「通販通信」(https://www.tsuhannews.jp/) です。他のサイトに比べて、**ダイレクトマーケティング系**の情報が充実しています。さらに、**さまざまな統計データや分析データなど、具体的な数字を含む情報が豊富**です。そのため、ECサイトの販促施策の根拠となるデータを調べるのに便利なサイトです。これら4つの情報サイトを日々チェックし、情報のアップデートに乗り遅れないようにすることが大切です。

ダイレクトマーケティング
企業と消費者が双方からコミュニケーションを取り、顧客のレスポンス（反応）を獲得することに重視した宣伝方法。顧客に合わせた広告を展開し、興味のあるなしで反応を把握できる。

Column

「ECに詳しい人に任せてるから安心」は間違い！？

ECサイトの事業者様に「サポートしてもらっている業者に何をしてもらっていますか？」と聞くと、「よくわからないけど任せているから安心だ」と具体的な施策を把握せず丸投げしているケースが見受けられます。しかし、それでは売上を伸ばすのは難しいでしょう。

ECサイトの売上を構成する「アクセス数×購入率×平均客単価」の3つの要素を、すべて1人でカバーできる専門家はほとんどいないのではないでしょうか。

手放しで信用するのは間違い

ECサイトのアクセス数を伸ばす代表的な施策だけでも「SEO対策」「ウェブ広告」「アフィリエイト」「インフルエンサーマーケティング」「メルマガ」などがあります。

EC支援会社も「SEO対策はできても、広告は運用できない」「新規集客は得意だけどリピーター獲得は苦手」「このECサイトのシステムは使えるけど、あのシステムは使ったことがない」など会社ごとに得意・不得意なことがあります。

実際に事業者様のECサイトを見てみると、「デザインは良いのにSEO対策の基本的な部分ができていない」「ウェブ広告で売上を伸ばすべき商材にもかかわらず、SEO対策のみで売上を伸ばそうとしている」など、ちぐはぐな対策を行っているケースもよくあります。そういった事業者様に「なぜこのような施策を行っているのか？」と聞いても、「わからないけど、詳しい人に任せているから大丈夫」と施策を鵜呑みにしていることが多いのです。

二人三脚で売上を伸ばす

EC支援事業者は万能ではありません。会社によって得意・不得意な部分があります。当然ですが、商品知識や業界については、事業者様のほうが詳しいでしょう。

ECの売上を伸ばしていくには、手放しでEC支援事業者を信用するのではなく、自分たちに何が足りていないかを理解したうえで、相棒となるEC支援業者を見つけることが大切です。

そしてEC支援事業者にすべてを任せきりにするのではなく、自分たちでも施策を行い、二人三脚で売上を伸ばしていく姿勢が大切です。

Chap

3

企画から開店準備までで学ぶECサイト制作の知識

ここでは実際にECサイトを制作するための手順を紹介します。

売上を伸ばすためにコンセプトを決めることから、

ページ構成、開店準備まで

具体的な流れを見ていきましょう。

SECTION 01

EC サイト制作のフロー

コンセプト決定からオープンまでサイト制作の流れ

EC サイト運営の目的は売上を伸ばすことです。お客様が思わず商品を買いたくなるには、どうすればよいかを念頭に置き、サイトを制作しましょう。また、EC サイトは素材の用意に時間がかかります。オープン直前に慌てないためにも、事前の準備が重要です。

まずはECサイトのコンセプト決めから

EC サイト構築の流れは、企画設計、制作、開店準備の 3 つに大きく分けられますが､中でもいちばん重要なのが企画設計です。企画設計を間違えると後工程での軌道修正が大変になります。

まずは EC サイトを制作するうえでのコンセプトを決めます。価格の安さや品揃えの豊富さを売りにするのか、こだわりのアイテムだけを厳選したサイトにするのか、など**自社 EC サイトのセールスポイントに基いてコンセプトを決定します。**

コンセプトに基づいて制作工程を進める

コンセプトが決まったら、ショッピングカートシステムを選びます（P.28)。各システムによって対応できる機能が異なるため、自社のサイトに必要な機能の選定など、コンセプトの決定後にカートシステムを選ぶことが重要です。

カートシステムが決まったら、必要なページを整理してサイトの構造を決めるサイトマップの作成（P.80)、トップページのレイアウト作成やデザイン（P.82,84）へと進みます。見やすさや興味を引くレイアウトなど、買いやすくなるサイト制作が重要です。サイトマップが完成し、トップページのデザインが確定したら、実際にサイトを運用するために HTML 言語を中心に実装作業を行います。

最後に販売する商品の情報を登録し、お客様が利用できる決済方法や配送手段、配送料を設定したら開店準備の完了です。

ECサイト制作の流れ

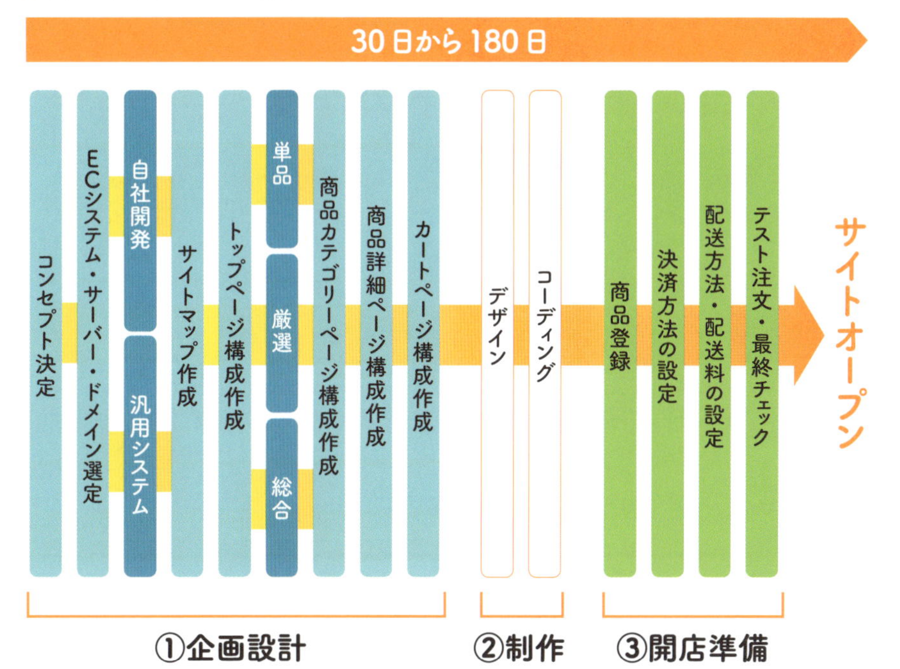

ECサイト制作にかかる期間

ECサイトの制作時間は、サイトの規模にもよりますが、1ヶ月から半年程かかります。ECサイトは実際の店舗と違い、**オープンしてからも容易に改修作業ができるので、まずは最短でのオープンを目指しましょう。**

想定よりも時間がかかる工程は、企画設計やトップデザインの実装作業ではなく、販売する商品の写真や説明文などの準備です。ECサイトに掲載したい写真や商品説明が用意できない場合、フリー素材やメーカーの説明文を利用しているサイトもあります。しかし、自社ECサイトをつくるなら、他社も使えるようなフリー素材やメーカーのカタログ情報ではなく、独自に商品写真や説明文を用意しないと、売れるECサイトにはなりません。制作作業が進んでから慌てるのではなく、事前に商品写真など素材の準備を進めておくことが重要です。

SECTION 02

EC サイトの企画設計①

サイト制作の精度が上がるコンセプトシートの作成

EC サイトを作成する前に、用意したコンセプトシートに必要な機能や競合分析の結果をまとめ、どのような EC サイトをつくるのかを俯瞰で確認することができるようにすることが大切です。

コンセプト決定作業が大切な理由

メインターゲット
その商品を購入する確率が最も高いユーザーのこと。年齢層や性別などで表す。

EC サイトの構成やデザインは、**メインターゲット**、販売商品やアイテム数、ブランドイメージなどによって変わってきます。たとえば 1 万種の商品を販売する EC サイトであれば、商品を見つけやすい構成にすることが大切になりますが、反対に単品種商品しか扱わないのであれば、商品の魅力がトップページから伝わる構成にする必要があります。

また、年齢や性別によっても高級感があるもの、かわいらしいものなど、求められるデザインも変わってきます。EC サイトをつくる際はまず、SWOT 分析（P.40）やカスタマージャーニーマップ（P.43）で分析した情報をベースに、どのようなコンセプトの EC サイトをつくるかをまとめてから制作を開始します。

ECサイト制作に必要なコンセプトシートとは

コンセプトをまとめないまま EC サイトの制作に着手してしまうと、イメージ通りでないばかりか、**コンセプトの実現に必要な機能が備わっていないサイトが完成してしまいます。**これらを防ぐためにも、どのような EC サイトをつくるべきかを事前にまとめ、制作で迷いが生じたら立ち戻れるようにすることが大切です。

実際の制作の現場でよく使うコンセプトシートの項目と内容例は、右図のようになります。このシートを参考に制作プロジェクトを進めることが、失敗しないサイト制作において大切なポイントになります。

コンセプトシートの項目と設定内容例

種別	項目	例
目的・ターゲット	構築するECサイトに必要な機能は何か	購入機能、会員割引機能、予約販売機能
	性別	女性
	年齢層	20代後半〜30代前半
	ペルソナ	25歳女性。福岡出身の未婚。年収300万。正社員。通勤は電車を利用。休日はスマホで動画を見て過ごす。悩みは出会いがなく恋人ができないのと、ダイエット
ショップ・サイト情報	販売商品は何か	日用雑貨
	キャッチコピーは	ていねいな生活をていねいな小物で
	競合他社	○○株式会社
	販売予定商品数	100アイテムほど
	販売商品のカテゴリー数とその種類	お皿、カトラリー、グラス、オーガニック食品、北欧雑貨
	人気商品	ペアグラス
	売りたい商品	オーガニック食品
	固定ファンの有無	実店舗の常連客がいる
デザインイメージ	ユーザーに与えたい印象	おしゃれで家庭的なイメージ
	つくりたいECサイトのイメージ	かわいく、他の商品も見たくなるようなサイト。実店舗での買い物を追体験できるようなサイト
	ターゲットが好まない構成	ごちゃごちゃしすぎるデザイン
	参考にしたいサイト	https://○○.jp
	真似したくないサイト	https://××.jp
	実現したいデザイン	インスタグラムの更新情報がサイト上からもわかるように。写真がたくさん載るようなデザイン
	ベースにしたい色	白を基調に暖色系
	使いたくない色	ビビッドカラー
	指定のフォント	なし
	定番ページ以外に必要なページ	実店舗の案内ページ
	決済方法	銀行振込、代引き、クレジットカード払い、コンビニ決済
機能関連	代引き手数料	330円
	送料	全国一律1,000円
	購入金額による送料無料の設定	1万円以上購入で送料無料(離島はのぞく)
	会員情報として登録する項目	名前、住所、性別、年齢、電話番号、メールアドレス、DM発送希望
	商品発送時のオプション	ラッピング希望の有無
	配送業者	ヤマト運輸
運用関連	お問い合わせ窓口の営業時間	9:00〜17:30
	お問い合わせ用の電話番号	00-0000-0000
	お問い合わせ用のメールアドレス	○○○@○○○.co.jp
	イベントやキャンペーンの実施予定	周年イベント
	使用するSNS	Twitter、Instagram、Facebook

SECTION 03

EC サイトの企画設計②

必要なページと階層を設計するサイトマップ

サイトマップは必要なページを整理してサイトの構造を決める、EC サイトの設計図です。デザイナーやコーダーなどさまざまな関係者と制作を円滑に進めるためには欠かせません。また、サイトを利用するお客様にとっていかに整理されたページ構成かも重要です。

サイトに必要なコンテンツを考える

まずは、企画設計で決まったサイトのコンセプトをもとに必要なページやコンテンツを考え、書き出します。商品を購入してもらうためにはどのような情報を発信するべきなのか、お客様はどのような情報を欲しているのか、**特定商取引法**に基づく表示 (P.50) など EC サイトとして必須のページは何かを考えます。参考にするサイトを 3 〜 5 程度ピックアップし、どのようなサイトマップになっているかを確認します。自社と同じような商材を扱う場合、他社がどのように情報をまとめているのかをリサーチし、その中で最もわかりやすい形式を目指しましょう。

また、**ページ数の多いサイトは SEO 対策につながりやすい反面、複雑な構造になるなどのデメリットもあります。** EC サイトに必要なページをお客様が利用しやすい構造になるよう、動線を考えたサイトマップをつくることが大切です。

特定商取引法
事業者による違法・悪質な勧誘行為等を防止し、消費者の利益を守る法律。通信販売の場合、売買契約の申し込みの撤回や解除についてお客様に見やすい場所にわかりやすく表示することが定められている。

サービス利用者の視点でサイトマップをつくる

EC サイトで必要な「トップページ」「店舗紹介ページ」「商品カテゴリーページ」「商品詳細説明ページ」「お問い合わせページ」「お買い物ガイドページ」「特定商取引法に基づく表示ページ」「**プライバシーポリシー**ページ」を軸に、まずは EC サイトの運営において欠かすことのできないページをサイトマップに書き出していきます。サイト構造はトップページを根底にして、どのようにページが分かれていくのかをツリー状に整理します。整理する際

プライバシーポリシー
企業が自社における個人情報の利用目的や管理方法を文章にまとめて公表したもの。「個人情報保護方針」ともいう。

サイトマップのイメージ

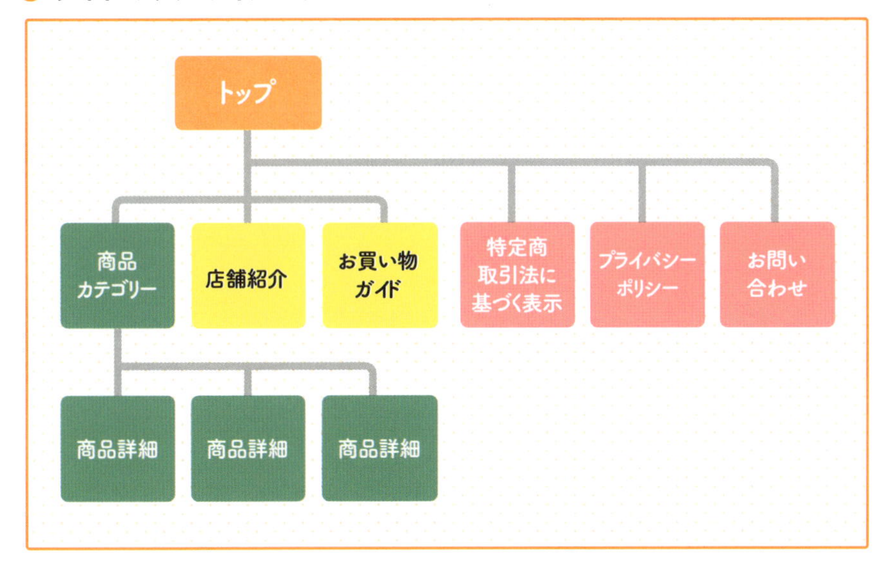

は、お客様がサイトに訪れた場合、最初にどのページを訪れるのか、どのような情報を欲しているのかをお客様目線で想定して考えます。**サイトマップはECサイトの構造を俯瞰するためのもの**です。社内外のECサイト制作に携わるメンバーが直観的にページ構成を把握できるよう、わかりやすくつくる必要があります。

2クリックルールがサイト構成の基本

サイトに訪れたお客様は、2クリックまでに目的ページにたどり着ける必要があると言われています。たとえば白いTシャツをお客様が探していたとすると、「トップページ」→「Tシャツカテゴリーページ」(商品カテゴリー)→「白いTシャツの購入ページ」(商品詳細)のリンクをクリックしてたどりつくイメージです。途中で「トップスページ」(カテゴリー内カテゴリー)へのリンクなどが入って3クリック以上操作しないと目的までたどり着けないサイト構造では、**欲しい商品がこのサイトには無いと判断され、お客様の離脱が増えてしまいます。**実際のお店でも商品を探すのに時間がかかると購入につながりにくいのと同じです。

SECTION 04

トップページの構成<基本>

購入率が2倍に上がるトップページ必須の要素

トップページの構成はワイヤーフレームと呼ばれる線画で作成します。ビジュアル的には簡素ですが、ワイヤーフレームはページの構造を確認する重要なものなので、わかりやすく描く必要があります。

成功するECサイト必須のファーストビュー検索

ECサイトの目的は物を売ることです。何を販売しているサイトかがひと目でわかるデザインにすることが、売上を伸ばすポイントです。大切なのは、トップページでショップのコンセプトや取扱商品、どんなサービス特典があるお店なのかが、お客様に瞬時に伝わるような構成にするということです。

トップページの構成は、「ヘッダーエリア」「サイドエリア」「コンテンツエリア」「フッターエリア」の4つに分けられます。ヘッダーエリアには、ショップのロゴや送料無料などの通年特典、主要ページに誘導する**メインメニュー**などを配置します。これらは**商品を購入する際に必ず必要な情報なため、目に入りやすい位置に配置するのが鉄則**です。特に画面の表示エリアの上部には、検索窓を必ず設定します。この**ファーストビュー**検索の有無で購入率が2倍以上も変わる事例もあるため、とても大切な要素となります。

メインメニュー
ウェブサイトを開いたときに、はじめに表示されるページ。グローバルナビゲーションとも呼ぶ。各項目にリンクが張られており、ここからどのページを見たいかクリックして選択する。

ファーストビュー
ユーザーがウェブページにアクセスしたときに、スクロールせず最初に表示される部分。

サイドエリア
現在スマートフォンサイトがメインになってきているため、ページ幅を必要とするサイドエリアは制作しないサイトも多くなっている。

カテゴリーアイコンでさらに売上アップ

サイドエリアには、商品を探しやすくするための商品カテゴリーページや、キャンペーンページへの誘導メニューを配置します。そしてメニューの横には、カテゴリーをイメージさせるアイコンを設定しましょう。テキストだけで案内をする場合と比べ、直観的に何のカテゴリーなのかが理解しやすくなるのです。それにより、購入率も1.3倍程度変わってきます。

ワイヤーフレームのイメージ（パソコン用サイト）

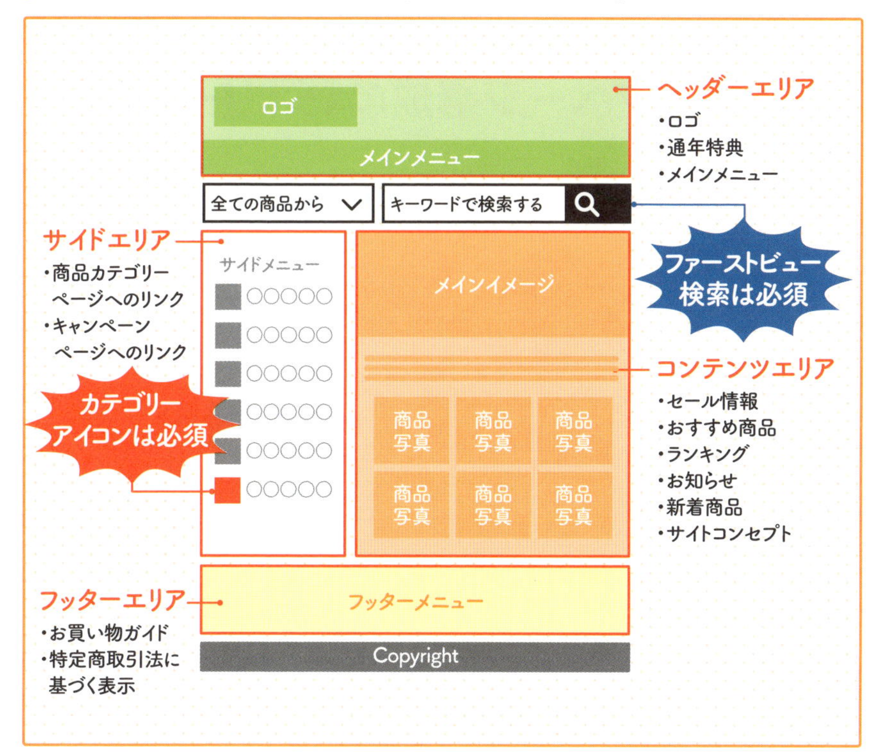

コンテンツエリアとフッターエリアに必要な要素

　コンテンツエリアでは、いちばん目立つところに、セール情報などイチ押しのコンテンツへの誘導メニューを配置します。その下に、おすすめ商品やショップからのお知らせ、新着商品など重要なコンテンツを配置していきます。

　フッターエリアは、サイトの最下部で目立つエリアではないため、重要度の低いページへのナビゲーションを設置します。

　商品の購入時に必要な情報が見つけにくい構成であることは、ECサイトにおいてあってはなりません。そのため、ワイヤーフレームで構成を設計する際は、お客様目線で商品を購入するのに必要となる送料や決済、キャンペーン情報や出荷日などの項目を忘れずに設けることが大切です。

SECTION 05

トップページの構成<タイプ別>

商材や業態で異なる トップページ構成のセオリー

ECサイトは3つのパターンに大きく分けられ、取り扱い商品やサイトの特徴、アイテム数によってセオリーが異なります。それぞれ、メニューやコンテンツの配置が異なるため、自社サイトのコンセプトや商材に適したセオリーを選びましょう。

イチ押し商品などを目立たせる「総合型」

ECサイトには、「品揃えが豊富」「こだわりの品を厳選」「ブランドイメージや単一商品を優先」の3つのタイプがあり、それぞれのトップページには構成のセオリーがあります。

商品カテゴリー数や商品数の多い「品揃えが豊富」なサイトでは、総合型のトップページ構成となります。雑貨やアパレル（セレクトショップ）、日用品などの業種や商材が当てはまります。商品数が多く、必然的に商品カテゴリーのメニュー数も多くなるため、**売りたい商品への誘導をいかにわかりやすくするかがカギ**となります。メイン商材の商品カテゴリーや人気アイテムをトップページの上部や目に付く位置に配置したり、売れ筋商品ランキングやセール情報、キャンペーン情報を掲載するのがセオリーです。

複眼的に商品を提案する「厳選型」

商品数を絞った「こだわりの品を厳選」したサイトは、厳選型のトップページ構成となります。アパレル（ブランドショップ）、食品・飲料品、家具などの業種や商材が当てはまります。商品数が多くはないため、**商品カテゴリーの切り口を増やし、お客様にいろいろな視点から商品を提案する**のがセオリーです。たとえば食品のサイトであれば、ギフト用の購入が期待されます。12月のお歳暮、8月のお中元、5月の母の日など年間のイベントカレンダーに合わせて最適な商品でカテゴリーを分けたり、価格帯で商品を分類してトップページに配置します。

➔ 総合型（左）と厳選型（右）のトップページ構成例

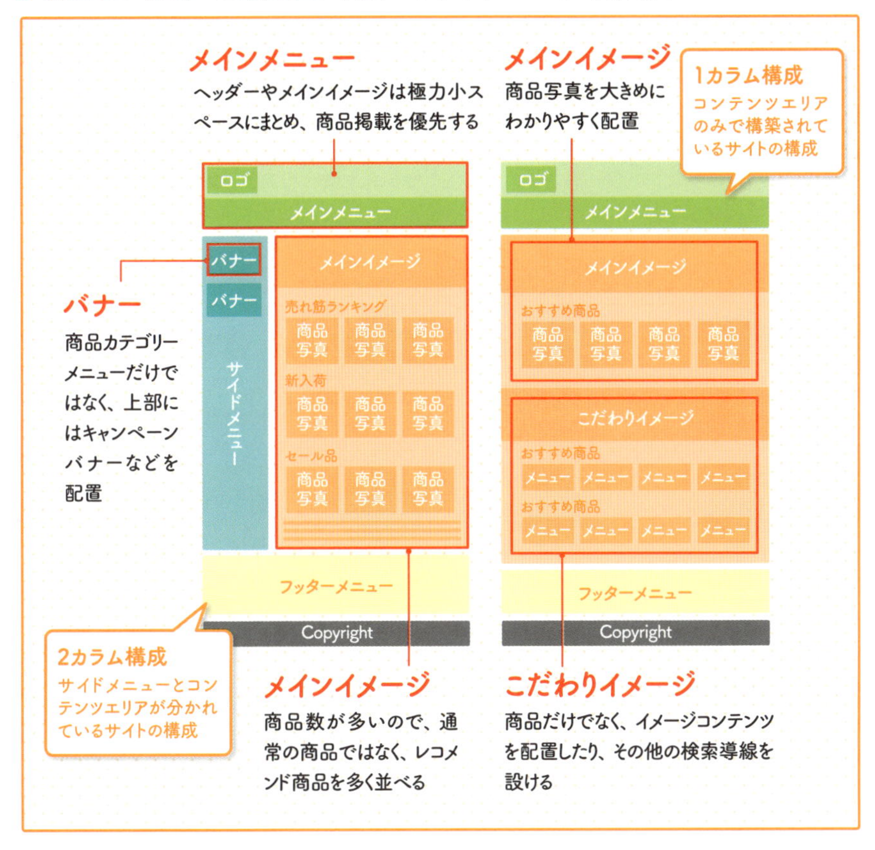

強みや特徴をアピールする「単品型」

商品カテゴリー数もアイテム数も少ない「ブランドイメージの浸透や単一商品の販売を優先」したサイトは、単品型のトップページ構成となります。化粧品や健康グッズなどの単品リピート通販を行うサイトが当てはまります。**商品の強みや特徴をページ全面でアピールするため、起承転結で商品の優れた点をお客様に説明する**ページ構成にします（P.96）。

たった1ページで購入まで導くため、高品質な写真やイラストや動画を組み合わせた、お客様の購入意欲が高まるような仕掛けを設けるのがセオリーです。他の構成とは大きく異なります。

SECTION 06

スマホサイトの構成のつくり方

画面サイズを意識したスマホ専用サイトの構成

最近では、パソコンよりスマートフォンからECサイトを訪れるお客様が増えています。画面のサイズや縦横比が違うことから、PCサイトとは別にスマホサイトの構成をつくり込む必要があります。

必要な情報やコンテンツを絞るのがポイント

近年、スマートフォンの画面からネットショッピングをする人が非常に増えているため、スマホサイトの構成が重要になります。**レスポンシブデザイン**よりも、**スマホ画面に最適化された文字サイズやレイアウトを独自に用意したほうが購入率は向上します。**

スマートフォンはパソコンよりもはるかに画面が小さく、タップ操作など閲覧方法がパソコンと大きく異なります。トップページの構成も、必要な情報やコンテンツを絞って配置するなど、閲覧方法を考慮して制作する必要があります。たとえばメニューやカートのボタンは、テキストで表示するのではなくアイコンにすることで、タップしやすくなります。

右図はスマホサイトの基本的な構成要素です。PCサイトとの大きな違いは、**ハンバーガーメニュー**という開閉式のメニューを採用している点です。スマホの場合、画面サイズの都合でPCサイトにおけるサイドメニューを表示させることができないため、これがサイドメニューの代わりになります。

レスポンシブデザイン
サイトを見ているユーザー側の端末の画面サイズやウェブブラウザに合わせて、ウェブページが閲覧できるようにしたデザインの方法。端末の画面サイズに影響されず、自動で見やすい表示に切り替わる。

ハンバーガーメニュー
ウェブサイトの「三」の文字のようなアイコンのこと。メニューの表示形式のひとつで、クリックすると主要なメニューが展開される。

実は2%しかタップされないハンバーガーメニュー

ただし、ハンバーガーメニューに商品カテゴリーなどの大切な情報を設定していると、見逃されてしまう可能性が高くなります。そのため、商品詳細ページに案内するような主要メニューは、サイト内の目立つ場所に必ず設定します。この施策だけで2倍程度売上が変わる事例もあるため、大切なポイントとなります。

スマホページの基本構成

SECTION 07

ページの構成<商品カテゴリーページ>

工夫するほど売上が伸びる！商品カテゴリーページ

商品カテゴリーページはトップページから商品詳細ページへの橋渡しとなるページです。単に商品を並べるのではなく、どのように商品カテゴリーを分類すればお客様が求める商品を探しやすいかを想像しながら、ページを構成します。

商品カテゴリーは商品案内の大切な要素

商品購入までの基本的な流れは、「トップページ」→「商品カテゴリーページ」→「商品詳細ページ」→「購入ページ」です。お客様は、商品を比較検討してから商品の詳細を確認します。そのため商品カテゴリーページは、商品詳細ページの橋渡しとなる重要なページとなり、このページのつくり込みによってECサイトの売上は大きく変わります。

たとえばカテゴリーページを書店の棚を例に考えてみましょう。書店では文庫本や新書、ビジネス書など、本の種類によって棚が分けられています。そして、棚ごとにおすすめの本が平積みされていたり、ランキング順に書籍が並べられています。こういったカテゴリーレコメンドをECサイトにおいても商品カテゴリーページに設定し、お客様におすすめ商品を案内しましょう。

カテゴリーレコメンド
レコメンドはおすすめという意味で、商品を閲覧したりカートに入れたりすると、おすすめの商品を提案するシステム。同じカテゴリーの商品や、同じメーカーなどの関連商品を紹介し、ついで買いを狙う。

商品カテゴリーページの**ファーストビューにはカテゴリーの売れ筋ランキングや、カテゴリー内のおすすめ商品を案内**しましょう。お客様を商品ページに素早く誘導することで、迷わず商品ページに到達できるようになり、購入率を高める効果があります。特に取り扱いアイテム数が多いECサイトは、欲しい商品をお客様が見つけることができず離脱をしてしまう可能性が高まります。離脱を防ぐためにもカテゴリーページのファーストビューをうまく活用し、買い物をしやすいサイトにしましょう。

カテゴリーページをつくり込むことにより、購入率が2倍以上伸びたというケースもあるため、大切なポイントになります。

商品カテゴリーページの構成例

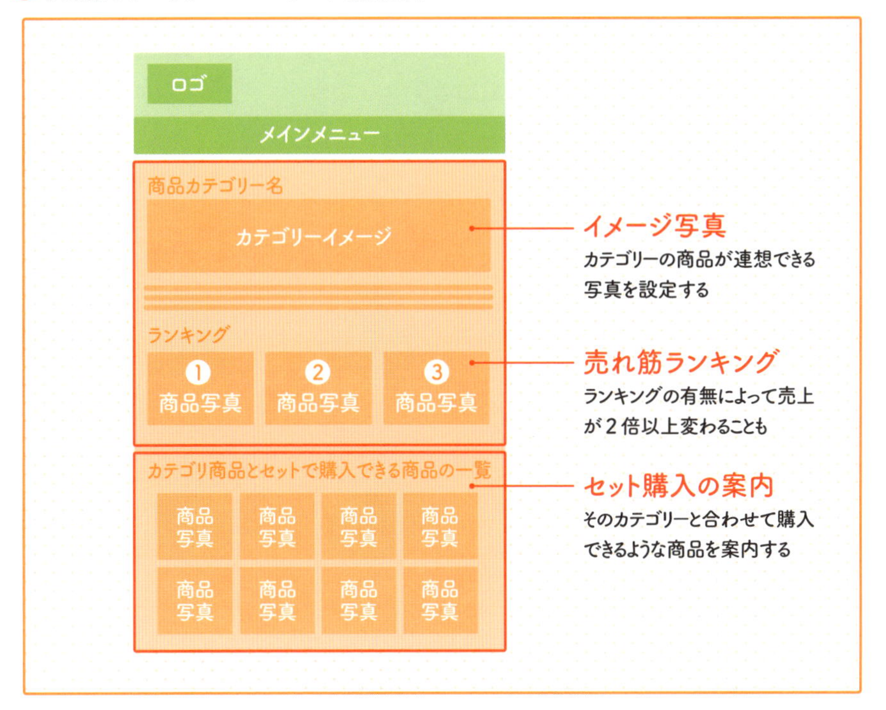

商品詳細ページや購入に誘うひと工夫

商品カテゴリーページは、特に工夫を施さなければ商品画像と商品名、価格が表示されるだけです。しかし、「商品を詳しく見る」ボタンを追加することで、詳しい説明があることを周知することができ、商品詳細ページへの誘導率を高めることができます。また、「SALE」や「NEW」などの目立つアイコンを追加すれば、商品カテゴリーページにアクセスした瞬間に、お客様の購買意欲を刺激することもできます。

さらに、日用品や消耗品など、比較的価格の安い商材の場合は、商品カテゴリーページから直接購入できるボタンを追加することで**まとめ買いを促すことができ、顧客単価のアップにつながります。**このように、商品カテゴリーページに陳列する商品の表示方法にも、いろいろと工夫するポイントがあります。

SECTION 08

ページの構成<商品詳細ページ>

購入へ最後のひと押しをする商品詳細ページ

商品詳細ページの役割は、お客様に商品の情報を正しく伝えることはもちろんですが、商品の良さをアピールして、購入への最後のひと押しをする重要な役割があります。ひと目で商品の魅力が伝わるページにする必要があります。

商品を紹介する写真とキャッチコピーの役割

商品詳細ページは商品名や価格、特徴やスペックなどの商品情報を正しく伝えるだけでなく、お客様を購入ページへ導く最も重要なページです。つくり込むことで売上は大きく変わります。

大切なのは商品ページを訪れた際に最初に目に入る、商品写真とキャッチコピーです。商品写真はただ商品を写したものではなく、実際に使用している様子がイメージできる写真を用意します。キャッチコピーも、ただ商品名を掲示するのではなく、イメージが深まる表現を加えます。ポイントは「ブランド名＋商品名」「○○で話題＋商品名」など、必ず修飾語を付けて、どんな商品か・どんなメリットがある商品なのかが伝わるようにすること。

また、このような**複合語で検索されるケースが増えてきているので、検索エンジン対策にも効果が期待**できます。

FABE分析で記述するオリジナル紹介文

FABE分析
サービスの提案時にコンセプトや訴求ポイントの分析に使うフレームワーク。F：Feature（特徴）、A：Advantage（競合優位性）、B:Benefit（購入メリット）、E:Evidence（論拠）の頭文字を集めたもの。商品説明をする際は、この順番に文章を組み立てることで、購入意欲を高めることができる。

写真やキャッチコピーで商品に興味を持たせたら、説明文で購入意欲を高めていきます。その際に、カタログ的な内容だけではなく、ショップオリジナルの説明文を書くことが大事です。特に「なぜこのショップで、今この商品を購入する必要があるのか」というストーリーを明確にし、思わず購入したくなるような商品紹介を心がけましょう。ポイントは「**FABE分析**」に従って商品説明文をつくることです。商品の特徴をきちんと解説し、他社と比べ何が優れているか、そして商品を購入するメリットとその根拠

商品詳細ページの構成例

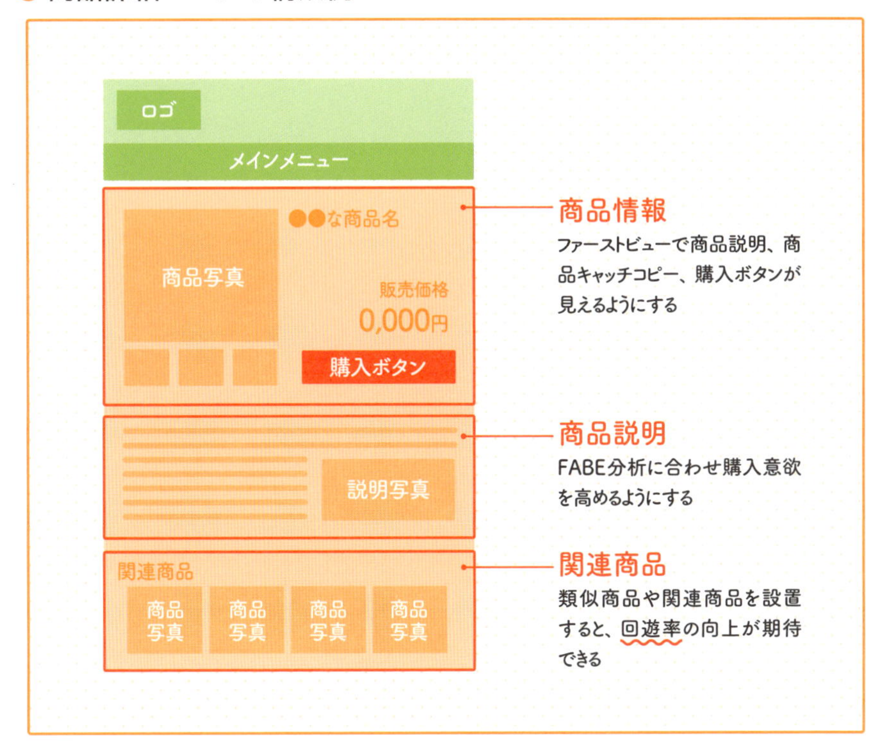

を紹介文に盛り込むことで、お客様の購入意欲は高まるはずです。

ページ下部に置いた関連商品紹介で離脱を防ぐ

商品詳細ページに掲載するコンテンツには、他にも「お客様による商品レビュー」と「関連商品の紹介」があります。

商品レビューは客観的なユーザーの声のため、お客様にとっては**商品が本当に優れているものかを判断する際の、貴重な情報となります。**

関連商品の紹介は、商品詳細ページの下部にレコメンド機能を利用して配置します。カートページ内で別商品をおすすめすることでまとめ買いを促し、客単価を上げることができます。また、客単価の向上だけでなく、カートイン率が 20%も改善するケースもあるため、必ず設定しましょう。

回遊率
ユーザーがはじめに訪れたページから、どのぐらいサイト内を見て回ったか（PV 数）を表す。

SECTION 09

ページの構成<カートページ>

最後のダメ押しで売上を伸ばすカートページ

商品を選択してカートページまでたどりついたのにも関わらず、購入を止めてしまうお客様は少なくありません。スムーズに購入操作を完了できる構成にすることで、カゴ落ちを防ぎ購入率を高める必要があります。

ここで終わらせない！ 売上をさらに伸ばす工夫

カートページは、お客様が購入を決めた商品と支払の合計金額を確認するページです。最後に商品を購入するかどうかの意思決定をするページになるため、購入意欲を持続させ、さらに高める施策が大切になります。

購入意欲を高める施策として有効なのは「あと○○円で送料無料」という表記です。購入を決めたお客様でも、送料が発生することで離脱につながる可能性が高くなります。それを防ぐために、購入ボタンより前に送料無料になるための条件が表示されるようにしましょう。また、元々送料無料のサイトなら、「あと○○円でポイント２倍」や「あと○○円でプレゼント送付」などの特典を付けることが大切です。

客単価向上の施策は関連商品の案内

追加で購入を促すためにも、カートページにも購入商品の関連商品を表示させましょう。これは、客単価を上げるための施策で、実店舗のスーパーなどで**レジの前にお菓子などの安価な商品が並んでいるのと同じ原理**です。

また、カートページからひとつ前の商品詳細ページに移動をさせてしまうと、お客様は他の商品に目移りをし、結局離脱につながるケースもあります。離脱をさせることなく追加で商品の購入を促すためにも、カートページに追加で商品をカートに入れられるようにすることが大切です。

カートページに必要な要素

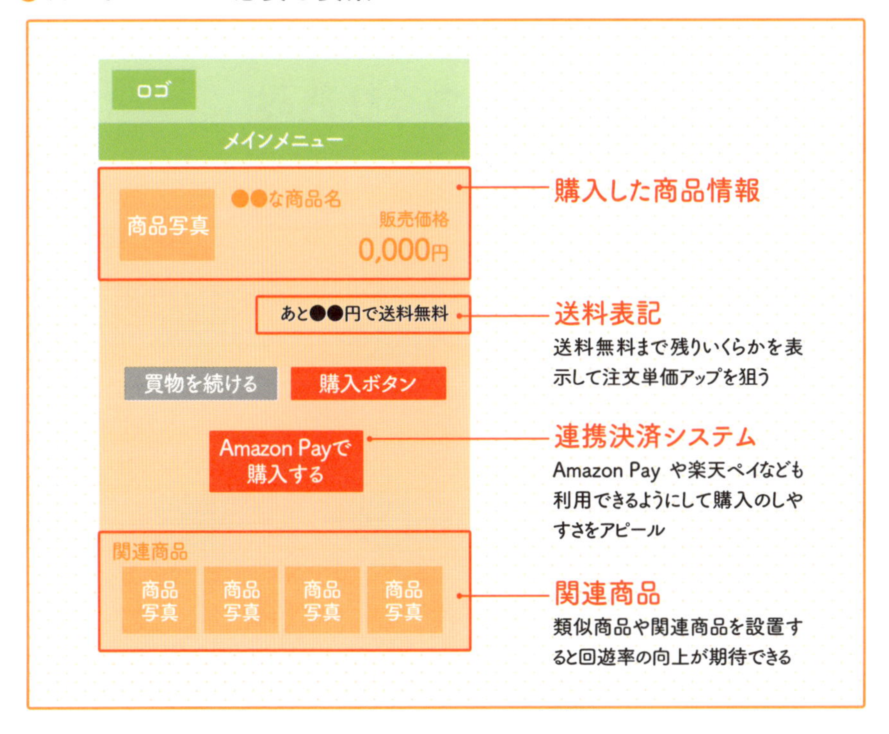

お客様の手を煩わせない工夫が大事

カートページでは入力項目のわかりやすさと、入力の手間を減らすことが大切です。入力項目が多くて複雑な購入ページだと、入力作業が煩わしくなり離脱につながります。特に決済はお金に関わる部分なので、**不親切な表記やセキュリティ面などでお客様が不安に感じる要素があると、離脱率が高まります。**

最近は、これらの問題をまとめて解決するためにID決済(P.56)を導入する企業が増えています。お客様は既に登録しているアカウントを使って、名前や住所の基本情報やクレジットカード情報を入力することなく容易に決済することができます。また、はじめて使うECサイトの場合、セキュリティ面に不安を覚えるお客様に対して安心感を与えるため、カートページからの離脱を減らす施策として非常に有効です。

SECTION 10

ページの構成

見落としがちな商品ページのつくり込み

ECサイトの商品ページのつくり込みをしていく中で、見落としがちなポイントがあります。ここでは実は大切な商品ページのつくり込みのポイントについて解説します。

離脱要素を減らして最短で購入に結び付ける

商品ページではできるだけカートボタン以外の余計な導線を排除するのが、売上を伸ばすポイントとなります。問い合わせボタンなどでブラウザのタブが新たに開くページは、サイトを利用するお客様にとってページ離脱の原因となります。特にスマホページの場合、SNSの**シェアボタン**はアプリが立ち上がり、サイトから完全に離脱してしまうため注意が必要です。

シェアボタン
Twitter や Facebook などの主な SNS で情報を拡散できる。その商品を紹介したいユーザーがボタンを押すと、選択した SNS ページに飛べるしくみ。

このような商品詳細ページから**別ページやアプリへ誘導する要素を外すだけでも、カートイン率が20%近く向上**する事例は多くあります。商品詳細ページからの離脱が多い場合、まずはこれらの誘導ボタンを外しましょう。

カートボタンの設置場所でお客様を逃がさない

写真や商品説明をたくさん掲載してページが長くなってしまう場合には、必ず商品詳細ページのいちばん下にもカートボタンを設置します。ただし、3スクロール以上の操作が必要な縦に長いページでカートボタンがページ下部にしかないと、**お客様には購入ボタンを探すという手間が発生します。**こういった面倒な構造が購入率を下げる原因となるため、商品説明文のすぐ下にも必ずカートボタンを設定しましょう。

商品ページをしっかり読んで購入してもらう

ページをスクロールしてもカートボタンは一定の位置に表示さ

ページ構成の注意ポイント

れたままのショップを見かけます。特にスマホサイトの場合、このような仕様の EC サイトは少なくありません。しかし、実際この仕様は必ずしも売上につながるわけではありません。お客様にとっては、カートがついて回ることにプレッシャーを感じ、離脱につながります。また、商品説明をすべて読み終える前にカートに入れてしまったり、購入意欲が高まっていないまま何となくカートには入れたけれど結局購入につながらず**カゴ落ち**（P.160）をしてしまうというケースも多いようです。

大切なのは、作成したページが商品の魅力をきちんと伝え、かつお客様にとって利便性の高い構成になっているかを日々確認しながら運営していくことです。

カゴ落ち
商品を選択しカートに入れたにも関わらず、商品が購入されない状態のこと。「カート放棄」ともいう。

SECTION 11

4つのページの複合型サイト

ブランディングや定期購入に効くランディングページ

ランディングページでは、たった1ページだけで商品購入に結び付けられるかどうかが重要になります。ページが縦長でコンテンツが長々と続くため、お客様を飽きさせない工夫が必要になります。

享受できるベネフィットをイメージさせる

ランディングページは、サービスや商品の紹介から購入までをたった1ページで完結させるページのことで、単品型ECサイト（P.85）で最も利用されています。縦長で他のページへのリンクが極力少なく、写真や図解をふんだんに使って商品を説明する派手なデザインが特徴です。ひとつの商品やブランドをストーリー仕立てで見せて購入を促します。**他のページへの離脱を防ぎながら、1ページで商品の購入まで誘導できる構成にすることが重要**です。したがって、ターゲットを絞り込み、お客様に「商品を購入するとどのようなメリットがあるか」を具体的にイメージさせるストーリーをつくることがポイントとなります。

ランディングページ
ユーザーが最初にアクセスしたページを指す。LPと略すことも。また、購入を誘導することに特化した縦長レイアウトのページのことをランディングページと呼ぶ。

飽きさせない工夫を盛り込むのがポイント

単にストーリー仕立てにするのでは、ページが縦長になるだけです。お客様を飽きさせないように、コンテンツを漫画で表現したり、要素間に「今なら初回購入50% OFF」など購入メリットのアピールやカートページへ誘導するリンクを設けます。

また、単品型ECサイトの商材の多くは、化粧品や健康グッズなどのように、継続して購入する定期型販売に合う特性があります。**継続して使用するメリットなどをコンテンツに含めると、より効果的**です。ランディングページは写真を多用しており、検索では引っかかりにくくなっています。そのため、サイトへの集客には**リスティング広告**（P.132）などのウェブ広告が必須です。

リスティング広告
検索されるキーワードに連動して表示される広告で、「検索連動型広告」ともいう。ユーザーのニーズに最も近い宣伝ができる。クリックによって広告費用が発生するものが主流。

ランディングページの構成案

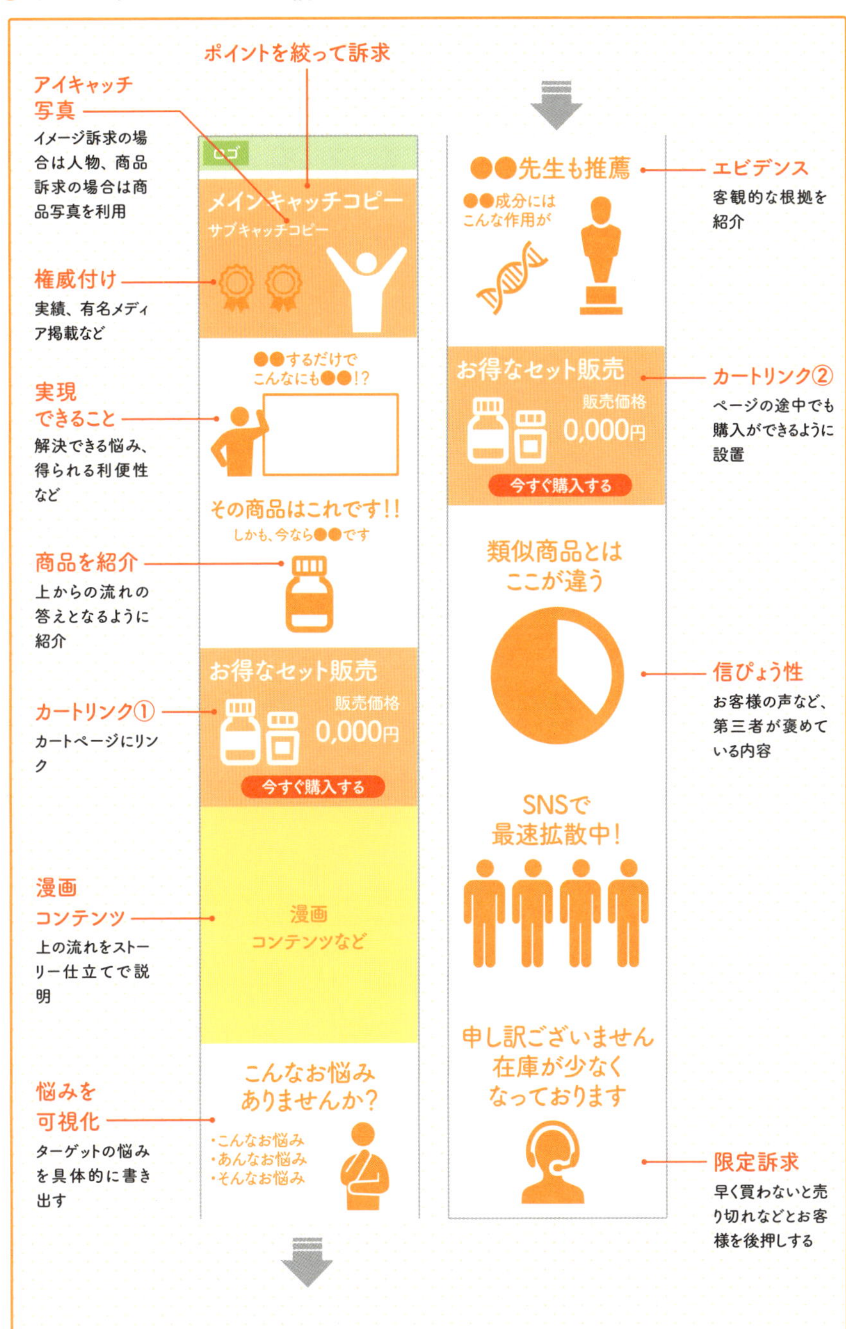

SECTION 12

EC サイトの実装

知っておきたいコーディングの知識

デザインをサイトに適応させることをコーディングと言います。ここでは、プログラミング言語の押さえておきたいポイントについて簡単に解説します。コーディングを発注できる程度の知識があれば十分です。

各言語の役割を押さえておく

CSS
Cascading Style Sheets の略で、ウェブにデザインを施すためのもの。文字の大きさや色を指定し、見映えをよくすることができる。

JavaScript
サイトに動きをつけたい場合などに使用する。HTML や CSS に比べ、より専門的なプログラミング言語。

EC サイトは HTML、**CSS**、**JavaScript** などのプログラミング言語によってできています。プログラミングコードを記述し、実際に利用できるサイトにすることをコーディングと言います。コーディングが終われば、サイト制作は 8 割方完成です。

カートシステムを利用すればテンプレートや入力補助機能が用意されているので、プログラミング言語を覚えなくても EC サイトを構築できます。しかしテンプレートに対応していない箇所を更新する際には、言語の知識が必要になります。**写真の追加やリンクの変更などの基礎的な作業は EC 担当者の仕事**です。そのため、最低限の知識は押さえておきましょう。

まず、知っておく必要があるのが、HTML です。

・写真を表示する	<img src=" 画像のアドレス ">
・リンク設定	<a href=" リンク先の URL"></a>
・改行	
・強調	<strong></strong>

HTMLタグ
HTML はマークアップ言語のひとつで、「HyperText Markup Language」の略称。タグにより見出しや段落、文書内の別の箇所や他の文書へのリンク、画像の表示などを指定することができる。

このように、**HTML タグ**と呼ばれる形式で記述するのが特徴です。EC サイトを含めウェブサイトを構築する場合、大枠は HTML タグで記述されています。テンプレートに変更を加える場合は、HTML タグを編集する必要があります。

また、HTML タグで文字の色やサイズなども変更できますが、見た目に関しては、CSS と呼ばれるプログラミング言語で記述

HTML の記述例

写真を配置する場合

商品写真
abc.jpg

商品写真の「abc.jpg」という
写真ファイルを配置する

<img src="abc.jpg" alt="商品写真">

<img>タグと呼ばれる画像を表示するタグを使用。※altは代替テキストといい、音声ブラウザなど画像が利用できない場合に使用される情報のこと。

文章を配置する場合

HTMLでECサイトを
コーディングします

「を」で改行された文章を配置する

<p>HTMLでECサイトを
**
コーディングします。</p>**

<p>タグと呼ばれるひとつの段落を区切るタグを使用。※
は改行タグ。

することが推奨されています。したがって、HTML タグで変更した部分を装飾する場合は CSS を利用します。HTML タグを身体にたとえると、CSS は洋服や靴という関係にあります。

コーディングは専門家に任せるのがおすすめ

HTML、CSS、JavaScript などのプログラミング言語を覚えるのは大変な作業です。コーディング作業を覚えるのもいいですが、インターネットの世界は日進月歩であり、日々プログラミング言語も進化していくので、せっかく覚えても、また新しいプログラミング言語を覚えなければならないということもよくあります。写真の表示や、リンク設定といった基本的な HTML の知識があれば、あとは EC サイトのテンプレートや入力補助機能を利用することで、最低限の更新はできます。しかし、**本格的なコーディングを行うのであれば専門家に任せる**ことを考えましょう。

SECTION 13

EC サイトの開店準備①

サイトの不備から配送トラブルまでテスト注文で検証

EC サイトが完成したら、公開にむけて準備をしていきましょう。まずはお客様になりきって EC サイトを利用してみて、商品を購入するにあたり不備がないかを確認していきます。

お客様の視点で実際に注文してみる

EC サイトが完成したらオープン日を決め、サイト公開にむけて準備をしていきます。不測の事態を考え、オープンまでの事前準備にはサイト規模にもよりますが、最低 1 週間程度はかける必要があります。公開準備で最初に行うのはテスト注文です。お客様の視点に立ち、トップページから EC サイトに入り、目的の商品までスムーズにたどりつけるかを確かめます。あわせて、サイトの表示やレイアウトが崩れている部分がないか、**リンクが切れ**ている部分がないかも確認します。特にパソコンで見た際は問題がなくても、スマホで見たらレイアウトが崩れていることもあるため、必ず PC とスマホ両方で検証します。

リンク切れ
リンク先が「404 Not Found」や「ページが存在しません」と表示され、ウェブページが開けないこと。ひとつずつ確認するか、チェックツールを使って調べる方法がある。

目的の商品までたどりつけたら、実際に購入してみます。設定した決済方法や配送方法が問題なく選択できるか、購入完了後に注文確認メールが届くかなど確認します。その際、**お客様が不安に感じるような点があれば解消します。**特に注文確認メールや商品の配送完了メールが正しく送信されるか、メールの文面に不備がないかを見逃すとクレームが届くことになります。

最後に商品を発送します。実際に配送してみることで、梱包がほどけてしまうなどのトラブルを事前に把握できます。**届いた商品を開封した際、「満足のいく」状態で届くかどうかを検証**するためにも、実際に配送し商品を受け取るところまで行いましょう。

このようにテスト注文の際は、お客様の目線に立ち、商品の購入から受け取りまでのすべての工程を確認することが大事です。

サイトオープンまでの最終チェック

1. オープン日の決定
プロモーション日程などを確認して、1 週間程度の余裕を持って設定

▼

2. サイト不備チェック
リンク切れがないか、表示漏れがないか、たどりつけないページがないかなどを、パソコン、スマートフォン、タブレットそれぞれでチェック

▼

3. テスト注文
お客様目線で、目的の商品の購入完了までスムーズに操作できるか、実際に注文操作を行って確認

▼

4. 注文処理の確認
テスト注文の処理を通じて、注文処理の流れを確認

▼

5. ドメイン設定
正式なドメイン（P.65）の適用作業を実施

▼

サイトオープン
正式なドメインを確認して、サイトが公開されていることを確認

EC サイトのテスト注文までの流れをチェックする

check

- ☑ トップページから、目的の商品までスムーズにたどりつくことができるか
- ☑ サイトの表示にレイアウト崩れなどの問題はないか
- ☑ パソコン、スマートフォンなどデバイスの表示が最適化されるか
- ☑ 目的の商品を選択してカートページに進めるか
- ☑ 決済方法や配送方法は問題なく選択できるか
- ☑ 購入完了になって、注文確認メールなどがちゃんと届くか
- ☑ 注文情報はどこに届くか
- ☑ 注文処理の流れ
- ☑ 配送伝票の印刷
- ☑ 商品の梱包作業

SECTION 14

ECサイトの開店準備②

オープン前に行うべき運営者側のチェック項目

ECサイトのオープン前に、管理画面上で不備がないかを確認する必要がある項目について解説します。実際にオープンしてから、不備がないようチェックを徹底しましょう。

見逃しがちなサイトのチェック項目

ECサイトの公開までに、運営者が管理画面の設定で確認しなければならない項目もたくさんあります。押さえておきたい項目は右図のとおり。特にこの中でも不備が起こりやすい点を見ていきましょう。

最も間違えていけないのは価格の表示です。税込・税抜き表記や金額のミスです。価格を登録する際は税抜き価格にします。代表的なカートシステムであれば、設定機能を使ってすべて税込み価格で表示できます。**軽減税率**が適応される商材であれば、商品登録画面から商材ごとに税率の変更も可能です。

配送料金の計算結果が正しく表示されるかも大事です。特に数量や配送オプションによって値段が変わるサイトの場合は注意が必要です。購入商品数が多く、梱包が1箱に収まらず配送料を2個口分お客様から頂戴しないといけない場合、送料の設定が複雑になりミスが起こりやすくなります。送料が正しく設定されているかテストをしましょう。

他にもECサイトのログイン／ログアウトにまつわることが挙げられます。ログインボタンを用意したのに、ログイン後に「ログアウト」と表示が切り替わらず「ログイン」と表示されたままになっているサイトがあります。また、サイトにログインした**会員限定コンテンツ**が正しく表示されるかどうかなども、実際にログインして、サイトが正しく切り替わるかどうか確認をしましょう。

軽減税率
2019年10月1日から実施された消費増税への経過措置で、特定の商品の消費税率を8%に設定するルール。ほとんどの商品は10%になったが、飲食料品や新聞など日々の生活における負担を減らすことを目的に例外的に8%に据え置きとなっている。

会員限定コンテンツ
ログインしたユーザーのみがもらえるクーポンやセールなどを展開するコンテンツ。サイトを閲覧しているだけでなく、はじめにログインさせることでカートに進みやすくなる。

サイトのチェック項目表

区分	分類	項目	チェック内容
ショップ作成	ショップ情報の設定	ショップ名の設定	―
		会社の基本情報設定	―
		開店状態の設定	―
		お問い合わせ先設定	「お問い合わせメール」「送信元名称」は必須設定
		会社概要設定	PC表示/スマートフォン表示ともに適切に設定されているか
		規約の設定	必要に応じて編集
		特定商品取引法設定	PC表示/スマートフォン表示ともに適切に設定されていないことがあるため、注意が必要
		会員ポイント機能の設定	適切に設定されているか
		各種表記の設定	定価表記、税込/税抜き表記が正しくできているか
	基本デザイン設定	ショップロゴ/バナー管理	適切に設定されているか
		ファビコン	設定されているか
		ログイン時の表記切り替え	ログイン、ログアウト時でそれぞれ表記が切り替わっているか
	決済・注文関連の設定	消費税の設定	税率とサイト表記が合っているか　通常は「税込」で端数は「四捨五入」
		注文可能最小金額の設定	必要に応じて設定
		商品返品関連条件の設定	特定商取引法に記載ある内容で正しく設定されているか
		決済方法の設定	実際に使う予定の決済方法がすべて利用できるか
		銀行振込の設定	特定商取引法に記載ある内容で正しく設定されているか
		代金引換の設定	代引き手数料の表記がサイト内ですべて合っているか
	配送関連の設定	配送料金の設定	全国各地の送料の、表示と実際の価格が合っているか
		配送日時の設定	特定商取引法に記載ある内容で正しく設定されているか
		配送オプションの設定	ギフト配送やクール便に対応する際の価格が正しく反映されるか
		離島グループの設定	必要に応じて設定
	SEO管理	SEO設定	全ページでSEO対策を行ったか
		サイトマップの設定	XMLサイトマップの作成
メール	メール管理	メールアカウント発行・設定	正しくメールの送受信ができるか
		自動返信メール管理	注文メール、入金確認メール、配送完了メールが正しく送信できるか

Column

実店舗で売れてもECサイトで売れるとは限らない！

「実店舗で売上があるから、ECサイトでも売れるのでは!?」とネットショップを開設しても、売上が伸びていないサイトを見かけます。その場合、サイトのつくり込みの段階から、ミスを犯していることがあります。

ネット上には競合他社がひしめく?!

悩みを抱えている事業者様に、「お店の売りは何ですか」と聞くと、「独自の技術でつくった化粧品」「厳選した材料でつくったケーキ」など、それぞれのこだわりが返ってきます。もしそのような実店舗が近所にあったら、人気店になるかもしれません。しかし、ネット上には「独自の技術」や「伝統的」や「こだわりの材料」を売りにしている競合他社がひしめいています。

売るための効果的な考え方

ECサイトをつくる際は、「実店舗で購入する動機」とは別に「ECサイト」で購入するメリットや動機を生み出す思索を変える必要があります。効果的な考え方には3つのポイントがあります。

1つ目は「希少性」を高めることです。「こだわりの材料がどれだけ珍しいものなのか」を説明します。1頭につき数グラムしか取れない希少な部位だといって肉を販売するのは、この希少性のアピールになります。「期間限定」や「今だけ」など、今この瞬間しか購入できないことでもさらに訴求できます。

2つ目は「社会的証明」です。自分だけが手にしていないと知ると、人は購入しなくてはという気持ちになります。たとえば「コスメ好きなら一度は使ったことがある」などと書くことにより、それが一般的にとても使われている商品であるという気持ちにさせ、購買意欲を高めるのに役に立ちます。

3つ目が「返報性」です。これは「人は何かを貰うとお返しをしないといけない」という考え方のことです。たとえば「化粧品のサンプル無料プレゼント」という特典を付けたとします。これによりせっかくなら何かを購入してみようと思うだけではなく、このお店は他店舗と比べサービスの良い店だと判断してくれます。これによりユーザーにとって他社で購入する場合と明確な違いが出て、売上につなげやすくなります。

Chap

4

ECサイトの集客方法＜SEO&SNS編＞

ECサイト上を運営していくために必要な自社での集客対策。

検索エンジンのしくみから、

EC担当者が行うべきSEOの対策、

効果の高いコンテンツのつくり方、

実店舗と連動したアプリ集客の方法までを紹介します。

SECTION 01

EC サイト集客の基本知識

ECサイトの集客方法と集客チャネル

自社 EC サイトが完成しても、サイトへのアクセスがなければ売上は伸びません。自社 EC サイトを運営していくには、自社での集客対策が必要です。

「検索・広告・SNS」3つの流入経路

チャネル
集客するための媒体、経路のこと。流入経路が多ければ多いほどユーザーが集まり、その経路ごとの集客力を見極めて、効果的な集客方法を打ち出すこともできる。

SEO対策
Google や Yahoo! などの検索エンジンを使ったとき、サーチ結果の上位にサイトを表示させるための対策。

インフルエンサー
ブログや SNS などを通じて情報を発信し、多くの人に影響を与える人のこと。流行の発信源として、マーケティングの観点でも多大な影響力を持っている（P.146）。

EC サイトの基本的な**チャネル**には「自然検索」「広告」「SNS」の 3 つがあります。自然検索は、Google や Yahoo! などの検索結果に自社サイトを表示させる集客チャネルです。この自然検索からの流入を増やすには、**SEO 対策**を行う必要があります。SEO 対策は、無料でも行える集客方法です。しかし、**長期的に集客力を高める施策であり、対策をしたからといって必ず効果が現れるものではありません。**なぜなら Google の検索エンジンに読み込まれるまでに時間がかかり、またアルゴリズムの変動によって、意図せず順位が落ちてしまうこともあるからです。そのため、即効性の強い他の集客対策と併せて行うことが大切です。

即効性が強い施策は広告です。Google や Yahoo! などで検索した際、関連したキーワードとして表示される「リスティング広告」や、一度サイトを訪れたユーザーに対し表示される「リマーケティング広告」、第三者が商品を宣伝する「アフィリエイト」などがあります（Chap5）。また、テレビ CM などオフラインの施策から通販サイトへ誘導するケースもあります。これらは有料の集客方法です。

SNS はサイト運営スタッフや購入客の投稿により、商品を認知してもらい、EC サイトへのアクセスを促す施策です。SNS によってはシェアやリツイートといった投稿を拡散する機能が備わっているものもあります。**拡散された結果、爆発的な集客につながることもあります。**また自社で SNS を運用するほか、**インフルエンサー**に商品の紹介を拡散してもらう方法もあります。

「自然検索」チャネルでの集客対策

主要な集客対策

	検索エンジン	広 告	SNS
無料	内部対策 外部対策 コンテンツ作成	—	Twitter Instagram Facebook YouTube
有料	—	プレスリリース リスティング広告 リマーケティング広告 商品リスト広告 SNS 広告 アフィリエイト広告	インフルエンサー マーケティング

費用はかからないが、効果が出るまでに時間がかかる

費用はかかるが即効性が強い

SECTION 02

検索のしくみとSEOのキホン

検索エンジンのしくみとSEO対策

SEO対策は、ECサイト運営における最も基本的な集客対策です。常にユーザーにとって使いやすく、正しい情報でサイトを更新していくことを意識していれば、自然と対策ができます。

SEO対策とは

SEOとは「Search Engine Optimization」の略で、日本語に訳すと「検索エンジン最適化」という意味です。Googleなどの検索エンジンで特定のキーワードを調べた際、検索結果の表示順は検索エンジンの**アルゴリズム**によって決定します。**検索結果はより上位に表示されるほうがアクセスされやすいので、ECサイトのSEO対策は必ず行うべき施策**のひとつになります。

アルゴリズム
検索エンジンを使ったときに、サーチ結果を表示する順位を決める計算方法のプログラムのこと。

現在、国内の検索エンジンのシェアは、GoogleとYahoo!だけで90%以上を占めています。さらにYahoo!のSEOのルールはGoogleのものを適応しています。つまりGoogleの定めるルールを守ることがSEO対策のポイントとなります。

SEOでは「検索エンジンを使うユーザーにとって有益なウェブサイトから順に表示する」という大前提があります。サイトの内容や構成を評価する項目が数百設定されており、総合得点が高い順に表示するしくみです。

サイトの内容は「ユーザーの検索ワードとの関連度」「専門性の高さ」「情報のオリジナル性」「信ぴょう性の高さ」「情報量」「情報の最新性」「サイトのボリューム」などの観点から評価されます。また、構成は「スマホに対応しているか」「サイト内のナビゲーションが適切な構成になっているか」などの評価項目があります。ユーザーにとって使いやすいウェブサイトをつくり、**常に独自性のある正しい情報を高い頻度で更新していくことが、基本的なSEO対策**です。

検索順位の決定方法

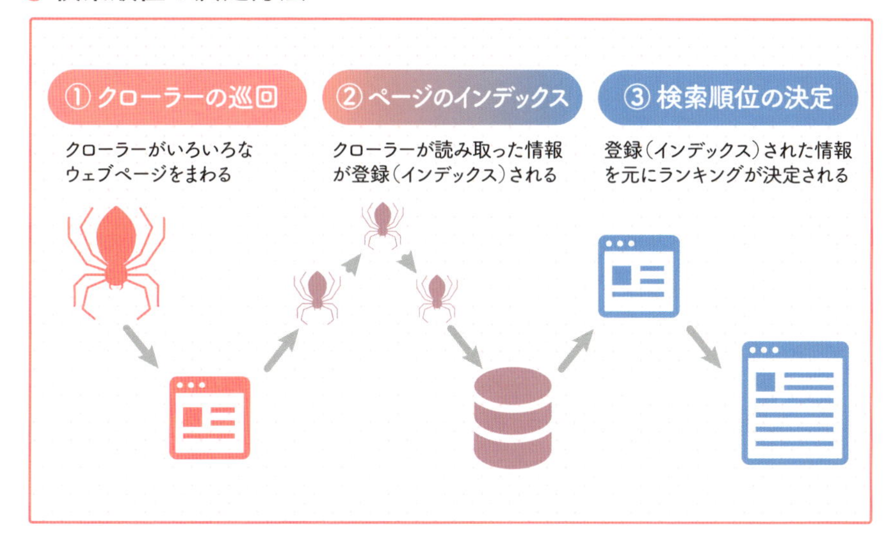

内部対策と外部対策

SEO対策には「内部対策」と「外部対策」の2種類があります。内部対策は、サイト内で行う設定で、やるべきことが大きく2つあります。1つはGoogle Search ConsoleにECサイトを登録し、サイトマップを発行することです（P.190）。これにより、ECサイトを読み込む**クローラー**がサイト内を巡回しやすくなり、**インデックス**されやすくなります。もう1つはサイトの内容をクローラーに適切に伝えるために、各ページごとにキーワードとなるタグを埋め込むことです（P.110）。これにより、クローラーは各ページがどのような内容のページか把握できるようになり、検索時に設定したキーワードで上位に表示されやすくなります。

外部対策は、自社のウェブサイトが他者から見て良いウェブサイトであるという評価を受け、検索エンジンの評価を上げることです。それには自社のウェブサイトと関連性のある外部サイトからリンクを張られることが大切です。そのため、他社がリンクを張って紹介したくなるようなコンテンツや、最新のトレンドなどの更新を増やすことで外部対策を強化していきます（P.174）。

クローラー
ウェブ上の文書や画像などを周期的に取得し、自動的にデータベース化するプログラム。クローラーがページデータを登録し、ページごとの点数を決定する。

インデックス
クローラーが認知をしているページの数。いくらサイト内にページ数があっても、クローラーに認知されていなければインデックス数は0となる。

SECTION 03

SEOの内部対策①

EC担当者が行うSEOの内部対策 <タグ設定編>

内部対策を行ううえで大切なのが、HTMLタグの中で検索順位に関係のある、titleタグとdiscriptionタグの設定です。ここでは、それらのタグを設定するときのポイントについて解説します。

内部対策で重要な2つのHTMLタグ

titleタグ
ウェブサイト名や個々のページのタイトルを記述するHTMLタグのひとつ。検索結果に大きく表示され、ユーザーのいちばん目につくところ。

descriptionタグ
HTMLタグの一種で、そのページがどのような内容かをユーザーに伝える役割。titleタグの補足説明にあたる。

内部対策を行ううえで最も大切なものが「**titleタグ**」と「**description タグ**」の設定です。右図でいうと、titleタグに設定するのは検索エンジンの検索結果で表示される青い太文字、descriptionタグで設定するのは、タイトルの下に説明される補足説明の部分です。ユーザーが検索する際に使うワードや検索結果からどのサイトを訪問するかは、この2つの要素から判断します。ユーザーが興味を持つようなキーワードを設定することがポイントになります。

SEO対策で気をつけるtitleタグの設定ポイント

検索エンジンは**titleタグに設定されているキーワードとユーザーの検索ワードが合致しているページほど、検索結果で上位に表示**します。また、タグはページごとに設定することができるため、トップページにはサイト全体に関わるキーワードを、商品詳細ページには商品に即した検索キーワードを設定することが大切です（P.112）。

titleタグは文字数が32文字までしか検索エンジンに表示されません。また、多くのキーワードを組み込んで設定すると、1つひとつのキーワードが弱くなり、検索エンジンでひっかかりにくくなります。そのため、3～5ワード程度を設定するのがよいとされます。ECサイトの場合、「ワインを取り扱う通販サイト」のように「商品名を扱う通販サイト」を基本の形にして、検索さ

title タグと description タグの例

れやすいキーワードを見つけて設定しましょう。

補足説明に使えるdescriptionタグ

description タグで設定する文字列は、最高で 300 文字程度が表示されますが、スマホでは 69 文字しか表示されないため、前半に最も伝えたいことを簡潔に記述します。特に、title タグでは説明しきれない、補足説明を設定するのがよいとされています。

title タグの設定と同様に、**補足説明の文章もユーザーが検索エンジンからサイトに訪れるかどうかの判断材料になります。**また、description タグもサイト内のページごとに設定できるので、説明しきれない情報はページごとに記載します。

2 つのタグで設定できる内容は、一般的なカートシステムであれば設定する箇所があるので、そこから登録をします。

SECTION 04

SEO の内部対策②

EC担当者が行うSEOの内部対策 <キーワード設定編>

内部対策を行う際は、ページごとに検索キーワードを設定する必要があります。ページごとにどのようなキーワードを設定すればいいか、そのポイントを見ていきましょう。

ロングテールキーワードの設定

ECサイトは大きく分けてトップページ、商品カテゴリーページ、商品詳細ページの3種類から構成されます。内部対策を行う際は、ページごとに適切なキーワードを設定します。

キーワードには、ビッグキーワード、ミドルキーワード、**ロングテールキーワード**などの種類があります。検索キーワードには検索回数の多いビックキーワードよりも、まずはロングテールキーワードをtitleタグへ設定します。たとえば「ワイン」を「ワイン　通販」→「ギフト用ワイン　通販」→「ギフト用高級ワイン　通販」と絞っていくと、より詳細な検索キーワードになります。当然「ワイン」のようなビッグキーワードと比較し、検索ボリュームは減りますが、検索結果が少なくなるため、その分**競合が減り、さらに商品を本当に探しているお客様にとってサイトが見つけやすくなる**などメリットがあります。

ロングテールキーワード
複数の単語を掛け合わせたニッチなキーワードのこと。検索結果が少なくなるため、スモールキーワードともいう。

商品詳細ページでは特にロングテールキーワードの登録が重要です。検索エンジンで商品名を直接検索するユーザーは、購入意欲の高い人です。そのような見込み客に向けた内部対策を行うことが大切です。ワインの例で言えば「2015年シャトーマルゴー赤ワイン　通販」のような、具体的なキーワードを設定します。

また商品カテゴリーページも同様です。「2万円以上のギフト用高級ワイン　通販サイト」といった、具体的に購入を検討しているお客様が調べるであろうカテゴリー名を検討し、内部対策を行います。

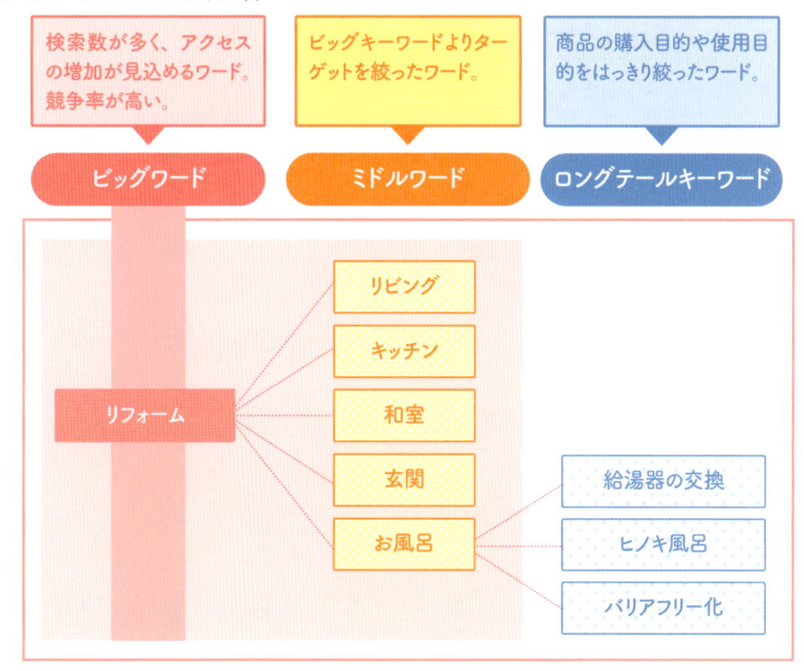

キーワードの設定は、多くのカートシステムのカテゴリーや商品登録ページに設定箇所が設けられているので、商品を登録する際には忘れずに入力しましょう。

トップページのタグの設定ポイント

トップページの title タグには“商材名を扱う通販サイトのショップ名”を設定します。ワインを例に挙げると「ギフト用高級ワインを扱う通販サイトのショップ名」となります。主要な EC カートシステムでは、カートの初期設定時に「ショップ名」として設定した名前が title タグに反映されることが多くなります。後で変更できますが、SEO を意識した名前を設定しましょう。

商品名やブランド名がアルファベットの場合、カタカナの表記も必ず設定します。検索時にどちらでも引っかかるための工夫です。

SECTION 05

SEOのためのコンテンツ作成

SEO効果の高いコンテンツのつくり方

SEO 対策をするには、コンテンツを充実させることも大切です。せっかくこだわってコンテンツを用意しても、コピーコンテンツとみなされてしまうこともあります。ここでは、コンテンツを増やす際の注意点を解説します。

オリジナリティの高いコンテンツ作成が必要

EC サイトの内部対策は、商品名や商品の特徴に偏りがちです。しかし、EC サイトで購入する際に検索されるキーワードは、商品情報だけではありません。たとえば「高級ギフトワイン」を扱うお店であれば、「ワインギフト　相場」や「結婚記念日　プレゼント」など、購入につながるキーワードはたくさんあります。これらのキーワード対策には、コンテンツを利用します（P.174）。

コンテンツを作成する際は、**サジェストツール**を使い「お客様のニーズに合ったコンテンツ」を心がけましょう。ポイントは、**ロングテールキーワード（P.112）を選び、オリジナリティの高いコンテンツを用意すること**です。たとえばコンテンツを用意する際、競合サイトが書いているブログと全く同じ内容を書くと、そのコンテンツはコピーコンテンツとみなされ、インデックスされません。そのため、メーカーがリリースしたカタログ情報などをまとめるだけではなく、自分たちだけの視点を盛り込んだコンテンツを作成しましょう。検索キーワードにマッチしたオリジナル性の高いコンテンツを用意することができれば、SEO 対策につながるだけでなく、ユーザーのファン化にも貢献します。

また、コンテンツのつくり方によっては SNS で拡散されることもあります。それによってページのアクセス数が増え、購入につながるケースもあるため、コンテンツの作成は EC 集客において大切な要素となります。

サジェストツール
検索エンジンにキーワードを入力したときに、関連候補で表示されるキーワードをサイトから取得するツール。

人間もクローラーも読みやすいコンテンツの階層構造

Chap 4 ECサイトの集客方法〈SEO&SNS編〉

検索結果に影響のあるコンテンツの見出し

hタグは、見出しタグとも呼ばれ、ページごとの見出しの役割をするタグです。見出しタグにはh1タグからh6タグまで階層があり、h1タグはそのページを要約するような大きな見出しを指します。hの後ろにつく数字が大きくなるにつれ中見出し、小見出しと小さな見出しになります。h1タグはそのページの大見出しのため、ページごとに1つだけ設定します。その他のタグは、複数使うことができます。**h1タグは検索順位に最も影響があるため、そのページのキーワードを必ずh1タグに設定します。**商品ページやカテゴリーページであれば、商品名やカテゴリー名など、そのページが何を指しているかを簡潔に設定しましょう。カートシステムによっては、h1タグが全ページ共通の設定になっているものもあるので注意が必要です。すべてのページに、固有のh1タグを設定することが大切です。

hタグ
hタグのhは「heading」の略で、見出しを意味する。hタグで囲まれた部分は、テキストのサイズが変化し、太字で表示され、前後に改行が入る。h1からh6の順で見出しが小さくなっていく。

SECTION 06

SEO 対策のルール

やってはいけないSEO対策

SEO 対策はウェブ集客の重要な施策のひとつです。しかし、いまだに誤った SEO 対策の情報も公開されています。間違った SEO 対策をしてしまうと、ペナルティを課されることもあるため、対策には注意が必要です。

サイトに無関係のキーワードやリンクはNG

SEO 対策において気をつけたいのが**スパム行為**です。Google は頻繁に検索エンジンをアップデートし、スパム行為をしているウェブサイトを見つけては排除しています。スパム行為を行うと**検索順位を下げられたり、検索結果に表示されなくなったりなどのペナルティが課される**こともあります。

「多量のキーワードの詰め込み」はやってはいけない代表的な SEO 対策のひとつです。これはさまざまなキーワードで検索にかかるように、HTML タグやコンテンツ内にサイトとは関係ないキーワードを仕込んでいるパターンです。悪意がなくとも、関連キーワードを多量に詰め込んでしまっているケースも少なくありません。そのためキーワードはページごとに 3 つから 5 つ程度で端的にまとめることが大切です。

また、「意図的に質の低い被リンク」をたくさん設置することも禁止されています。運営している EC サイトと関連性が高く、きちんと管理されている質の高いウェブサイトからリンクを張られると、サイトの評価は高まります。しかし、これを逆手に取り、ただリンクを張るためだけにつくったウェブサイトや**同一 IP アドレスからのみ大量にリンク**を張られている場合、Google から自作自演であると判断され、ペナルティの対象になります。

他者のコンテンツをまるまるコピーしたコピーコンテンツや、隠しリンクや隠しテキストの設置、自動コンテンツ作成ツールの使用など、右図にある内容が禁止されている行為です。

スパム行為
不正に検索順位を上げようとすること。検索エンジンのランキング順位を歪める行為は検索結果から外される。

IPアドレス
4 列の数字の羅列で成り立つ、ネットワークに接続されている個々の機器に割り振られた識別番号。ネットワーク上の住所のようなもの。

同一IPアドレスからのみ大量にリンク
同じサーバー領域内で複数のドメインを作成してリンクを張ったとしても、IP アドレスは同じになってしまうので、運営者が同じと判断されカウントされない。

故意に行ってはいけないSEO対策

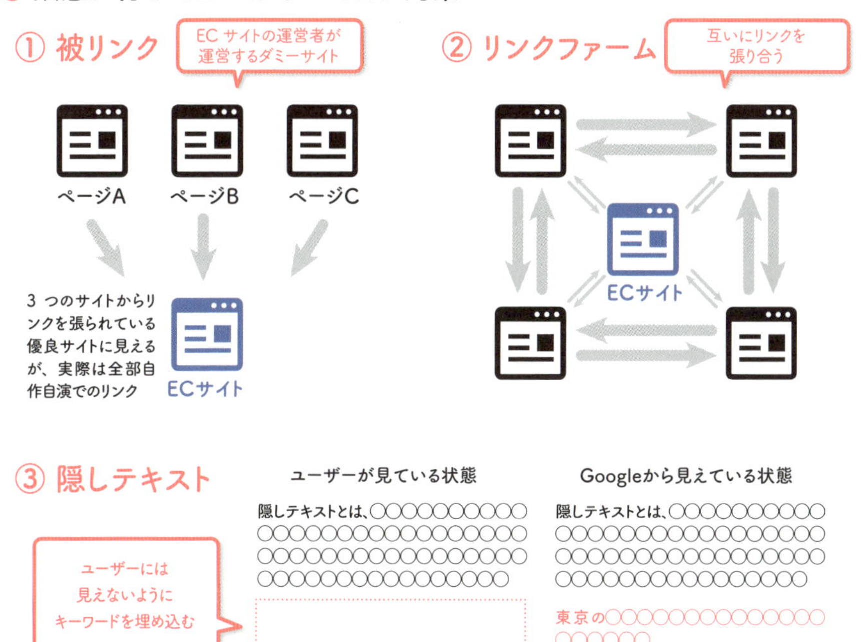

ガイドラインを遵守する

SEO対策で禁止事項を行わないためには、**Googleの「品質に関するガイドライン」を確認し、スパム行為と判断されることを実施しないこと**です。

そもそもGoogleは、ユーザーにとって有益なサイトを高く評価しており、SEOとはそれを実現するためのしくみです。小手先のテクニックで検索エンジン対策をするのではなく、ユーザーにとって有益なサイトとはどのようなサイトかを考え、形にしていくことが正攻法であり、近道です。

「お客様にとって価値のあるECサイトの構成やコンテンツであるか」ということを常に意識しながらサイトの運営をしていけば、自然と検索順位は上がります。これがSEO対策の最も大切なことであり、普遍的な極意となります。

SECTION 07

SNSの特徴と活用①

SNSの特徴を活かしたECサイト集客術

ECサイトの集客を行う際、欠かすことのできないのがSNSの運用です。Twitter、Facebook、YouTubeなど、それぞれのSNSの特徴に合った対策を行うことで、集客の効果は大きく高まります。

SNSツールとしてのTwitterとFacebook

SNSは多くの人に利用されており、各種のSNSは集客力の改善に効果があります。特に、InstagramやTwitter、Facebookは新規の見込み客の獲得に向いています。またLINE公式アカウントは新規の集客だけでなく、リピーターの獲得に効果を発揮します。各SNSの特徴を理解し、集客対策を行うことが大切です。

Twitterの特徴は、他のSNSと比較し拡散性が高い点と、140文字の文字数制限がある点です。また、他のSNSよりも「**バズる**」ことが多いです。文字数に制限がある分、少ない文字数と、インパクトのある画像で販促キャンペーンを行う会社が多いです。特に企業やショップのアカウントをフォローし、さらに拡散をした人の中から抽選で何名かに商品などのプレゼントをするキャンペーンが効果的です。また、フォロワーを増やすには、更新頻度を高め、ユーザーとの距離が近い状態を保つことです。他のSNSに比べ手軽にコミュニケーションが取れる分、**親近感を抱かせるツイートを増やし運用していく**ことがポイントです。

Facebookは本名で利用するため、他のSNSと比べてビジネス利用をしているユーザーが多いのが特徴です。そのため、フランクな投稿よりも、ブランディングにつながるような投稿を行うことが大切です。またPCでの閲覧が多く、ECサイトへのリンクも張られやすくなります。そのため、Facebookでコンテンツの案内を行い、詳細はECサイトに誘導して読ませることで、商品の購入につなげることができます。

バズる
SNSなどのインターネット上で話題になり、多くの人の注目を集めること。

反響の出るツイート

動画SNSを使った集客対策も

近年、動画を使って商品やサービスをアピールするマーケティング手法が増えてきており、売上を一層伸ばしています。その背景として**日本人の４人にひとりは毎日動画サイトを視聴**しており、Google や Yahoo! とは別に、日々利用するプラットフォームとなっています。また 5G 回線サービスが始まり、今後大きなデータのやり取りが簡単になります。そのため動画 SNS を使った商品案内を行うことが、今後ますます大切になります。

動画 SNS の代表的なものに「YouTube」があります。視聴者の数も多く、YouTube をきっかけに商品を知り購入するお客様も増えています。動画の内容は、写真や文章だけでは伝わりにくい商品の使い方の説明が一般的です。ただ使い方を説明するのではなく、ひと手間加えた商品を扱うショップだからこそわかる視点を入れた解説動画にしましょう。

SECTION 08

SNSの特徴と活用②

シームレスなInstagramマーケティング

ECサイトの集客対策として、SNSの活用は欠かせません。ここでは物販系ECと最も親和性のあるInstagramを、より活用する方法について解説します。

Instagramでモノを調べる人が増えている

ECサイトの運用において、Instagramは他のサービスと比べ活用の優先度が高いSNSと言えます。Instagramの特徴は、投稿が画像にフォーカスされている点です。特に**アパレルや雑貨、食品、家具といったインスタ映えしやすい商材や、コスメなど使用感を見せたい商材と相性がいい**です。今や、Google検索エンジンで検索するのと同じくらいInstagramで商品について調べる傾向もあります。そのためECサイトの運用者であれば欠かすことのできないSNSです。

Instagramで商品を見つけてもらうポイント

Instagramは TwitterやFacebookよりも、投稿された情報の拡散力が弱くなります。なぜならアプリ内に投稿のシェア機能がないためです。また**ハッシュタグ**がない投稿は、Instagram内の検索に引っかかりません。そのため、Instagramで投稿をする際は**必ずハッシュタグをつけ、ユーザーの目につく機会を増やす**ことが大切です。

また実際にInstagramにおいて20代の60%以上がハッシュタグ検索をした結果を参考に、商品やサービスを購入したというデータもあります。ハッシュタグを効果的に活用することがInstagramを使った販促の要となります。

ハッシュタグ
SNSの投稿に対する"タグ"として利用され、#の後ろにキーワードを付与することでタグ化される。ハッシュタグをつけておけば、検索でそのキーワードの投稿をまとめて見ることができる。

ShopNow のしくみ

シームレスに購入につなぐShopNowサービス

Instagram で商材が写った画像をタップすると商品名と値段が現れ、それをもう一度タップすると EC サイトの商品詳細ページへ遷移する「ShopNow」という機能があります。

従来の Instagram マーケティングでは、ユーザーが商品写真に興味を持っても、商品名で検索するか、記載されている URL から EC サイトへ飛ぶ必要がありました。また、画像が主体の Instagram では文字情報はあまり読まれておらず、購入につながりにくくなっていました。

ShopNow には、興味や関心を惹いたタイミングで、お客様をシームレスに購入ページまで誘導することができます。導入は無料なので、必ず設定しておきたい機能です。

シームレス
途切れずに、滑らかな、という意味。IT 業界では、複数のシステムを一体的に利用できる状態のことを指す。

SECTION 09

スマホアプリの活用

実店舗と連動したアプリ集客

近年、自社アプリを活用した実店舗連動型の集客が浸透しつつあります。自社アプリをうまく活用することでECサイトの反響向上だけでなく、実店舗への集客促進という複数のメリットがあります。

ECサイトと実店舗で自社アプリを活用

ECアプリのメリットは、お客様がECサイトに訪れる機会を増やすことにあります。 通常のECサイトでは、インターネットブラウザを利用し、検索ページやお気に入りページから訪問する必要があります。しかし、ECアプリを利用すると、スマホのホーム画面からワンタッチでショップにアクセスできます。そのため、お客様はウェブサービスを介してECサイトを訪問するよりも、より手軽にアクセスすることができます。

ECアプリの運用で大切なのが「アプリ限定コンテンツ」です。アプリユーザーが頻繁にアプリを立ち上げたくなるようなコンテンツを、継続的に発信する必要があります。たとえば、**日々同じ時間に更新するブログや、便利な料理レシピの記事、ノウハウ系のコラムは相性のよい**コンテンツです。

また、アプリへのアクセスを増やすのに大切なのがプッシュ通知です。これはスマホユーザーにアプリからお知らせを通知する機能です。コンテンツが更新されたり、新商品が登録された際にプッシュ通知が届くようになるため、お客様は常にECサイトの更新情報を確認することができるようになります。これによりアプリを介したECサイトへの訪問数を増やすことができます。

アプリの成功はダウンロード数がカギ

アプリによる集客を成功させるには、当然ながらアプリのインストール数を増やすことが重要です。そのためにはお客様にとっ

インストール数の増やし方

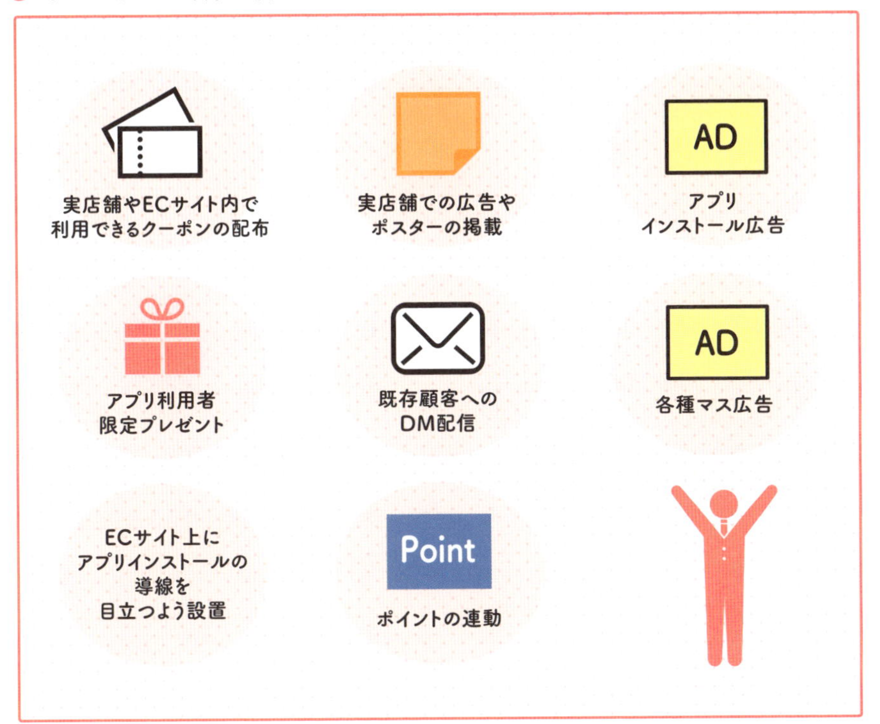

てアプリを利用するメリットを明確に打ち出すことと、アプリの存在を認知させることが必要です。メリットを打ち出すうえでの施策に、アプリ内で実店舗や EC で利用できるクーポンの発行が挙げられます。また、アプリ利用者限定のプレゼントを配布するのもよいでしょう。これらの施策は **1 回きりではなく、継続的に実施することで効果も持続**します。

また、**自社アプリ**の存在を認知させるには、EC サイト上にアプリインストールへの導線を目立つように用意するだけでなく、実店舗でもチラシの配布やポスターの掲示を行うようにします。それ以外にも、既存顧客への DM 配信や、アプリのインストールを促す広告、各種マス広告などの検討も必要です。これらの施策を行い、アプリユーザーを増やしたうえで、EC サイトの売上向上や実店舗への集客誘導へとつなげていきましょう。

自社アプリ
スマートフォンやタブレットにダウンロードしてもらう企業オリジナルのアプリのこと。ホーム画面で企業想起を促すことができ、ユーザーの購買意欲に直接訴えられる。

Column

ウェブ集客は魚釣りだ！

ECサイトの売上を伸ばすには、サイトに人を集めなければなりません。代表的な集客方法として、検索エンジン、SNS、広告などがあります。このウェブサイト上の集客方法は、釣りをイメージするとわかりやすくなります。釣りは釣り場所を決めた後、魚がいるポイントを見極め、タイミングや、餌と釣りたい魚との相性を考えながら仕掛けます。

どこにターゲットが存在するのかを見極めてアプローチ

ウェブ上においても同様です。自然検索を通してECサイトにアクセスするばかりでなく、SNSアプリ、広告、メルマガなど複数の流入経路があります。流入経路や検索しているキーワードはユーザー層によって少しずつ違います。どこのポイントにターゲットが存在するのかを見極め、適切なポイントでユーザーにアプローチすることがECサイトの売上を伸ばしていくうえで大切です。

相性のいい餌を準備する

ウェブ集客における餌とは「どのようなタイミングでサイトが表示されるようになっているか」です。たとえば「SEO対策を行い、特定のキーワードで検索した際、上位に表示される」「ウェブ広告を出稿し、ユーザーがいつも見ているブログに表示される」などが餌となります。

適切なポイントで相性のいい餌を用意することで、ユーザーの興味を引き購入に結び付けましょう。

成果が出たものをより深く集客施策につなげる

一度釣れるポイントを見つけたら、そこに対して全力で餌を仕掛けましょう。もちろんすでに成果につながりやすい餌もわかっている状態です。そのため、似たような施策を行い「勝ちパターン」を強化することが大切です。たとえば「子供用シューズ」というキーワードが売上につながったのであれば「子供用靴」「3歳児シューズ」など類似のキーワードを強化します。

集客対策を行う際、最初はどうしても広く浅くさまざまなポイントに餌を仕掛けることになります。しかし、一度成果がでたら、次からは同じような方法で、狭く深く重点的に集客施策を行ってくことが、ECサイトの成功の秘訣となります。

Chap

5

ECサイトの集客方法
＜ウェブ広告編＞

ECサイトの運営で外せないのが広告による集客です。

ここではウェブ広告の種類から、それぞれの特徴、

広告デザインや説明文などの書き方、

運用にいたるまでを紹介します。

SECTION 01

ウェブ広告の基本知識①

ウェブ広告の利点と広告費の種類

集客をするうえで欠かせないのが広告です。ここではウェブ広告のメリットをはじめ、広告費の種類などを具体的に紹介します。

ウェブ広告の必要性と代表的な出稿メニュー

ウェブ広告は2019年にテレビの広告費を抜き、最も大きな広告媒体になるなど伸び続けている広告です。**マス広告**と比べると、①早ければ1日で広告配信ができる、②配信するターゲットを絞って出稿できる、③費用対効果が可視化しやすい、という3つの強みが挙げられます。これによって、ウェブ広告は**「すぐに」「商品を求めている顧客に絞り」「的確な効果検証をしながら」集客を行うことが可能**です。特に即時性については、前章のSEO対策にはないメリットであり、ECサイトの立ち上げ当初やセールなどの繁忙期といった、集客に力を入れたいタイミングで適切なアクセスを集められます。

代表的なウェブ広告は、GoogleやYahoo!といった検索エンジンで顧客が検索したキーワードに関連して表示される「リスティング広告」、顧客がウェブサイトを閲覧している際に広告バナーが表示される「ディスプレイ広告」、LINEやFacebookなどのタイムラインを中心に表示される「SNS広告」、ブロガーやインスタグラマーなどの第三者が商品を紹介する「アフィリエイト広告」です。

最近のトレンドとしてYouTubeなどの動画配信サイトへの出稿を行う「動画広告」と、グノシーやスマートニュースなどのニュースアプリへ出稿する「アプリ広告」が伸びています。広告主はこれらの配信メニューを提供する**広告媒体社**を通じることで、インターネット上のあらゆるユーザーへとアプローチできます。

マス広告
テレビ広告・ラジオ広告・新聞広告・雑誌広告の4つのメディア・媒体で、日本の総広告費の過半数を占めている。

広告媒体社
自社でウェブメディアの運営や、他社メディアの広告枠を買い付けることで、広告枠の掲載料を販売する会社のこと。

ウェブ広告のメリット

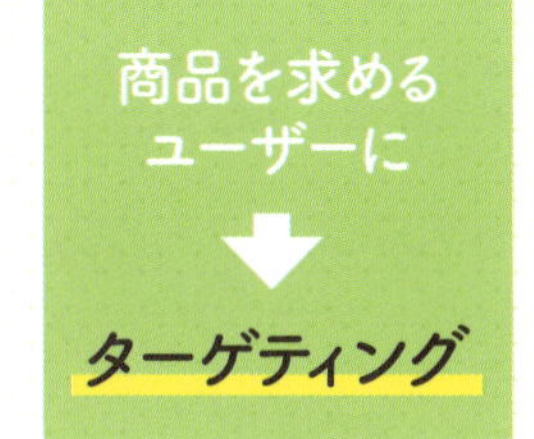

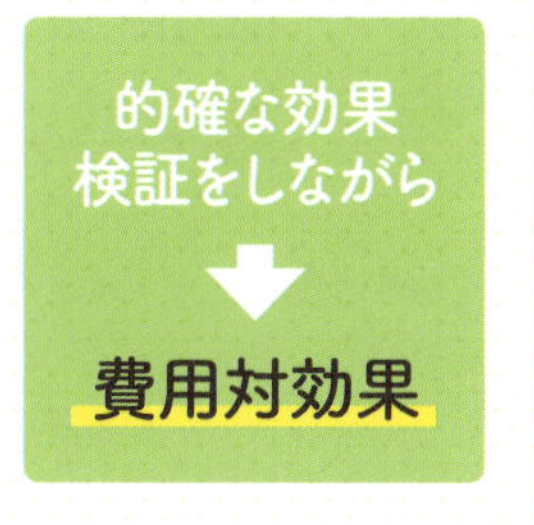

このスピード感と効果が強み

3つの課金形態

純広告	運用型広告	成果報酬型広告
広告を1週間掲載したら〇〇円など、あらかじめ費用が決まっている	オークションによってその都度費用が変わる。「1クリック〇〇円」	1つの商品が売れたら〇〇円など、成果が出るごとに広告費が発生

ウェブ広告の課金形態の3種類を押さえよう

ウェブ広告を利用するうえで、押さえておきたいのが課金形態。ウェブ広告には大きく分けると、3種類の課金形態があります。

1つめが「純広告」です。新聞に出稿する広告のように、決められた広告枠に広告を出稿するやり方です。広告の掲載期間やクリック数などを保証し掲載します。2つめが「運用型広告」です。1回あたりのクリックがいくらか、表示回数1,000回あたりでいくらという形で金額が決定する広告です。この金額はオークション形式で決まり、人気のある広告枠であるほど金額が高くなります。3つめが「成果報酬型広告」です。これは事前に定めた成果（商品購入など）が生じた場合に費用が発生します。たとえば1件売れたら商品の売上の1%が広告費として発生するというやり方です。売上が出ないと費用が発生しない広告のため、EC事業者としては始めやすい広告です。

SECTION 02

ウェブ広告の基本知識②

配信ターゲットの設定と媒体・メニュー選び

ウェブ広告は配信ターゲットを細かく設定できます。このターゲットを見極めることが、広告ひいてはEC事業の成功に深く関わっています。ここでは、その配信ターゲットの設定から、配信媒体の決定までを解説します。

重要なのはターゲット設定と購買モチベーション

闇雲にウェブ広告を出稿しても、集客はできても売上にはつながりません。必ず計画を立てて実施しましょう。

重要なのは、**どのようなユーザーを集客すれば売上につながるかという「ターゲット設定」と、そのターゲットが今どれだけ購買意欲があるのかという「購買モチベーション」**の2つです。ターゲットは年齢や性別といった**デモグラフィック**な情報だけではなく、普段どのような生活を送るのか、接触するウェブメディアやSNS、興味関心を示す事柄などの行動情報を基に策定します。

デモグラフィック
顧客データを分析して性別や年齢、住んでいる地域、収入や職業、学歴などの社会的な特質データを集約したもの。

ターゲットが定まったら、次にどの購買モチベーションのユーザーに配信するかを検討しましょう。この購買モチベーションによるユーザーは大きく3種類に分けられます。まず、特定の商品やサイトを知っており、かつ購入意欲がある「顕在層」。次に特定の商品が提供する価値に関心を示しているものの、商品やショップの存在を知らない「準顕在層」。今はまだ商品の必要性がないが、将来的に必要となる可能性のある「潜在層」となります。

一般的に顕在層は購入意欲があり商品やショップのことも認識しているため、費用対効果が高い反面、ユーザーの絶対数が少なくなります。一方、潜在層は現時点で商品を求めていないため、費用対効果は低いですが、ユーザー数が多くなります。

ウェブ広告の配信においては、顕在層向けのメニューから行い、売上と費用対効果のバランスを見ながら、徐々に準顕在層、潜在層へと**配信ターゲットを広げていくのが効率的**です。

配信ターゲット設定のポイント

デモグラフィック情報

性別	居住地
年代	職業

×

行動&興味感心情報

- どんなサイトを見ているか
- どんなコンテンツに「いいね」をしているか
- どんなキーワードで検索したか　など

購買モチベーションと有効な配信メニュー

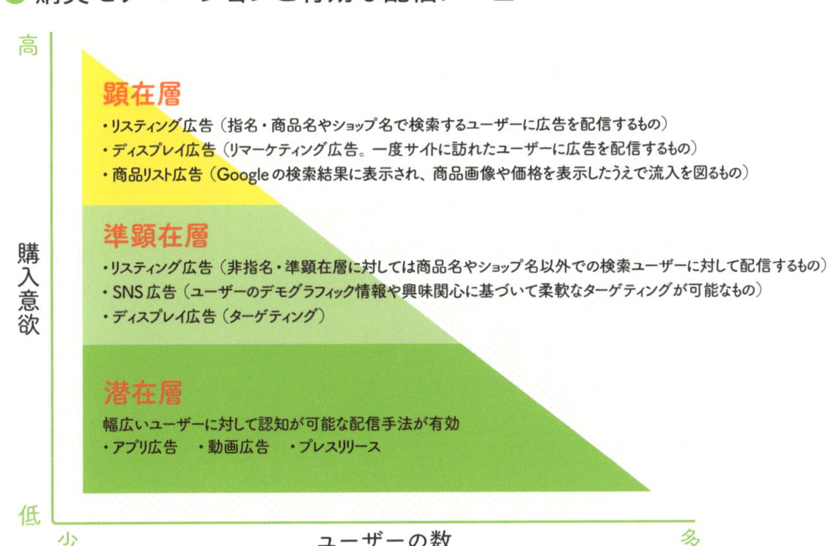

配信メニューと広告媒体を決めよう

　せっかくターゲットと対象とする購買モチベーションが決まったとしても、それに合わせた配信メニューと広告媒体を利用しなければ、成果にはつながりません。広告媒体の媒体資料に掲載されている**ユーザー属性**を確認し、自社の商品やショップのターゲットと合致する媒体をまずは選びます。次に購買モチベーションに合わせた配信メニューを決めましょう。それぞれの購買モチベーションに合わせた配信メニューは上図となります。

　これらは最初に配信を行ううえでの一例となる考え方ですので、参考にしてください。

ユーザー属性
広告枠を掲載しているウェブメディアを利用するユーザーの属性情報。男女比や年齢層など。

SECTION 03

広告計画と目標設定

ウェブ広告で大切なKPIの考え方

いざウェブ広告を検討しようという段階で重要なのが、どのようなゴールを立て、そのゴールから逆算して KPI（重要業績評価指標）を定めていくことです。

成果地点にコストと事業計画を照らして決める

成果地点
どの地点で成果が確定し、報酬が発生するかを決めたもの。

KPI
Key Performance Indicator の略で「重要業績評価指標」のこと。目標達成に向けての中間プロセスが適切に実行されているかの状況をはかる指標。

ウェブ広告を実施する際に、まず**成果地点**を決定します。物販系 EC サイトの成果地点は「商品購入」ですが、その他に「会員登録」や「キャンペーンの応募」などもあります。成果地点を決めたら次は、どれほどの成果を求めるのか、そのためにどれだけのコストをかけられるのかを事業計画と照らし合わせ、広告出稿をするための **KPI**（P.44）を決めます。

商品購入を目標とした際、まずは事業計画から目標とする売上金額と、達成のために必要な購入件数を明らかにします。そして商品原価から 1 件の商品購入に使える広告費を算出して目標となる売上件数と掛けることで、売上目標に対して必要な広告費が判明します。アパレルや雑貨などの買い切り商品の場合は購入単価の 30% 程度、化粧品や化粧品などの定期購入商品の場合は、購入単価の 100~200% 程度が相場です。

一見売上に対して高いように見える広告費用ですが、後々リピーターとして再度購入を促す施策が大切になるため、**売上に対し広告費は同じ金額以上かけることも戦略のひとつ**となります。

ウェブ広告は効果測定の容易さから、広告配信を始めたのちに仮説検証を行いながら、常に改善が可能なことが強みです。しかし、短期的かつ少額のコストでは十分な検証や改善施策を行うことができません。ウェブ広告を打つ際は、**最低でも 3 ヶ月以上は継続するという計画を立てたうえで実施**すると、プロジェクトの成功につながりやすくなります。

KPIの決定のしかた

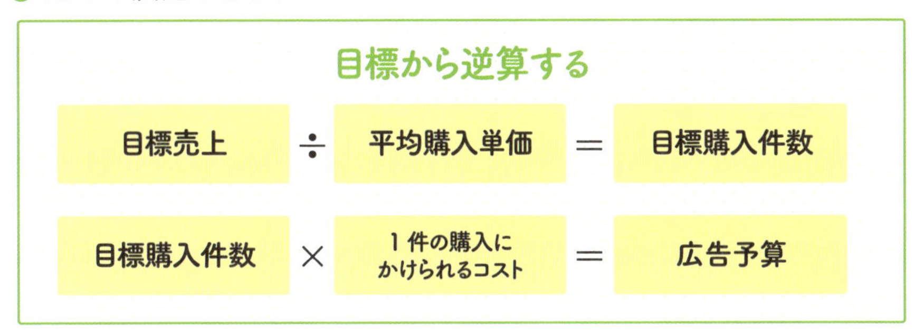

ウェブ広告の代表的なKPI

指標	計算式
クリック率（CTR）	クリック数 ÷ インプレション数
クリック単価（CPC）	広告予算（コスト） ÷ クリック数
コンバージョン率（CVR）	コンバージョン数 ÷ クリック数
コンバージョン単価（CPA）	広告コスト／コンバージョン数

より詳細なKPIを決めていく

目標とする売上や購入件数、必要なコストが決まったら、より詳細な指標に落とし込み、シミュレーションを作成します。広告配信を行った場合に、各指標の良し悪しが判断できなければ、その後の改善アクションに取り組めないため、このステップは非常に重要となります。

一般的な指標としては、広告が表示された回数に対してどのくらいの割合でユーザーにクリックされたかを示す指標の「クリック率」、広告のクリックに対しての料金となる「クリック単価」、広告をクリックしてアクセスしてきたユーザーのうち、成果につながったユーザーの割合を示す「コンバージョン率」、コンバージョンに対して請求された金額の平均である「コンバージョン単価」があります。シミュレーションの作成にあたっては、広告代理店や広告媒体社と協力しながら行うほうがよいでしょう。

SECTION 04

ウェブ広告の種類①

検索ページに表示される「リスティング広告」

ウェブ広告の中で最も一般的な配信手法のひとつが検索エンジンの検索結果に表示されるリスティング広告です。ここではリスティング広告のしくみから運用のポイントまでを学びましょう。

モチベーションの高いターゲットに配信できる広告

リスティング広告はGoogleやYahoo!といった検索エンジンの検索結果に表示される広告で、ウェブ広告の中でも最もオーソドックスな広告手法です。リスティング広告はユーザーの検索行動と連動して表示されるため、**顕在層や準顕在層など比較的モチベーションの高いターゲットに配信できることが強み**です。

配信するには、検索結果に表示したいキーワードに、1クリックあたりの**入札価格**を定めたうえで登録します。リスティング広告は見出しの文章と説明文、ユーザーが広告をクリックした際に誘導するサイトのURLから構成されるので、専門的な広告デザインの知識は必要ありません。

入札価格
1クリックに対して支払える最大金額を設定する。上限CPCともいい、キーワードやグループ単位で設定することができる。

リスティング広告では、自社で扱う商品名や関連商品名、ショップ名など「このキーワードで調べるユーザーだったら、自社のECサイトの商品を買ってくれるだろう」というキーワードをなるべく網羅できるように出稿します。なお、自社の商品名やショップ名などをキーワードとして検索するユーザーを「**指名層**」、それ以外のキーワードからのユーザーを「**非指名層**」といいます。

指名層・非指名層
指名層は、会社の商品名やショップ名などでキーワード検索するユーザーのこと。逆に指名しないで検索するユーザーを非指名層という。

キーワードを網羅したら、それぞれのキーワードに入札単価をつけていきます。リスティング広告は**オークション制のため、競合の状況によって実際のクリック単価は変わります**が、基本は成果につながりそうなキーワードほど高い単価をつけ、成果から遠そうなキーワードには低い単価をつけます。また、実際に出稿してからは、実績を見ながら都度入札単価を変えるとよいでしょう。

リスティング広告のしくみ

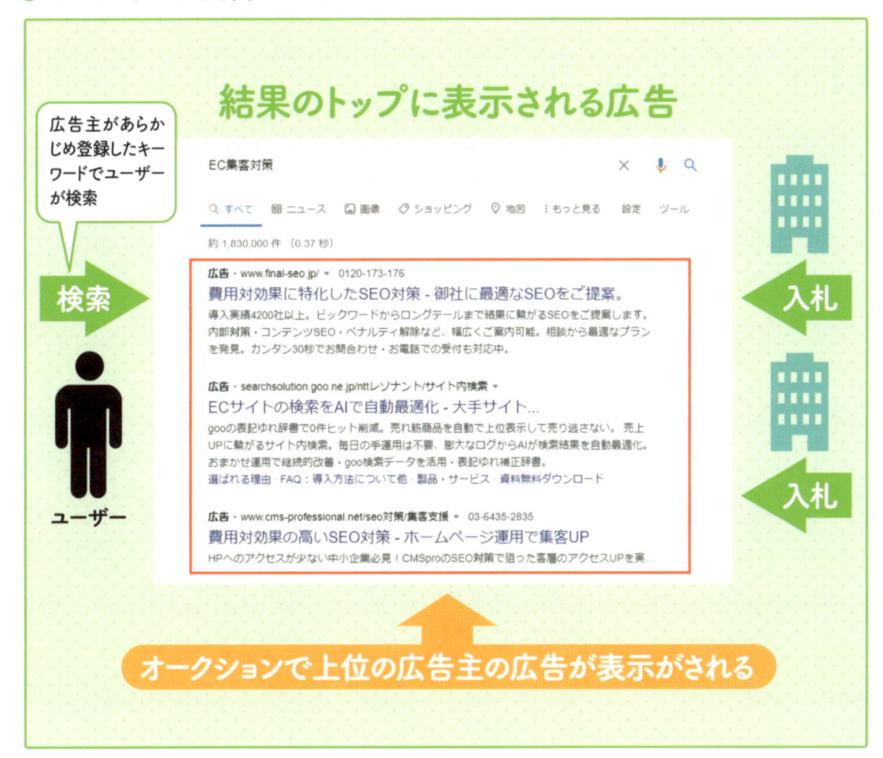

リスティング広告の運用ポイント

リスティング広告ではキーワードごとに広告の品質が、1から10までの指標で評価されます。指標は「10」が最高で、「1」が最低品質です。広告の品質が高いほど、競合他社と比べて検定結果の上位に広告を表示させることが可能となります。

広告の品質はいくつかの要素から成り立っていますが、重要な要素として広告文（P.150）が挙げられます。検索したユーザーが**思わずクリックしたくなるような魅力的な見出しや説明文であるほど、評価は高く**なります。広告の品質を改善したことで、成果が2倍にも3倍にもなったという事例もあります。随時、広告文の検証を繰り返し、品質を上げるよう努める必要があります。

SECTION 05

ウェブ広告の種類②

リマーケティングが重要「ディスプレイ広告」

リスティング広告と並び、ウェブ広告の代表的な配信手法としてディスプレイ広告が挙げられます。その中でも特に成果が出やすいのが、一度サイトに訪問したユーザーに配信するリマーケティング広告です。

2つの軸から選んで配信する「ディスプレイ広告」

「ディスプレイ広告」は、リスティング広告と並ぶ有名な広告配信のひとつです。ウェブサイト上に掲載されている広告画像がディスプレイ広告となります。配信先と**広告クリエイティブ**、そして1クリック、もしくは1,000回表示あたりの入札単価を決めることで入稿できます。配信先は大きく分けると2つの軸から選ぶことができます。どんなジャンルのサイトか（ファッションやペットなど）という軸と、どのようなユーザーか（性別、年代、想定年収、サイト訪問歴）という軸になります。

特に後者の「どのようなユーザーに配信するか」において、最も成果が出やすいのが、一度サイトを訪れたことのあるユーザーに対して配信する「リマーケティング広告」です。一般的に、**サイトを訪れたことのあるユーザーのほうが、サイトを訪れたことのないユーザーよりも成果につながる可能性が高く**なります。また、昨今の**モバイルシフト**の流れで、ウェブ広告においてもスマホユーザーの比率が高くなっています。このスマホユーザーは通勤する電車の中など数分のスキマ時間を利用して、ネットサーフィンを行うことも多く、一度サイトを訪れても購買に至らない場合が多々あります。しかし、サイトを訪れた以上は、何らかの興味や関心を抱いている可能性があることが推測されます。リマーケティング広告は、このような**興味を持っているユーザーを逃さない、機会損失を防ぐためにも有効**です。

広告クリエイティブ
広告として掲載するために制作された、広告素材などを指す言葉。ディスプレイ広告（バナー広告）、テキスト広告、メール広告など、あらゆる形式の広告素材のこと。

モバイルシフト
スマホなどのモバイル端末が普及したことによって、消費行動などに起こった変化のこと。ウェブサイトのデザインなどが、パソコンではなくスマホでの利用が前提となること。

ディスプレイ広告のしくみ

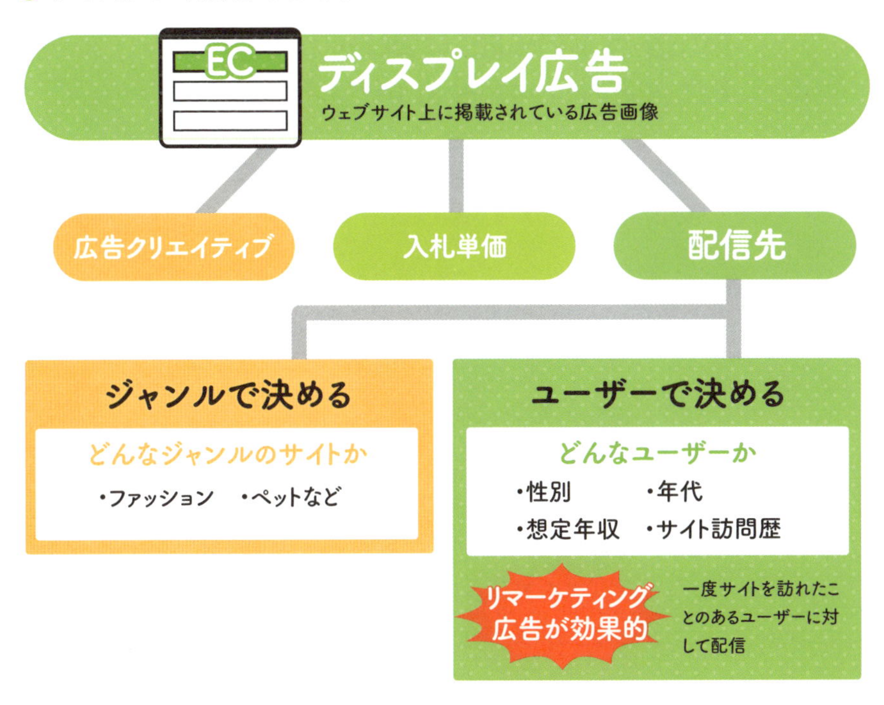

モチベーションで推察するリマーケティング広告

リマーケティング広告の配信で意識したいのが、見込み客の購買モチベーションに応じて、入札単価を調整すること。サイトを訪れたユーザーがトップページを閲覧しただけなのか、もしくは商品をカートに入れるところまで進んだのかでは、購買意欲に大きな違いがあります。当然、商品をカートに入れたユーザーのほうが購入する見込みが高いため、リマーケティング広告の入札単価も高く設定して、たくさん表示されるようにします。

同様に、いつサイトを訪問したかも重要な指標です。昨日サイトを訪れたユーザーと、1ヶ月前にサイトを訪れたユーザーでは、昨日訪れたユーザーのほうが興味を持続している可能性が高く、比例して購入する見込みも高いと考えられます。見込み客の購買モチベーションを推察することがウェブ広告の成否に影響します。

SECTION 06

ウェブ広告の種類③

商品写真付きで表示「Googleショッピング広告」

Google の検索結果に商品情報を掲載するのが、Google ショッピング広告です。商品情報を詳しく掲載できるので、成果につながる見込みが高く、EC サイトの心強い集客手法です。

Googleに登録した情報が広告として表示される

Google ショッピング広告は、Google の検索結果ページに表示される広告です。リスティング広告（P.132）と似ていますが、広告の表示方法が大きく異なります。リスティング広告は、見出し文や説明文などのテキストから成り立ちますが、Google ショッピング広告はあらかじめ広告主が **Google マーチャントセンター**に登録した商品画像と商品名、商品価格、ショップ名を表示します。ユーザーは、事前に商品画像や価格を見たうえで広告をクリックするため、**テキストだけのリスティング広告と比較して購買モチベーションが高い**ことが推測されます。

Googleマーチャントセンター
オンラインストアが Google に商品情報やサイトのデータを登録し、管理するページ。登録すると、「Google ショッピング広告」を利用でき、Google 検索結果に商品を表示させることができる。

検索結果に表示されるリスティング広告との違い

また、Google ショッピング広告は Google マーチャントセンターに登録された情報を基に、Google がどのキーワードで検索したユーザーに広告を表示するかを判断するため、リスティング広告のようにキーワードを登録するといった工数が発生せず、**出稿までのコストを抑えられるというメリット**もあります。

さらにリスティング広告ではキーワードごとに入札単価を決めますが、Google ショッピング広告では商品ごとに入札単価を決めるため、掲載する商品の販売利益と広告の獲得単価を照らし合わせながら、入札単価を調整できます。

Google ショッピング広告のしくみ

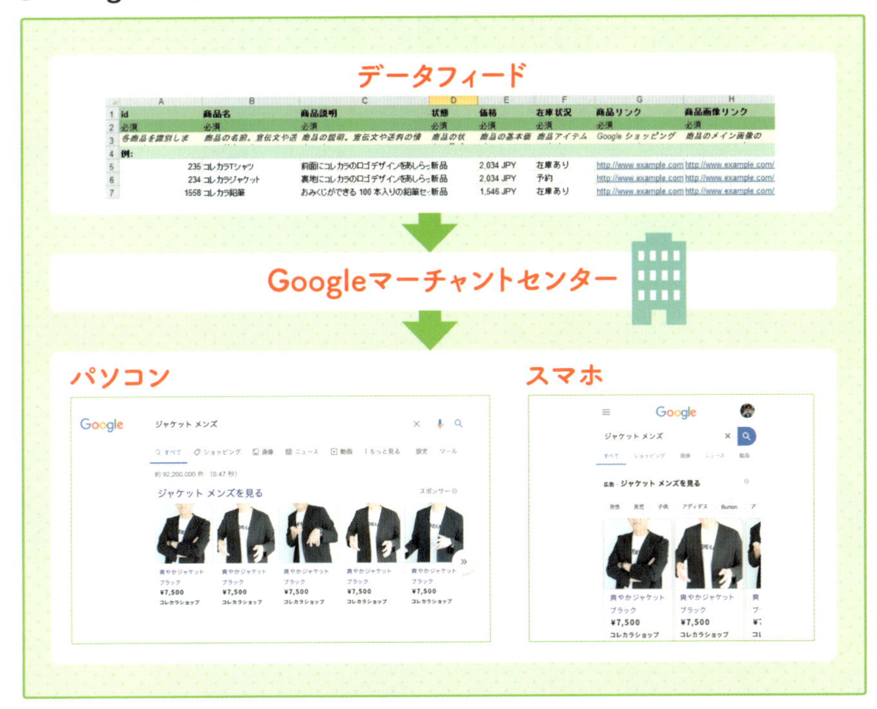

Googleショッピング広告の運用ポイント

Google ショッピング広告において、成果を出すうえで重要なのが、商品情報を登録するための「**データフィード**」です。入力した商品名や商品価格などの情報は、データフィードを構成する要素のひとつとなります。Google はデータフィードの項目を読み込み、特定のキーワードで検索された際にどの商品を表示するかを決めているので、データーフィードで定められた項目は、なるべく細かく商品情報を登録する必要があります。

広告を運用しながら成果を確認し、データフィードの商品名や商品画像を変えて検証を続けると、より実績を底上げできます。一方で、データフィードにおいては在庫数の更新も必須となります。管理や更新が煩雑であれば、カートシステムとの自動連携や、データフィード管理ツールの導入も検討します。

データフィード
自社商品のデータを、それぞれの広告配信先のフォーマットに変換して提供するしくみのこと。

SECTION 07

ウェブ広告の種類④

商品への興味関心が高いユーザーにリーチできる「SNS広告」

インターネットユーザーの多くが利用するSNS。特に20代30代のユーザーは検索エンジンよりもSNSで情報を探します。そしてそのほとんどのSNSでは広告を配信することができます。

ターゲットにあった広告配信が可能なSNS広告

SNS（ソーシャルネットワーキングサービス）は、ウェブサイトやアプリ上で人と人のつながりや交流を楽しむコミュニティのことを指します。**代表的なSNS**はFacebook、Instagram、Twitter、TikTokなどです。日本では数千万人の利用者がおり、スマホの普及や回線速度などのインフラ向上により年々増え続けています。**SNSの利用者は20代から30代が多く、検索エンジンよりもSNSで情報を探すユーザー層**です。また、SNSに滞在してる時間も長いため、広告を配信することで、より多くの顧客を獲得できる可能性があります。

代表的なSNS
ネット上でやりとりができるソーシャルネットワーキングサービス。個人名を登録するFacebook、文章がメインで趣味によってアカウントを使い分けられるTwitter、写真や動画が中心のInstagramなどがある。SNSによって年齢層や男女比に差がある。

SNS広告の特長は大きく3つあります。1つ目は「リーチ数」です。ユーザー数の多さと滞在時間の長さから、SNSメディアに広告を配信することでより多くの人に自社商品を知ってもらう機会が増え、購買機会をつくることができます。

2つ目は「購買率の高さ」です。SNS上の情報は、広告と一般ユーザーの投稿との区別がつきにくく、広告とは思わずに購買導線に導かれるユーザーも多いため、購買率が高い傾向にあります。

3つ目は「配信の精度」です。通常のウェブ広告はユーザーのサイト閲覧情報を基にターゲティングを行います。SNSではサイト閲覧情報＋ユーザーの登録情報でもターゲティングが可能です。たとえばFacebookの場合、登録時に氏名・年齢・居住地・興味関心などの情報を登録します。これらの登録情報に基づき広告配信ができるため、より自社のターゲットにあった広告配信が

SNS 広告配信までの流れ

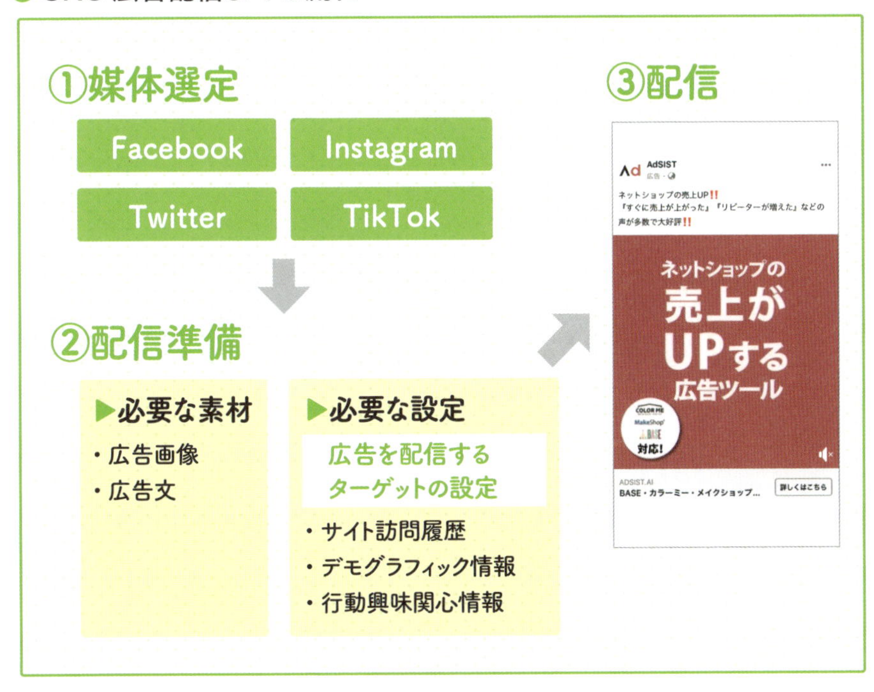

可能になります。

複数のクリエイティブパターンを用意して配信

SNS 広告においていちばん重要なポイントは「クリエイティブメッセージ」です。これは「広告を通してユーザーに何を伝えたいか？」ということ。つまり「自社商品の売りは何か？」です。情報の入れ替わりが早い SNS では同じメッセージを長い期間利用するとユーザーは飽きてしまい、結果、購買率が下がります。**他の広告よりも多くのクリエイティブパターンを作成することが重要**です。

主なクリエイティブメッセージのパターンはキャンペーン（期間限定など）、商品の品質、安心感（多数の人が利用している）、季節性のあるメッセージ、などがあります。これら複数のクリエイティブパターンを用意し、広告を配信することが重要です。

SECTION 08

ウェブ広告の種類⑤

見込み客に毎日商品を宣伝できる「インフィード広告」

近年のインターネットユーザーはブラウザだけでなくアプリ内に滞在する時間が伸びています。インフィード広告とはその中でも主にニュースアプリに対しての広告配信を指します。

使用頻度が高く購買率が高くなる傾向のインフィード広告

スマホユーザーの8割以上はSNSも含めた「アプリ」に滞在していると言われています。ゲームやニュース、SNS、ビジネスツールなどさまざまなアプリがありますが、中でもニュースアプリは利用率が非常に高いジャンルです。代表的なニュースアプリは、Yahoo! ニュース、**スマートニュース**、**グノシー**などです。これらのアプリは**単体で数千万人の利用ユーザーがあり、多くの見込み客にリーチすることが可能**です。

ニュースアプリの記事と記事の間に表示される広告をインフィード広告と言います。インフィード広告の特徴は大きく2つあります。1つ目は「リーチ数」の多さです。SNS同様、ブラウザよりもアプリ内に滞在するユーザーが増えたことから、多くのユーザーにリーチできるのが特徴です。また、**ニュースアプリはコンテンツの特性上、毎日開くユーザーが多いため、一般的なアプリよりも使用頻度が高く**、同じ見込み客に何度も広告を配信することができます。この点も他のアプリよりもリーチ数が多く見込める要因です。

2つ目は「購買率の高さ」です。インフィード広告は記事と記事の間に自然に表示されるため、ユーザーは**ネイティブな情報**と捉えるケースが多く、遷移先のコンテンツを読了する率が高くなり、結果、購買率が高くなる傾向にあるのです。

スマートニュース／グノシー
ユーザーの好みに合わせてカスタマイズして配信するニュースアプリ。スマートニュースは、幅広いニュースを150か国以上に配信していて、2019年2月には日米合わせて4,000万ダウンロードを記録している。グノシーは2020年1月時点で3,300万ダウンロードを突破しており、姉妹アプリには女性向けのトレンド配信アプリLUCRAなどもある。

ネイティブな情報
他のニュースコンテンツと同じような体裁で掲載されるため、広告のコンテンツでもそのまま自然に読み進められる。広告感を感じないため、ユーザーはストレスを感じにくい。

インフィード広告のしくみ（一例）

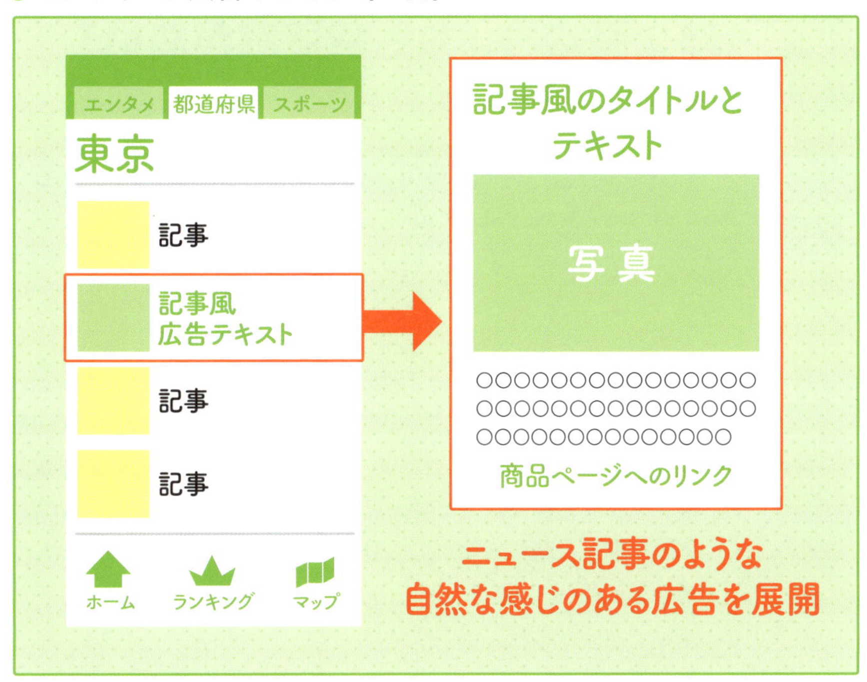

ポイントは興味を持ってもらえるコンテンツの表示

いちばん重要なポイントは「自然感＝ネイティブ感」です。インフィード広告のほとんどはニュースアプリの記事と記事の間に表示されるので、ユーザーはニュース＝記事が表示されると認識しています。そのため、コンテンツをクリックして急に商品やサービスを全面的にアピールしたECサイトが表示されると、ほとんどのユーザーが離脱してしまい購入まで至らないケースが多くなります。「いきなり売ろうとするコンテンツ」ではなく**「興味を持ってもらえるコンテンツ」を中心に広告ページを作成する**ことがポイントです。注意したいのは、テキスト量です。ニュースアプリは、PCよりスマホで閲覧するユーザーが多くなります。しかしPCで作成した文章をスマホで見ると、テキスト量が多すぎて読みにくいことがよくあります。必ずスマホで表示して、小さな画面でも読みやすいか必ず確認しましょう。

SECTION 09

ウェブ広告の種類⑥

静止画広告よりも購買率が高い「動画広告」

動画市場は近年、急成長を続けています。インフラの向上に伴い容量が大きいコンテンツも容易に配信できるようになりました。静止画に比べても視覚的に多くの情報をユーザーに届けることが可能です。

情報プラス配信量が多い&購入確率が高い動画広告

スマートフォンの性能向上、回線スピードの向上によって、動画市場は急速な広がりを見せています。**アプリやサイトで動画コンテンツを目にすることが日常的になり、広告枠もどんどん増えています。**代表的な動画広告は動画アプリのYouTube、SNSではInstagram、TikTok、LINE、ニュースアプリではYahoo!ニュースなどが挙げられます。

動画広告の特徴は大きく3つあります。1つ目は「情報量の多さ」です。1枚の静止画に比べ、クリエイティブに変化させられる動画は、複数の表現パターンを用意したメッセージやイメージをユーザーに届けることが可能です。

2つ目は「アクション率の高さ」です。同じ商品の広告でも上記の理由から、静止画よりも動画のほうが広告を視認後のアクション率は高いと言われています。広告の視認後に「知るきっかけになった」「好きになった」「購入した」などの**態度変容が起こる確率は、静止画よりも2割ほど高い**とも言われています。

アクション率
広告に対して、クリックして商品を表示するなど、レスポンスを返したユーザーの割合のこと。

3つ目は「配信量の多さ」です。スマートフォンの普及と回線インフラ向上により、ユーザーは時や場所を選ばずに好きなコンテンツを視聴することが可能になりました。さまざまなアプリやサイトで動画広告の枠は増えていますが、静止画よりも制作に労力のかかる動画広告の数は多くありません。現状、広告枠は在庫過多です。**ユーザーはたくさんいるのにコンテンツが少ないという状況**です。配信すれば大量の見込み客にアプローチが可能です。

動画広告と静止画広告の比較

	動画広告	静止画広告
アクション率	高	低
情報量	多	少
競合数	少	多
制作工数	大	小

アクションを明確に指示して結果に導く動画広告

動画広告の結果の良し悪しは、すべてクリエイティブ次第と言っても過言ではありません。ユーザーの反応がよい＝費用対効果が高い動画クリエイティブには３つの傾向があります。

１つ目は「広告メッセージを絞る」ということです。商品の特徴をあれもこれも伝えようとすると、全体がぼやけてしまいます。いちばん訴求したい特徴・最も強みのある特徴に絞り、かつ動画の冒頭でそれを伝えることが重要です。

２つ目は「短尺にする」ということです。ユーザーの興味関心が低い状態で、ダラダラと長いだけのコンテンツは見てもらえません。端的に商品の魅力が伝わるような動画にしましょう。10秒前後、長くても15秒程度が望ましいと言われています。

３つ目は「視聴後のアクションを指示する」です。動画の最後にユーザーに取ってほしいアクションを明確に指示します。クリックさせたいのか、資料請求させたいのか、購入させたいのかなど、ボタンやテキストで視聴後のアクションを指示しましょう。

短尺
尺は長さの単位で、ここでは動画の長さのこと。長い広告動画は飽きられてしまったり、途中で見るのをやめてしまったりするので、テレビCMなどのように15秒など短い時間で興味を引くような動画にまとめることが大切。

SECTION 10

ウェブ広告の種類⑦

定番の集客法「アフィリエイト広告」

アフィリエイト広告は高い効果が見込める広告です。EC 業界においても、多くのショップが利用する大事な施策。デメリットも把握し、バランスをとりながら活用していきます。

費用対効果の高さが魅力のアフィリエイト広告

アフィリエイター
ブログなどの SNS で商品を紹介し、売れたときに広告主からの成果報酬を得ているブロガーやインフルエンサーなどのメディアサイトの運営者。

ASP
アフィリエイトサービスプロバイダの略。アフィリエイターと広告主をつなぐ仲介役となり、アフィリエイト広告の取りまとめを行う事業者のこと。現在はサービスそのものを指すことも多い。

アフィリエイトとは**アフィリエイター**と呼ばれるブロガーやインフルエンサー、メディアサイトの運営者に商品の宣伝や販促をしてもらい、その成果に対し報酬を払うという販促方法です。EC サイトの場合、商品を紹介するブログの記事ページなどから商品を購入したかどうかを追跡できるプログラムを用意し、該当の商品が購入された際に報酬が発生するしくみの販促広告です。

アフィリエイトは一般的に **ASP** と呼ばれるアフィリエイト会社に、広告主が宣伝したい商品とその情報を登録します。次に、商品の宣伝を通じて報酬をもらいたいと考えている「アフィリエイター」が、登録商品の中から自分が宣伝したいと思う商品を探し、自分のメディアに適した商品があれば、宣伝用のページをつくりプロモーションを行います。

アフィリエイトを行ういちばんのメリットは、費用対効果の高さです。アフィリエイト広告では、成果が発生したら費用を払うという設定ができます。また、報酬が発生する成果の条件を、広告主側で決めることができます。たとえば定期通販商材と買い切りの商材を販売している場合、定期購入した人のみを成果とするといった設定が可能です。

デメリットを理解して活用につなげるのが大事

アフィリエイト広告にはデメリットもあります。多くのアフィリエイターが自身の主観で商品を宣伝するため、広告主は誰がど

アフィリエイトのしくみ

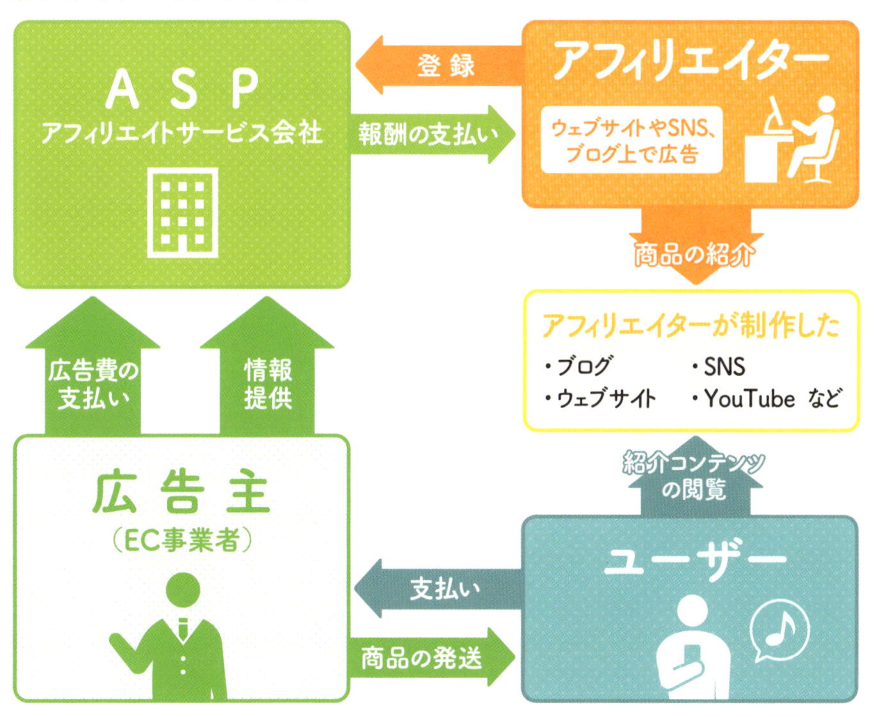

のような宣伝をしているかなど、完全に把握するのが難しくなります。そのため、広告主の気づかないところで、**ブランドイメージを損ねる内容でプロモーション活動をされている可能性もあります。**また、アフィリエイターの一部には**転売屋**と呼ばれる、非常にマナーの悪いプロモーション活動を行う人達もいます。転売屋は、商品を購入することで成果発生を起こし、報酬を受け取るだけでなく、購入した商品をフリマアプリなどですぐに売ってしまいます。このような事態が起きると、広告費が無駄になるだけでなく、商品の価格相場が落ちるため、フリマアプリで自社の商品を調べるなどし、不正が行われていないかチェックが必要になります。もし不正を見つけたら、ASPの担当者に報告をすることが解決策の一歩です。これらのデメリットを許容したうえで、アフィリエイト広告を活用していきましょう。

転売屋
自分には必要ない商品を転売する目的で購入する人のこと。転売ヤーとも言う。報酬が高額なものもあるため、アフィリエイターが報酬目当てで自ら商品を購入することもあり、それを転売されてしまうと、プロモーションの成果が上がらずに広告費だけかかることになってしまう。

SECTION 11

ウェブ広告の種類⑧

アンバサダーマーケティングとインフルエンサーマーケティングの違い

ECサイトの集客を上げていくには、アンバサダーやインフルエンサーにSNSなどを活用してもらい、集客をしていくことが大切です。それぞれの違いや特徴を把握し、効果的に活用していくことが肝要です。

即効性のあるインフルエンサーマーケティング

アンバサダーやインフルエンサーを使ったマーケティングは、販売者が商品やサービスを宣伝するのではなく、第三者がSNSなどを通し紹介する宣伝方法です。信用度が高く購入につながりやすいマーケティング手法です。アフィリエイトと違い実際に商品やサービスを利用し、自身のSNSアカウントで宣伝するため、利用者に近い存在で見込み客にアプローチできます。

アンバサダーとは、自社の製品やサービスの熱狂的なファンが、自らおすすめのポイントを他の人に対して推してくれるユーザーのことです。あくまで製品、サービスに対する熱意のあるファンが、自主的にその魅力をアピールしている人のことを指し、影響力の大きさや、SNSでのフォロワーの数は関係ありません。

一方インフルエンサーは、世間に与える影響力が大きい人物を指します。独自の世界観や情報発信能力が高く、共感するファンを獲得し、他ユーザーの購買行動に対する強い影響力を持っています。こちらもSNSでのフォロワー数が多いことではなく、あくまで**他ユーザーの「購買行動に対して強い影響力がある」ことが重要**になります。

即効性のあるマーケティングは「インフルエンサーマーケティング」です。芸能人やスポーツ選手などのインフルエンサーはその商材のファンである必要はなく、あくまで依頼を受けて「受動的」に宣伝を行います。そのため企業側はインフルエンサーに宣伝を依頼するために広告費などを支払います。

➔ アンバサダーマーケとインフルエンサーマーケの違い

	インフルエンサー	アンバサダー
情報配信	受動的	能動的
商品やサービスのファンか	ファンである必要はない	ファン
影響力	ある	なくてもよい
情報の強度	弱い	強い

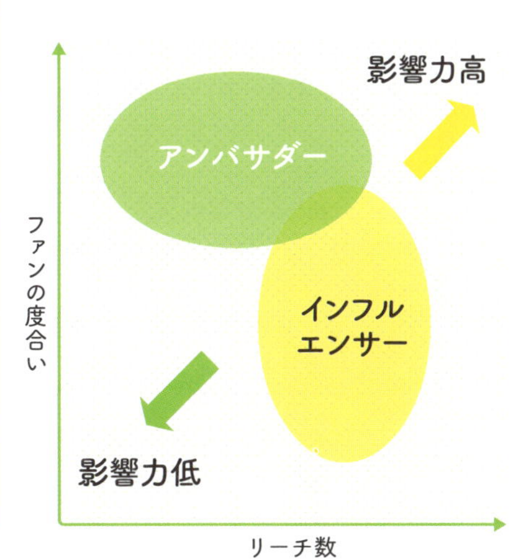

コアな魅力が伝わるアンバサダーマーケティング

アンバサダーマーケティングは、実際に利用してファン化したユーザーが「能動的」にサービスや商品を紹介するマーケティング手法です。

ライトに商品をおすすめするインフルエンサーよりも、アンバサダーは実際に商品やサービスを使いこなし熟知したヘビーユーザーとなっている場合が多く、**コアな魅力が伝わりやすくなります。**そのため購買率のアップにつながります。

優秀なアンバサダーをリクルートするポイントは、「商品の特色と相性のよいアンバサダーに声をかける」ことです。アンバサダーにもそれぞれ個性や特徴があるため、自社商品との親和性が高いアンバサダーを見つけることが重要となります。なお、魅力が充分に伝わったあとに、CRM施策やコンテンツの更新を行うことも重要です。

CRM
顧客と良好な関係を築くことを目的とした営業マネジメントのこと。Customer Relationship Managementの略で、「顧客関係管理」と訳されることが多い。

SECTION 12

ウェブ広告のデザイン

訴求と表現が大切！ バナー広告のデザイン

ディスプレイ広告において最も重要な要素のひとつが、広告のデザインです。使用する写真やレイアウトはもちろんですが、デザイン内で何を訴求するのかによってもその効果が大きく左右されることがわかっています。

訴求×表現で結果にコミットするデザイン

ディスプレイ広告（P.134）やSNS広告（P.138）、インフィード広告（P.140）では、視覚的に商品を訴求するバナー広告が用いられます。そこで重要になるのが広告のデザインです。**デザインが効果的であれば、ユーザーの興味を惹き広告がクリックされる確率が高くなり**、サイトへの流入数を増やすことができます。逆に魅力的でないデザインの広告では、ユーザーは関心を寄せず、サイトへの流入を増やすことができません。また、多くのクリック課金型広告は、クリック率が高い広告ほど**クリック単価**が低くなる傾向があるので、魅力的な広告デザインを心がけましょう。

バナー広告は大きく2つの要素から成り立っています。1つ目が「訴求」です。ユーザーにとって魅力的なコンテンツで訴えることで、興味を惹くことができます。たとえば、「全品50%OFF」というのはユーザーにとって価格メリットを感じる訴求です。他にも販売実績などの「実績訴求」、著名な人物と紐づける「権威訴求」などがあります。

2つ目が「表現」です。どのような画像を組み合わせるか、**トンマナ**をどう設定するか、配置はどのようにするかといった見映えの要素です。たとえば、どんなに魅力的な訴求だったとして、文字が小さかったり、背景の画像と比べて色が地味だったりするとユーザーの目に留まりづらくなります。良い広告デザインを目指すうえで、日頃からあらゆるバナー広告を見て、気になったものは保存し、成功パターンを蓄積していくことが大切です。

クリック単価
クリック課金型広告では広告を表示しただけでは広告料は発生せず、広告をユーザーがクリックしたら広告料が発生する。1回クリックするときにかかった単価をあらわすのでCPC（Cost Per Click）とも言う。

トンマナ
「トーン（調子）&マナー（方法、流儀）」の略。広告では、デザインやブランドイメージに一貫性を持たせることを指す。

効果的なバナー広告の考え方

成果を出すための注意点

① 情報と表現の一貫性　② 画像のサイズ　③ 定期的な更新

バナー広告のデザインにおける3つの注意点

注意点は３つあります。まず１つ目は、情報と表現の一貫性です。広告での訴求とサイト内の情報が食い違ったり、デザインのトンマナが商品イメージと異なったりすると、ユーザーの不信感が増し、せっかくサイトに訪れても離脱につながります。

２つ目が素材画像のサイズです。商品や人物写真をバナーに盛り込む際は、バナーより大きいサイズの画像を用意します。**小さな画像**を用いると画像が粗くなり、広告の魅力が低下します。

３つ目は、定期的にバナー画像を差し替えることです。A/Bテストの解説（P.154）でも触れますが、バナー広告は配信を開始すると、時間の経過とともに反応が低下します。これは、ユーザーにとって広告の新鮮さがなくなり、興味が薄れるからです。そのため、常に新しいバナー広告を作成し定期的に投入します。

小さな画像
画像データは小さい（解像度が足りない）と、写真が粗く表示されてしまう。画像の解像度はdpiという単位で表され、ウェブ上では72dpi程度できれいに表示される。あとはバナーの縦横比（200 × 250など）を確認してそれに収まるように画像を編集するとよい。

SECTION 13

ウェブ広告のテキスト

文字の力で訴える！広告の見出しと説明文

リスティング広告における広告文や、ディスプレイ広告、SNS広告、アプリ広告などで用いられるインフィード広告では、文章による広告訴求が必須です。このセクションでは効果的な広告文のつくり方を解説します。

主流のインフィード広告でもテキストが命

リスティング広告では、広告見出しと説明文から成り立つ広告文を必ず入稿する必要があります。また、ディスプレイ広告（P.134）やSNS広告（P.138）では近年、画像と広告文を組み合わせた**インフィード広告**（P.140）が主流となっています。

インフィード広告
ウェブサイトやアプリなどの画面の上から下へと読んでいくフィード（タイムライン）型デザインで、コンテンツとコンテンツの間に表示される広告のこと。

ユーザーにとって魅力的な広告文を作成することは、ウェブ広告の成果を上げるために欠かせません。前節で解説した広告バナーであれば、色使いや文字のサイズなどのデザインを工夫することで、魅力的な広告を作成できます。しかし、広告文においては文章そのものを工夫する必要があります。

見出しにキーワード、文章は「訴求」

まず押さえておきたいのが、広告文の構成です。一般的に広告文は広告見出しと説明文から構成されますが、**ユーザーにとって目に留りやすいのは広告見出し**のほうです。そのため広告見出しにはいちばん重要な情報を載せる必要があります。

一方、広告文ではバナー画像でも重視した「訴求」の軸で考えることが欠かせません。たとえば、「50%OFF」と「¥3,000 OFF」で割引額が同じだとしても、商材やターゲットのペルソナによって反応が異なります。そのためA/Bテスト（P.154）を行い、自社の商材に相応しい訴求力のある広告文の表現を見い出すことが大切です。

広告文は組み合わせでつくる

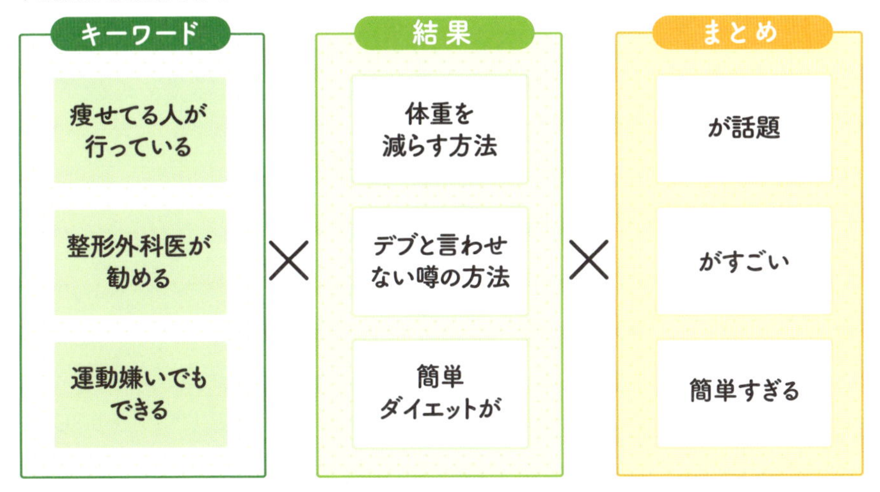

Chap 5 ECサイトの集客方法〈ウェブ広告編〉

広告文は使用できる文字や文字数に注意

広告文における注意点は2つあります。1つ目が文字に関する制限です。一般的に**広告媒体ごとに文字や使い方に使用制限やルールがあります。**たとえばGoogle広告では広告見出しで「！（感嘆符）」の使用が認められておりません。また、「、（読点）」の連続使用もNGです。このように広告媒体ごとに決められたルールに則った広告文を作成しないと配信できません。事前にルールを確認するようにしましょう。

2つ目は広告文の文字数です。リスティング広告では限られた文字数いっぱいで商品をアピールするほうが成果がよくなります。ただし、不自然な日本語にならないように気を配る必要があります。また、**ディスプレイ広告などのインフィード広告では、広告文の文字数が多すぎると省略して表示される**こともあるので、全角15～20文字程度が好ましいとされます。

SECTION 14

ウェブ広告の運用①

失敗しない ウェブ広告の配信と運用

これまでの内容を基に、実際にどのように広告配信を行っていくかについて、解説していきます。全体的な販促プランの設計を終えたら、出稿する広告媒体を選定し、次の展開を考えます。

ウェブ広告は顕在層向けのメニューから選ぶ

広告を出稿する際に、まず取り組むべきは「ターゲットに合わせた広告媒体と広告メニューの選定を行う」ことです。**顕在層**向けの広告メニューからターゲットに合った広告媒体を**選定**し、目標や予算に合わせて、準顕在層、潜在層へと広げていきます。よくある勘違いは、多くのユーザーに配信するため、潜在層向けのメニューのみを実施することがありますが、**ただ認知が広がっただけでは売上につながりません。**ユーザーは潜在層から準顕在層、顕在層と徐々に購買モチベーションが引き上がるので、準顕在層、顕在層向けのメニューを網羅したうえで潜在層向けのメニューを実施することが、売上を最大化するためには欠かせません。

顕在層
すでに対象の商品やサービスの購入を検討しているユーザーのこと。目的が明確になっているため購買モチベーションは高い(P128)。

選定
広告媒体と広告メニューの選定にあたっては、広告代理店と協力して、彼らの知見をもとに行う。

広告媒体と広告メニューが決まったら、広告アカウントの開設やキーワードの登録、配信ユーザーの設定、広告バナーの作成などの配信準備をします。準備期間の目処としては配信先の媒体やメニュー数にもよりますが、1ヶ月程度を見ておくとよいでしょう。もし、よりスケジュールを前倒しして配信したい場合は、顕在層向けのメニューから順次配信するように進めます。

そして、実際に配信を始めたら、**最初の1～2ヶ月程度は媒体や広告メニューを見極めるための期間**となります。この期間で、結果の出ないキーワードやターゲットの除外、広告バナーや広告文の検証と差し替えなどを行いながら、目標とするKPIや売上に合わせて配信の調整を行います。

広告配信の流れと PDCA

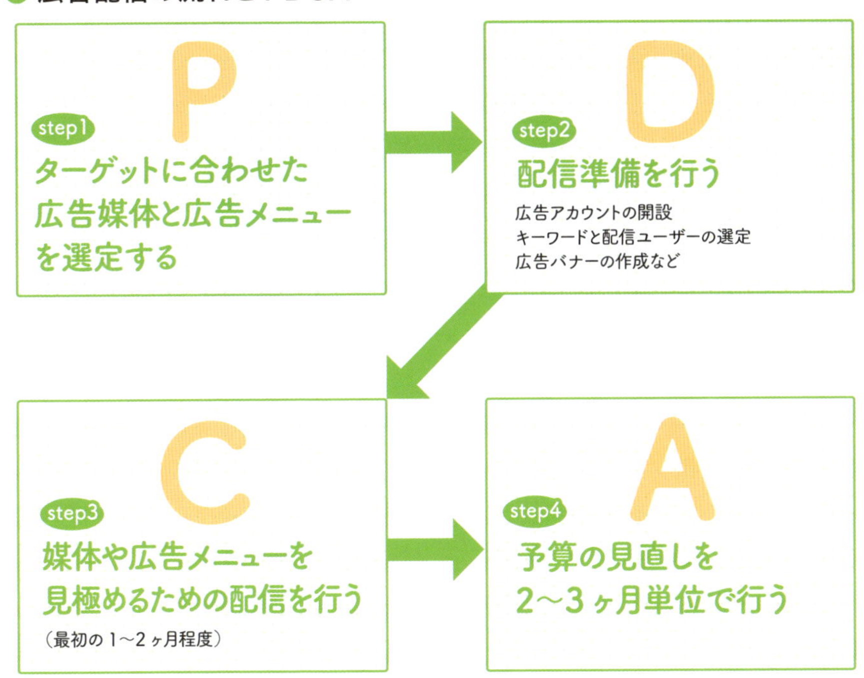

広告媒体や広告メニューの見極めと次の展開

一定期間、広告文の差し替えなど運用面の調整を行いながら配信を続けると、目標を超える売上が出たり、逆に売上が出なかったりする媒体とメニューが明らかになります。その際に行うべきことが予算配分の見直しです。基本的には成果がよいメニューの予算を拡大し、成果が悪いメニューは予算を縮小します。ただし、成果を改善するための施策が思いつかないメニューについては、一度停止するべきです。停止したうえで、また改善の方針が明確になった段階で再開するようにしましょう。

また、広告媒体への出稿や広告メニューを停止した場合は、代替策として新たな媒体やメニュー、もしくは既存の配信メニューに停止した分の広告予算を充てるようにします。この**予算の見直しを２～３ヶ月単位で行うことが、成果を出し続けるためのコツ**となります。

SECTION 15

ウェブ広告の運用②

勝ちパターンを見つける A/Bテストの実施

運用実務の後半として、A/B テストを取り上げます。成果を出すためには、A/B テストを行うことは欠かせません。ここでは A/B テストの重要性と実施方法について解説します。

A/Bテストの目的と効果

A/B テストとは、訴求や表現が異なる広告バナーや広告文を同時に配信し、その成果を比較検証すること。複数の広告を繰り返し配信することで、どの要素が結果に寄与しているのかを明確にし、**購入やクリックされやすい、勝ちパターンを探っていきましょう。**また定期的に広告を差し替えることにもつながるので、常に真新しい広告が表示されることになり、ユーザーに飽きられることもなくなります。

広告の A/B テストを行う際は、次のように PDCA を回していきます。まず、**訴求軸**や表現が異なる広告バナーや広告文を複数パターン作成し、同時に配信します。一定期間を設けて配信し、実績がある程度わかってきた段階で、テストを行った中からクリック率や購入率の良い広告を残し、それ以外の広告の配信を止めます。そして、成果のよい広告と訴求や表現が異なる別パターンを用意し、再度 A/B テストを行います。そして、この A/B テストを繰り返すことで、当たりの訴求や表現の「勝ちパターン」を見つけ出します。

A/Bテスト
ウェブサイトや広告バナーなどの画像で、AとBなど複数のクリエイティブパターンを用意して、クリック率や購入率から、どのパターンが高い成果を上げられるかを検証する方法。ユーザーにとってどのような広告が受け入れやすいのかを見極めることができ、ウェブ広告の費用対効果を最大に引き上げられる。

訴求軸
広告クリエイティブを作成する際に、ユーザーに訴えかけるために定める指針のこと。価格や話題性など、さまざまなセールスポイントの中から選択する。

A/Bテストで結果を出すための注意点

A/B テストを行う際のポイントは、初期段階でのテストで配信する広告の訴求軸はバラバラにし、後期段階では成績のよかったパターンを大幅に変更しないテスト広告を用意することです。

初期の段階では、ユーザーに対してどの訴求軸（価格訴求、権

A/B テストの実施方法とバナーの例

訴求 A が成果につながっている勝ちパターンだということが明白なので訴求 A を固定し、表現の勝ちパターンを探す

威訴求、ベネフィット訴求など）が「勝ちパターン」かを特定できていないため、訴求や表現を幅広く設定する必要があります。逆に A/B テストが進んだ後期では、勝ちパターンと**わずかな変化**をつけた広告を、まったく異なる広告と組み合わせて配信するようにしましょう。初期段階と同様の検証をいつまで続けていても PDCA の速度が鈍化するのみで、無駄なコストが発生するだけです。A/B テストをうまく活用し、効率よく売上を伸ばしていきましょう。

わずかな変化
キャッチコピーは同じでバナーのデザインを変更する、広告見出しは同じで説明文のみ変更するなど。

» Column

情報の見極めが大切！ 話題の記事LPとは？

ニュースアプリやウェブサイト、SNS上に面白そうな記事があるなと読み進めると、実は広告だったという経験はありませんか？　このようなニュース風の体裁でつくられた広告ページを「記事LP」と呼び、注目度が高まっています。

記事LPとは

記事LPは一見広告ではなさそうなのに、読み進めると実は広告だったというページです。ニュースアプリに広告を出稿する際は、直接商品ページに飛ばすよりも、一度記事LPを挟んだほうが購入につながりやすくなります。

なぜならユーザーはあくまでニュースを見たいと思っているのに、そこにいきなり宣伝色の強い広告ページが現れたら、ページから離脱してしまうからです。それを防ぐために、一度ニュース風の記事を挟み、その記事の中で広告色が出すぎないよう商品のよさをアピールします。そして商品に少しずつ興味を持たせ、商品ページへ橋渡しをすることで、広告の効果を高めていくことができるのです。

たとえば、40代以上の女性がよく利用するアプリに、「年齢とともに増えるシワに悩んでいた私が納得のシワ対策化粧品とは」という記事があれば、ユーザーは興味を持つ可能性が高いでしょう。そして、実際にその記事に信ぴょう性がある内容であれば、今度は公式サイトに移動し商品の購入を検討してもらえるはず、という狙いがあります。つまり、従来型のLPではなく「広告配信メディアとの親和性の高い魅力的な記事型LP作成」が大切になります。

嘘のない情報を法律に従い掲載

しかし注意も必要です。著名人が愛用しているという権威付けだけで、本当に効果があるのかもと信用させたり、薬機法に違反した効果効能をうたうのはNGです。もちろん、著名人の利用はすべてが虚偽ではなく、実際に愛用しているケースや、スポンサー契約して実際に使ってもらっているという場合もあります。しかし、本人が出演していたテレビで少し紹介しているだけで、「愛用」と記載している例もあります。あくまで正しい情報を、「法律を順守した形」で記載したページを制作することが大切です。

Chap

6

購入率を上げるECサイトの接客術

集客施策でECサイトにお客様が訪れるようになったら、次は接客です。

店員のいる実店舗以上に細やかな案内を行う必要がある

ECサイト上の接客。お客様の利便性を高めるためのポイントや、

コンテンツのつくり方など、より具体的な手法を紹介します。

SECTION 01

EC サイトの接客のキホン

価格よりも大事? ウェブ接客力の重要性

EC サイトへアクセスしたお客様に、店員のいる実店舗のような接客をすることで顧客満足度を上げ、購入率を上げること。これが、今後の EC サイト運営で売上を伸ばすカギです。

ECサイトの接客における4つのポイント

近年、インターネット上には数えきれないまでにお店が増え、価格・品揃え・品質・配送スピードの充実は当たり前になり、差別化が難しくなってきました。そのため、ただ EC サイトに集客しただけでは売上を上げにくくなり、集客後の「接客」の重要性が増しています。EC サイトにおける接客と実店舗での接客内容に大きな差はありません。実店舗と同じように、**適切なタイミングでお客様をサポートし、満足度を上げる接客を行うことで、購入率が上がり**、売上につながります。

EC サイトにおける接客では、「EC サイトを訪れた人が満足のいく買い物ができるよう」にサポートをしていくことが大切です。そのためには、①欲しい商品を迷わず見つけることができる、②商品情報がわかりやすく掲載されている、③購入完了まで煩わしさを感じない、④ EC サイトを見ているだけで楽しめる、という 4 つのポイントをしっかり押さえることが重要です。

当然ですが、**サイト内のどのページにどの商品が掲載されているか、探しやすい構成になっている**ことは、重要な接客のポイントです。また、商品についての情報はなるべく細かくたくさん掲載することも大切です。アパレル商品であれば商品写真だけではなく、モデルの着用画像や着ているモデルの身長体重など。食品であれば、パッケージ写真だけではなく、中身がお皿に盛られている写真や、調理過程なども。さらに、ギフト対応の可否や配送についての記載、お客様の声なども掲載します。

➔ EC サイトの接客と実店舗の接客を比べてみると…

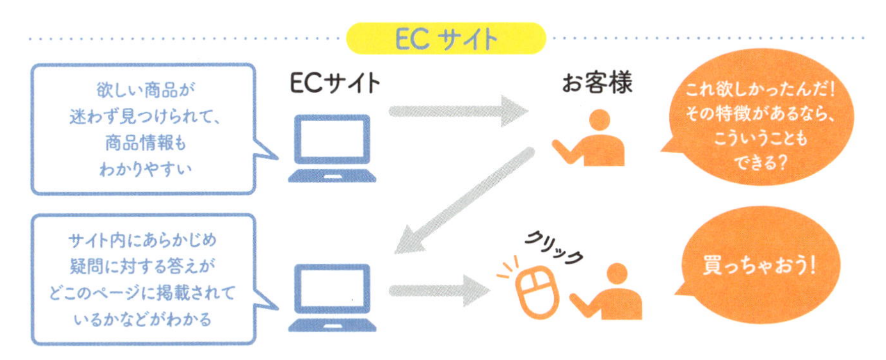

ECサイトは、実店舗以上にお客様への案内をこまやかに行う必要がある!

決済方法の拡充やブログ更新も接客サービスの一環

商品をカゴに入れてから決済をするまでの間にも、接客ポイントがあります。商品をカートに入れた後、決済情報や配送先などの必須入力項目が多いと、それだけでお客様の購入意欲は薄れてしまいます。それを防ぐために、**Amazon Pay** などの決済システムの導入や、個人情報の入力項目の見直しなどを行うことで、**購入完了までの煩わしさを減らすことも接客の一環**といえます。

さらに、新商品のお知らせや店舗ブログの更新などを積極的に行い、お客様が毎回飽きずに楽しく買い物ができるようにすることも接客のポイントです。実店舗とは違い対面での接客が難しい EC サイトでは、より丁寧にお客様目線で満足いく買い物ができるよう工夫をすることが大切です。買い物をするためだけでなく、ブログの更新が楽しみでアクセスするファンがつくようになれば、EC サイトの接客がうまくいっていると言えるでしょう。

Amazon Pay
Amazon 以外のウェブサイトでも Amazon のアカウントを使用して決済ができるシステム。はじめて訪れたサイトでも新たに住所やクレジット情報などを入力せずにスムーズに決済ができる。

SECTION 02

購入申し込み時の接客サービス

売上アップに効果的なカゴ落ち対策

カゴ落ちとは、カートに商品を入れた後、購入せずに離脱されてしまうことです。購入に最も近いカート周りの改善は、売上にダイレクトに影響するため、真っ先に改善を行うべきポイントです。

些細なことでお客様は買い物を止めてしまう

一般的に**ECサイトのカゴ落ち率は約70%**と言われています。主な原因として、「購入する際の配送情報や決済情報の入力が煩わしい」「販売手数料が割高である」「商品が欲しいタイミングに届かない」「商品をカートに入れていたことを忘れてしまう」などが挙げられます。またスマホからの購入の場合「購入途中にLINEや電話がかかってきた」「屋外でECサイトを利用していたため、人目があるところでクレジットカード情報の入力ができない」など、お客様は些細なきっかけで簡単に離脱してしまいます。これらを改善するには、商品を選んでから決済完了までの動線を極力減らし、購入までのステップを短くすることが大切です。購入時に入力するお客様情報の項目を見直し、**EFO対策**をしましょう。

EFO対策
個人情報などの入力フォームを、お客様が使いやすいように最適化すること。EFOは"Entry Form Optimization"の略。

ラクと安心がEFO対策のポイント

ECサイトに限らず、入力する項目は少なければ少ないほど離脱は少なくなります。そのため、最低限必要な氏名や配送先などの項目を除き、できるだけ入力項目を減らすのがポイントです。郵便番号を入力すると自動的に住所が入力されたり、入力漏れや間違いを指摘したりする入力補助機能を利用することで、EFO対策ができます。

また外出先でクレジットカード情報の入力ができず離脱をしてしまうケースには、Amazon Payや楽天ペイといった決済システムの導入が効果的です。Amazonや楽天市場の会員として既

カゴ落ちする人は購買意欲が高い

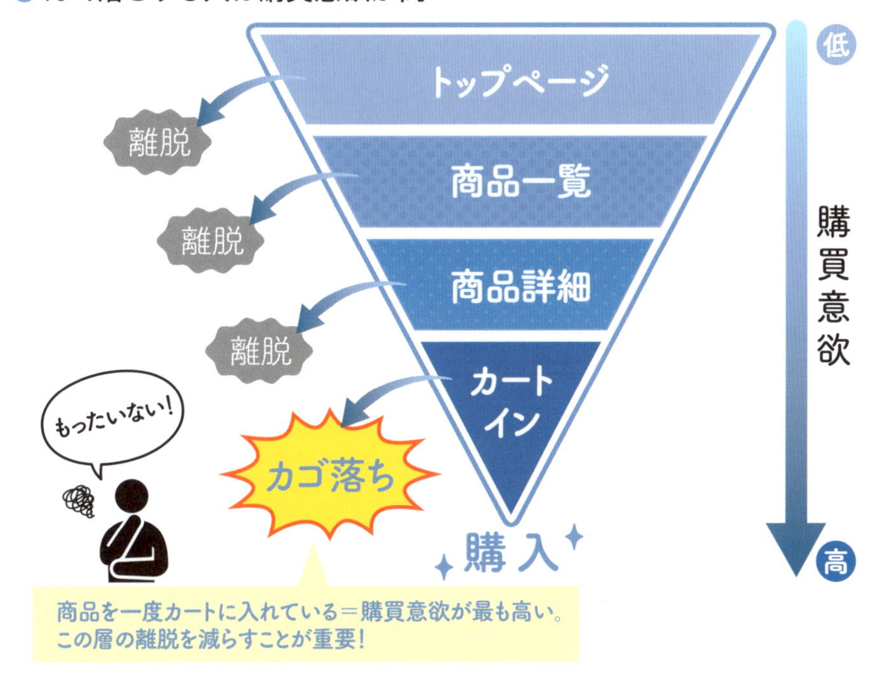

に登録してある個人情報が自動で入力されるシステムのため、お客様の手間が省けるだけでなく、自分が会員登録をしている**大手モールの決済システムが使えることで安心感も高まり**、離脱の減少につながります。

カゴ落ち対策は売上改善に結び付きやすい

お客様は些細なきっかけで離脱します。そのため、カゴ落ちの改善は購入率アップに効果が見込める施策のひとつです。実際、購入率を上げるためのEFO対策を適切に行っているECサイトは、カゴ落ちを50%台まで減らしているケースもあります。

また、カゴに商品が入っている状態でECサイトを離脱してしまったお客様に注意を喚起するツールがあります。「カートリカバリー」などのツールは、購入に至らなかったお客様にポップアップやメールを使ってお知らせします。買い忘れ防止機能が備わったツールの導入で、カゴ落ちを防ぐ対策に万全を期します。

SECTION 03

おすすめを紹介する接客ツール

レコメンドツールは購入率・客単価・リピート率を改善する優秀なスタッフ

「レコメンド」とは、「おすすめ」「推薦」という意味です。お客様にストレスなく欲しい商品を見つけてもらうために欠かせないツールで、購買率とリピート率を向上させるのに役立ちます。

自動で好みの提案をしてくれるレコメンドツール

レコメンドツールとは、サイト訪問者の好みに合った商品や、購入商品と同時に購入されやすい商品を提案してくれるツールです。お客様の購入傾向や、商品の**合わせ買い**の傾向を分析し、新たな商品をおすすめしてくれます。それにより、お客様は好みの商品を見つけやすくなるだけではなく、それまでは買う予定のなかった商品を発見し、「こんな商品があったんだ！」という思いもしなかった商品と出会う楽しみが生まれます。また、EC サイト運営者にとっても、レコメンドツールの導入は**購入率の向上につながるだけではなく、客単価やリピート率の改善**といったメリットがあります。

機能には大きく分けて３種類あります。１つ目はパーソナライズ機能。これは、画面に商品の閲覧履歴や類似商品を表示するなど、お客様に最適な商品を自動的に提案する機能です。これにより、商品の買い忘れを防いだり、セットで購入してもらいたい商品の提案を行えます。２つ目はランキング機能。閲覧表示回数や実購入回数ごとのランキングを表示する機能です。今どの商品が人気なのかを知らせることで、お客様の購買意欲を促進するだけでなく、どの商品を購入すればいいのか迷っているお客様へのフォローにもつながります。３つ目はレコメンドメール機能。購入履歴などから、お客様の好みに合わせておすすめの情報を送信する機能です。通常のメールマガジンより開封率が高く、リピート購入につながります。

レコメンドツール
お客様の購入履歴や閲覧履歴を解析し、好みにあった商品をおすすめするツールのこと。

合わせ買い
関連する商品や興味がありそうな商品を追加でおすすめ表示し、追加購入を促すことで客単価を上げる。

レコメンドの例（パーソナライズ機能）

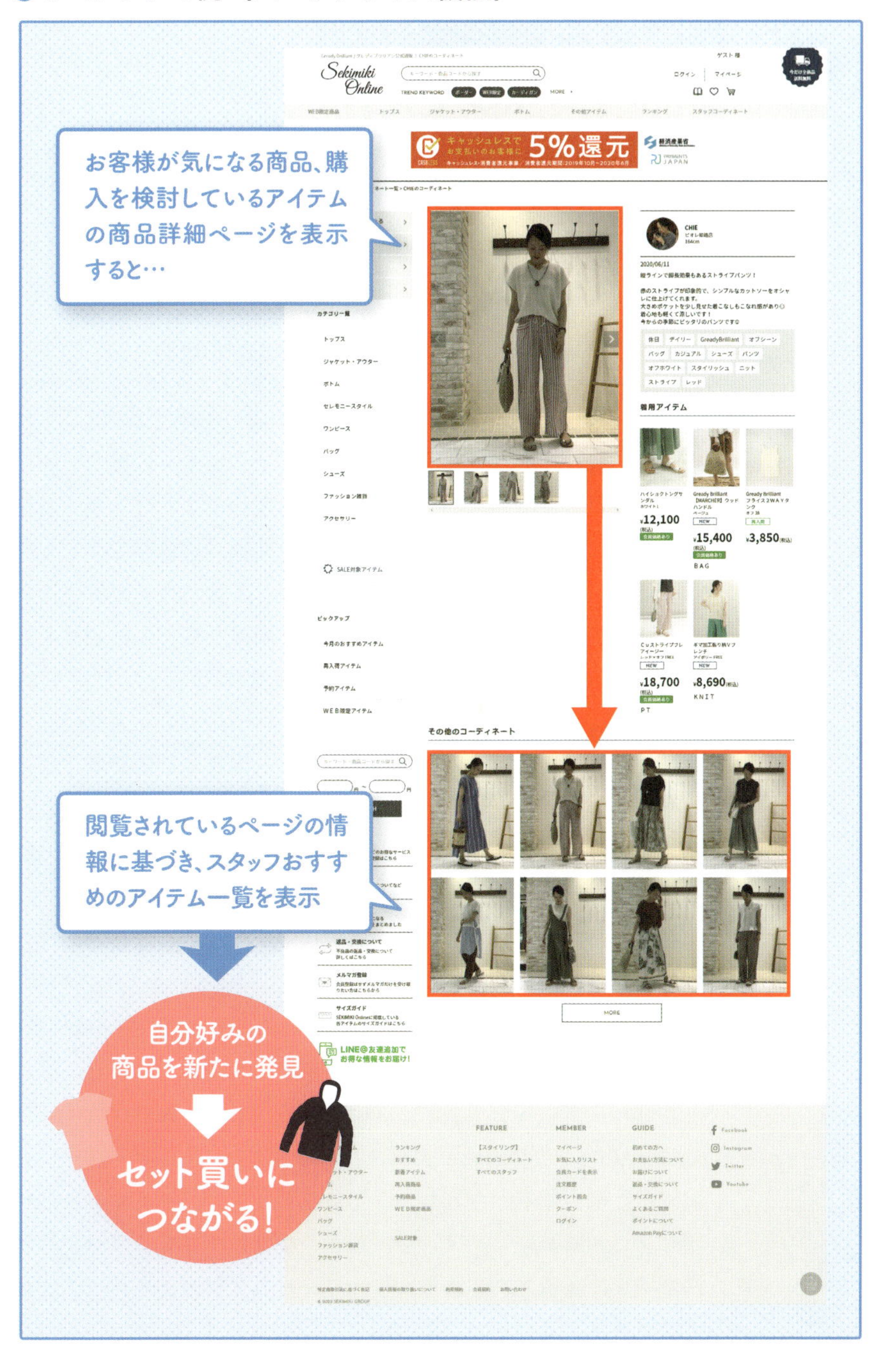

SECTION 04

商品案内の接客ツール

訪問者を離脱させない商品検索サジェスト

ECサイトの購入率を上げ売上を伸ばすためには、サイト内で希望の商品を簡単に見つけられる検索機能が必要です。ただし、検索のためのフォームを設置するだけでは不十分。購入率をさらに上げるために有効なのが、商品検索サジェストです。

サイト内検索で販売機会の損失を防ぐ

ECサイトの利便性を高めるうえでサイト内検索機能は欠かせません。取り扱っている商品点数が多いECサイトの場合、商品の探しやすさは購入率や売上に大きく影響します。せっかく広告を見てサイトを訪れたのに、欲しい商品を見つけられなかった訪問客はどうするでしょうか？　おそらく「このサイトで商品を探すのは面倒だな」と感じて離脱し、同じ商品を探しに競合サイトへ行くでしょう。ECサイトの売上が伸び悩む原因となります。

このような事態を防ぐため、トップページのファーストビューエリアに**商品検索フォーム**を置き、サイト内をすぐに検索できるようにしておくことが大切です。これにより、お客様が求める商品をすぐに見つけられるようになるため、購入へとスムーズに導くことができます。これは実店舗でいう店員の案内にあたります。**商品の場所もわからず、店員も案内してくれないとなると、客としては不満が残ります。**

商品検索フォーム
商品名などを入力して該当するものを検索する記入欄。

ただし、一般的なサイト内検索機能では「ブランド名」「商品名」のキーワードが一致していないと検索結果が表示されません。たとえば「ダイニングチェア」を販売するサイトの場合、「チェア」で検索すればこの商品が表示されますが、「イス」や「椅子」と検索した場合は表示されない、ということが起こります。これを防ぐため、事前に「イス」や「椅子」などの関連するワードでも検索結果に表示されるよう、検索ワードの**タグ設定**を行うことが大切です。

タグ設定
よく検索されるキーワードを設定する。正確な商品名を入れなくても予測で同じようなキーワードや、合わせて検索されやすいキーワードを設定し、お客様が目的の商品を探しやすいようにする。

画像も表示される商品検索サジェストの例

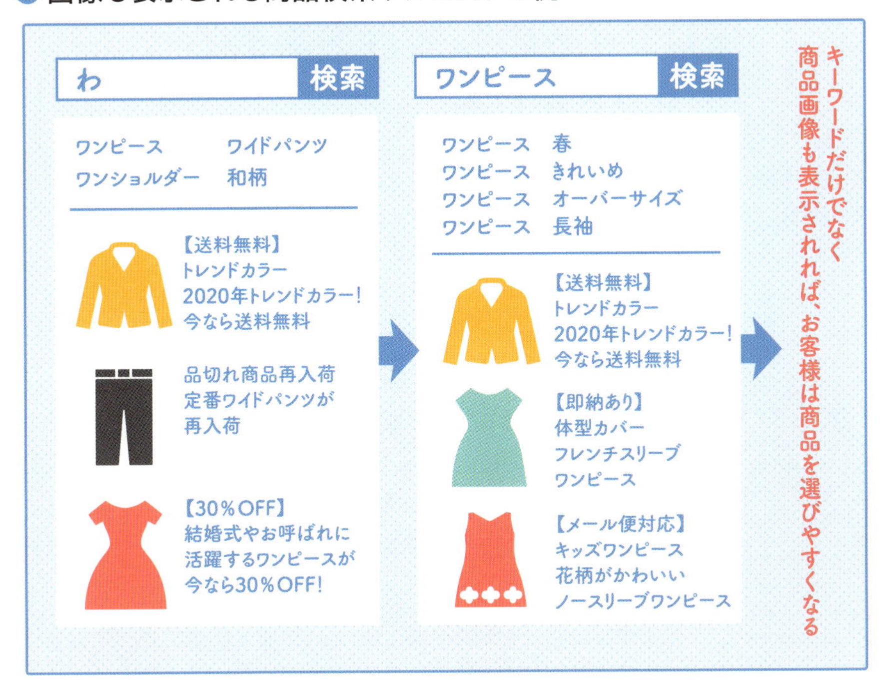

商品を検索しやすくするサジェスト機能

さらに購入率を伸ばすには、「検索キーワード」で「対象商品」を予測し、**サジェスト**表示することで訪問客が商品を探しやすくすることが必要です。

たとえば「と」と入力すれば、「と」から始まる「トートバッグ」「トレンチコート」などの検索キーワードを予測して表示します。「とれ」と入力を進めると「トートバッグ」が表示から消え、「トレンチコート」などの「とれ」から始まる検索キーワードが表示されます。これが「商品検索サジェスト」です。システムによっては「トレンチコート」の文字だけではなく、実際販売するトレンチコートの商品画像をセットで表示してくれる機能もあります。

これによって利便性が高まり、購入率の向上につながります。細やかな気配りがお客様の満足度を向上させ、売上の高い、質の良いECサイトにつながるのです。

サジェスト
検索窓にキーワードを入力した際、関連性の高いキーワードを自動で表示する機能。

SECTION 05

問い合わせに対応する接客ツール

ECサイトの利便性を高めるチャットボット

実店舗と違い、リアルタイムでお客様の問い合わせに対応することが難しいECサイト。その対策として登場したのが「チャットボット」。複雑な検索や面倒な問い合わせを簡略化できるので、リピート率や購入率の上昇が期待できます。

サイト内での目的を気軽に達成できる

チャット
インターネット上で行う、主にテキストメッセージでの会話。

bot
語源は「ロボット（Robot)」。事前に定められたルールや規則に従って、高速に処理を実行するプログラムのこと。

チャットボットとは、「**チャット**」と「ロボット」を組み合わせた造語で、お客様が入力した質問に対して、「**bot**（ボット）」と呼ばれるプログラムが自動で即時的に返答するサービスのことです。お客様の疑問に対して素早く回答することができるようになり、満足度や購入率の向上が見込めます。さらに、これまでスタッフが問い合わせ対応に割いていた**時間を節約でき、注力すべきECサイトの販促施策に充てる時間を確保**できます。

使い方は大きく分けて2つあります。1つ目は売り場と商品の案内です。お客様はスムーズに希望の商品を見つけられなければ、サイトから離脱してしまいます。また、実店舗であれば自分の好みや、ニーズに合った商品を見つけるサポートをしてくれる販売スタッフがいますが、ECサイトにはパーソナルな好みに合わせた商品案内が難しいという側面があります。これらのウィークポイントをカバーするのにもチャットボットが活躍します。

2つ目は購入方法の案内です。これまでのECサイトでは、お客様が何か疑問を持った場合、「FAQ」や「よくある質問」から、自分の疑問に対応する情報を調べる必要がありました。この方法だと、お客様がたくさんの情報の中から自分に必要な情報を探し出すという手間が発生します。チャットボットを導入することで、お客様はチャットを通して知りたいことを質問し、ECサイトの事業者があらかじめ設定しておいた回答にすぐにたどりつくことができます。これらの施策によって顧客満足度を高めることが購

お客様のストレスを軽減するチャットボットの例

入率の改善につながります。

フォーム入力をアシストしてカゴ落ちを防ぐ

お客様からの質問に答えるチャットボットだけでなく、商品購入の際にお客様情報の入力をチャットボット形式でアシストするツールもあります。上の図のように、チャットボット画面で購入したい商品の選択から、名前や住所、決済方法などの入力まで、シナリオ形式でお客様を導きます。

代表的なツールに「SYNALIO」があります。このチャットボットがアシストすることで従来のカートシステムと比べてカゴ落ちが減り、購入率が2倍以上に伸びたという事例も多くあります。他にも同タイプのチャットボットの代表的なものとして「qualva」や「BOTCHAN PAYMENT」が挙げられます。

qualva(クオルバ)
対話型のAIチャットボットがお客様のフォーム入力をアシストしてくれるのでストレスが少ない。

BOTCHAN PAYMENT (ボッチャン ペイメント)
決済機能も備えたチャットボット。お客様が利用したい決済方法がなかった場合、最適な決済方法に誘導する。

SECTION 06

商品レビューの獲得と管理

「お客様の声」商品レビューはサイトの強い味方

ネット通販では、お客様の大半が他の購入者による商品レビューを参考にしていると言われています。購入者が商品を実際に使った感想は、サイトの信頼感を増し、購入を検討しているお客様の背中を押すのです。

商品レビューで見込み客に購買を促す

商品の購入時にお客様が参考にする商品レビューは、購入率を向上させるのにとても重要な要素となります。レビューの数が増えるにつれて、購入率も高くなると言われています。理由のひとつに、商品や店舗への信頼が高まることが挙げられます。商品に対して高い評価をしている人が多ければ、お客様はその商品ばかりでなく店舗に対しても信頼感を抱き、不安や迷いを払拭することができます。**レビューを充実させることで、見込み客が購入客になる後押しができる**のです。購入してくれたお客様にレビューを書いてもらうための施策が大切になります。

多くのレビューを集めるには、お客様がメリットを感じる施策を行います。たとえば「投稿した購入者にポイントを付与する」施策は、見込み客の購入を後押しするだけでなく、レビューを書き込んでポイントを得た購入客のリピートにもつながります。

一方で、レビューの数が増えることで、評価の低いレビューが付く可能性もあります。商品の信頼性や信ぴょう性を高めるためには、**低評価のコメントを削除**するのは得策ではありません。**誹謗・中傷**は必ず削除します。**レビューの内容を真摯に受け止め、商品やサービスの改善と捉える**ほうが生産的です。場合によってはそのレビューを書き込んだお客様に直接連絡を取ってヒアリングしたり、お詫びをするなどの真摯な対応を心がけましょう。そうすることで、ショップに対する信頼感を高めることもできます。

低評価のコメントを削除
評価をよく見せようとして評価の低いコメントを削除し続けると、サイト訪問者が不審に思い、逆にサイトの信頼性が下がることも。

誹謗・中傷
サイトや商品に対して、事実無根のレビューを書かれたときは速やかに削除する。あまりに被害がひどいときは名誉毀損など損害賠償請求の対象にもなる。

➡ 信頼性や信ぴょう性が高まる商品レビュー

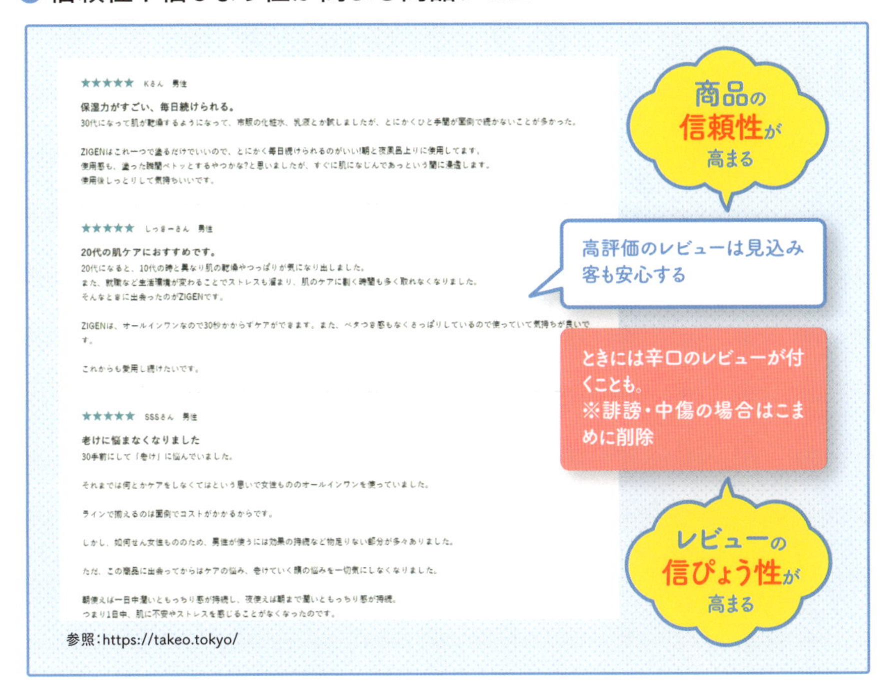

参照：https://takeo.tokyo/

レビュー獲得の強力な味方「YOTPO」

YOTPOは、イスラエル発のレビューマーケティングツールです。商品を購入したお客様に対してレビュー投稿を促すメールを配信する機能や、レビューを集めるための施策の分析機能を持っています。実際に、YOTPOを使って商品購入後にメール配信を行うことで、レビュー獲得率が2%から10%以上になったというデータもあります。従来のレビュー投稿呼びかけメールではレビューを書くための手順が多かったのですが、YOTPOが配信するメールは本文中にレビュー投稿用のフォームが埋め込まれているため、レビュー投稿までのプロセスが格段に短く手軽になります。

さらに、YOTPOは一度配信したメールの効果測定をするだけでなく、どのメールをどのタイミングで送信すると効果的かを自動学習するため、常に最適な状況でメール配信が行えるようになります。これによって、レビューの獲得が促進されます。

YOTPO（ヨットポ）
商品購入者に対するレビューの投稿率を増加させるツール。SNSとも連携でき、コンバージョン率や検索表示順位の向上が見込める。

SECTION 07

メディアECによる情報発信①

ショップのファンを育成するメディアEC

ECサイトは実店舗とは違い、商品情報の提供や店舗案内などをリアルタイムに行うことができません。ブログやSNSなど、商品情報以外のコンテンツを用意することで実店舗に近い購入体験を提供でき、ECサイトやスタッフのファンをつくることにもつながります。

お客様の潜在的なニーズを掘り起こすことも

商品の販売だけではなく、商品詳細ページ以外のお客様にとって有益なコンテンツを用意することで、顧客満足度をより高めることができます。ブログやSNSなど、商品詳細ページ以外のコンテンツを提供するECサイトのことを**メディアEC**と呼びます。

メディアEC
メディア配信型ECサイト。SNSやブログなどの、コンテンツを配信できるメディアと連携したECサイトのこと。

そもそもECサイト内の情報は、商品情報やキャンペーン情報など、どうしても販売に関する内容に特化しがちです。しかし、お客様はそれらの販売情報以外にも「ECサイトがどのような想いでつくられているのか」「どのような人たちが運営しているのか」「商材に関しての豆知識を知りたい」など、間接的に商品購入のきっかけになる情報や、ECサイト自体に興味がわくような内容を求めているものです。ただ新商品の紹介をアップするだけではなく、お客様が気になる情報を配信し、**購入したい商品があるとき以外でもアクセスしたいと思わせるサイトづくり**が必要です。

サイトをメディアECにすることによって、お客様のファン化が期待できるのはもちろん、衝動買いを促すという効果もあります。実際に商品を日々利用している様子などをコンテンツを通じて発信することで、商品購入後のイメージが浮かび、衝動買いにつながりやすくなります。また、こまめにコンテンツを更新することによって**ショップスタッフとお客様との距離が近くなり、信頼関係が生まれる**ことで、その店員がおすすめしたものが購入されやすくなるなどの効果も期待できます。

メディア EC のメリット

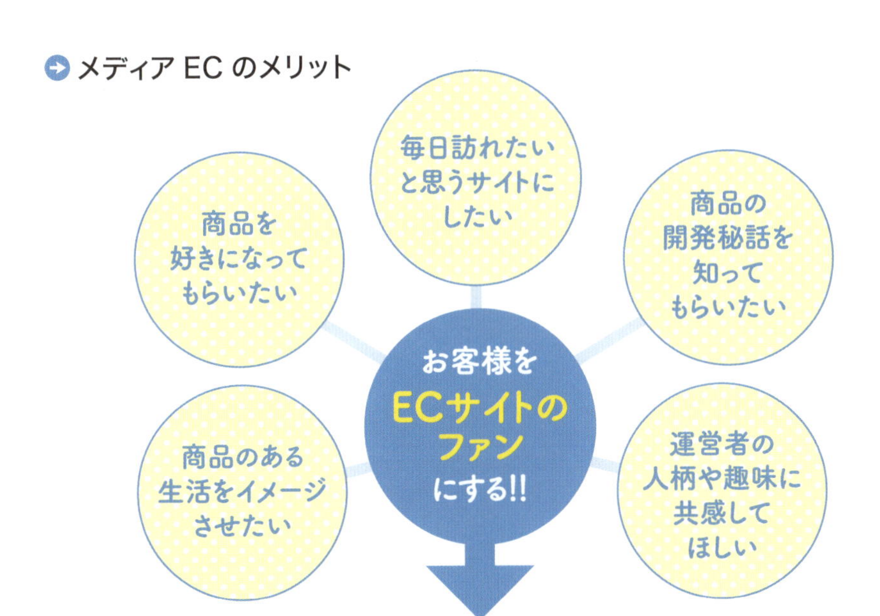

顧客の購買行動段階

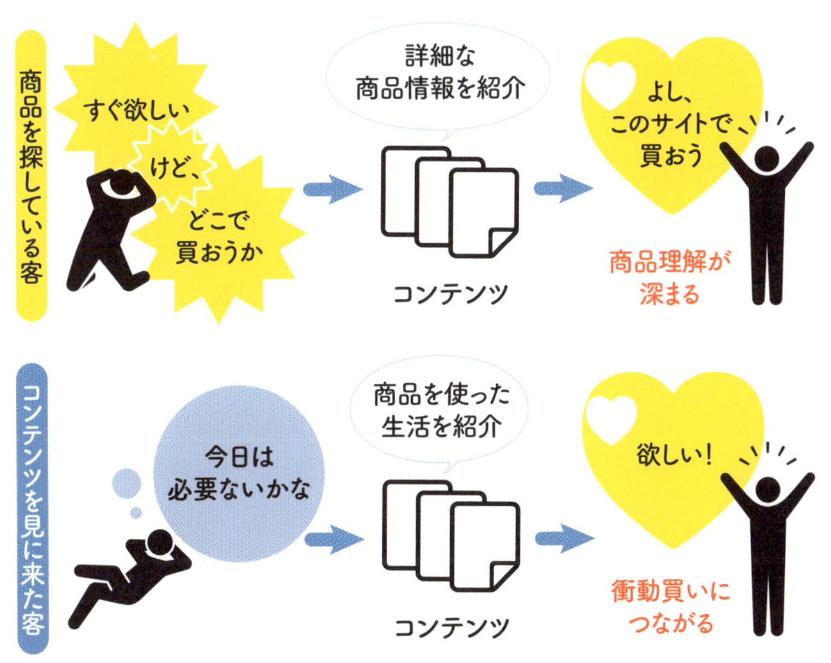

SECTION 08

メディアECによる情報発信②

管理しやすいコンテンツ配信サイトのつくり方

コンテンツを活かしたメディアEC運営を目指すのであれば、メインのEC機能はカートシステムを使って構築し、コンテンツ部分だけをコンテンツ作成に特化した別のシステムを使って作成する方法がおすすめです。

EC機能とコンテンツ配信機能を分ける

カートシステムの多くは、コンテンツ配信を行う機能が脆弱です。そのため、コンテンツを活かしたメディアEC運営を目指すのであれば、**ECサイトとコンテンツ配信サイトを別々のシステムで作成し、それらを同じドメインの中で運営する方法が最適解**となります。

主流なのは、ECサイトのカートシステムとWordPressなどのCMSを連携させる方法です。WordPressはブログやコンテンツを配信する際に人気のあるシステムで、Amebaブログなどと比較して拡張性が高く、さまざまな用途に利用できるのが特徴です。カートシステムにはコンテンツのアーカイブを日付順や、内容ごとにカテゴライズする機能が備わっていないため、せっかく作成したコンテンツを活かしきれません。しかしWordPressは元々ブログを書くために使われるシステムなので、簡単に更新日時やカテゴリーごとに記事を管理できます。それによりECサイトの利便性も増して、お客様が探しているコンテンツを見つけやすくなります。

WordPress
ブログやサイトを構築できるCMS。

CMS
コンテンツを管理したり更新したりするシステムのことで、HTML/CSSの知識がなくてもサイトを構築できる。Contents Management System（コンテンツ・マネジメント・システム）の略。

また、ECサイトのシステムとCMSを別ドメインで管理した場合、ECサイトからコンテンツページへ遷移する際に、スマホのブラウザでは別のタブページを開いて表示するため、お客様は煩わしさを感じます。主要なカートシステムに備わっているWordPressとの連携オプションを利用し、同一ドメインで管理することでシームレスなECサイト環境を整えることができます。

同じドメインで使い分けるメディア EC サイト

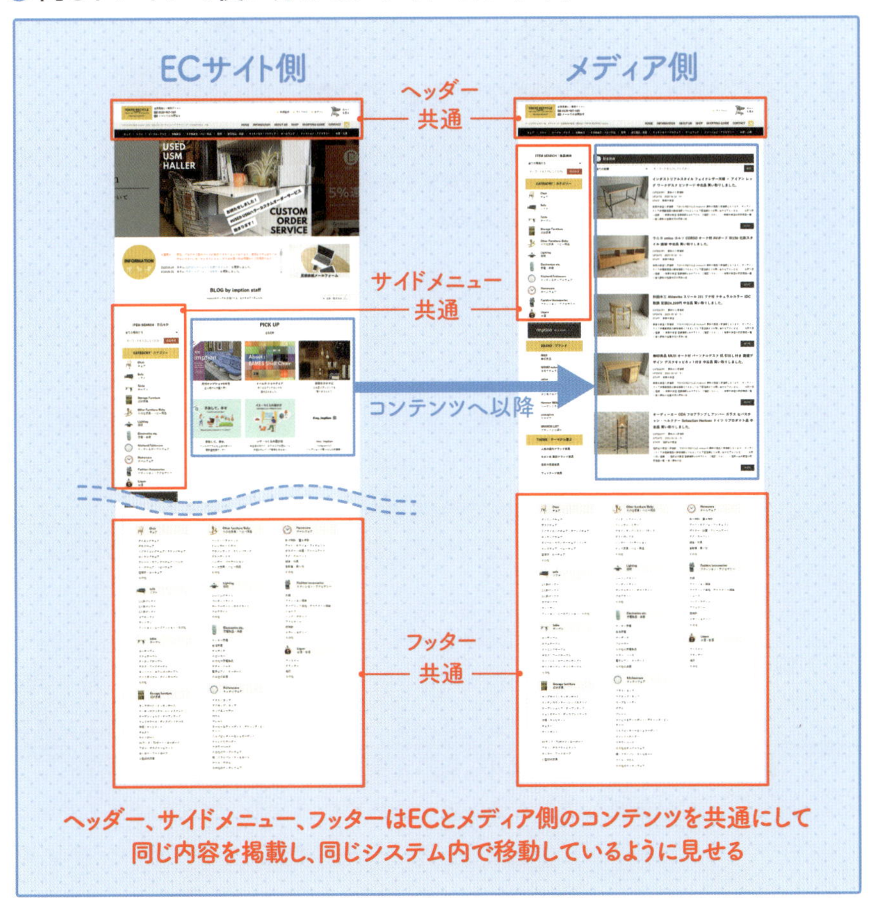

ECサイトとメディア側のデザインは同じにする

メディア EC サイトを制作する際は、EC サイトとメディア側を同じデザインでつくる必要があります。ポイントは「ヘッダー」「サイドメニュー」「フッター」エリアのデザインは、EC サイトとメディア側で共通のデザインにするということです。EC 側とメディア側はあくまで別のシステムなため、ただドメインを統一するだけではお客様は別のサイトに移動したかのように感じてしまいます。それを防ぐためにも、EC サイト内の共通エリアは同一のデザインで作成しましょう。

SECTION 09

メディア EC による情報発信③

サイトを訪れる理由になるコンテンツのつくり方

メディア EC の運営で大事なのは、こまめな更新を継続すること、お客様の興味に沿った内容のコンテンツを作成することです。お客様のファン化につながるコンテンツづくりのポイントを押さえておきましょう。

検索キーワードをヒントにコンテンツづくり

メディア EC の運営で最も大切なのは、コンテンツを更新し続ける体制を整えることです。お客様がサイトを訪れたとき、コンテンツの数が少ない状態が続いたり、最終更新日から 1 年以上経っているようでは、サイトのファンになってもらうのは難しいでしょう。日々更新を継続するしくみをつくり、短期的な効果を求めるのではなく長期的な視点を持つことが肝要です。

コンテンツを更新し続けるためには、お客様の興味に沿った内容にすることが重要です。おすすめは Google など**検索エンジンの「サジェスト」から、商品を探す見込み客が調べているキーワードを分析**して、その内容に合わせたコンテンツを作成すること。

たとえば、**サジェストキーワード取得ツール**を使い「日本酒」というワードで Google のサジェストを検索した結果、右図のような結果が得られました。この結果から、お客様が興味を持っているのは「日本酒の飲み方」「つまみ」「賞味期限」だということがわかります。この分析をもとに、これらに関連するコンテンツをつくることで、お客様に「日本酒を買うときにはこのサイトが役立つ」と思わせることができ、ファン化にもつながります。

また、お客様は「日本酒を飲む未来」を想定して、つまみや飲み方についても検索しています。そこに先回りして、おすすめのおつまみレシピとそれに合う日本酒を紹介するコンテンツを用意すれば、「商品を購入した後、どのような未来が待っているのか」を想像しやすくなり、購入意欲を高めることができます。

サジェストキーワード取得ツール
検索窓に入力したときに、どんなキーワードが関連して表示されるかを一括で取得する。これにより、どのようなニーズがあるかを把握することができる。

「日本酒」のサジェスト検索結果

Google.co.jpより
99件見つかりました

日本酒／日本酒ランキング／日本酒度／日本酒原価酒蔵／日本酒賞味期限／日本酒度数／日本酒つまみ／日本酒種類／日本酒飲み方／日本酒通販／日本酒飲み方器／日本酒ランキング／日本酒酒度／日本酒原価酒蔵／日本酒種類飲みやすさ／日本酒飲み方マナー／日本酒つまみ塩／日本酒飲み方アレンジ／日本酒種類ひやおろし／日本酒種類値段

メディアECが強くなる理由

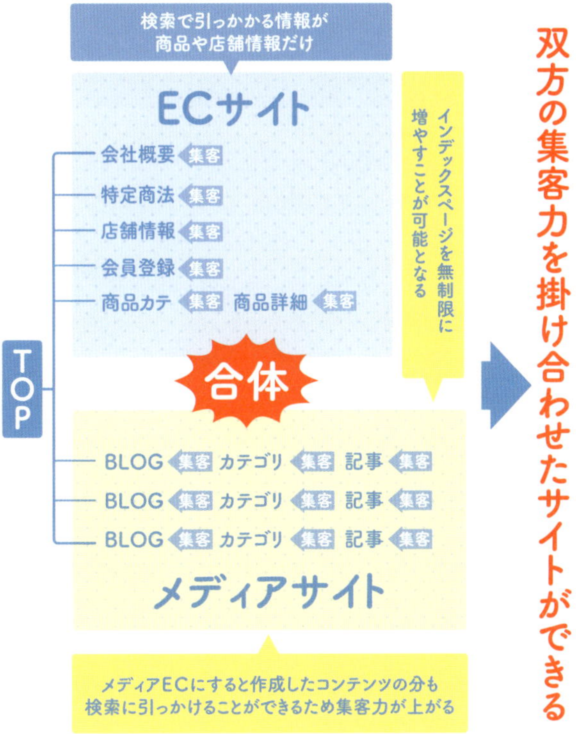

メディアECは集客力も上げる

多くの事業者はブログとECサイトを別々のドメインで運営しています。しかし、SEOではインデックスされたページの数が多いサイトを高評価にする傾向にあります（P.108）。別々のサイトを運営してしまうと、ブログとECサイトでそれぞれページが分散し、SEOの評価を高める集客施策の効果が半減してしまいます。

EC機能とコンテンツ機能をひとつのドメインにまとめたメディアECは、**ECサイトの集客力とメディアサイトの集客力を掛け合わせている**ため、より売上につながりやすい運用方法となります。コンテンツを使いECサイトの集客を行うのであれば、同一のドメインの運営をすることが成功のカギとなります。

Column

世界中の商品が即日到着で購入できる未来は近い？

『ドラえもん』のひみつ道具に「とりよせバッグ」というものがあるのをご存知でしょうか？ これはバッグのなかに手を入れて欲しいモノの名前を声にだすと、バッグから取り寄せることができるというひみつ道具です。

いつ・どこにいても欲しいものを注文し、数日以内に手に入れることができる現在のECサイトが格段に進化したようなひみつ道具と言えるでしょう。しかし、実はこんな夢のような現実がもう間もなく訪れるかもしれません。

ロケットで世界中の物流をつなげる

現在、世界各国で民間宇宙開発の分野が盛んになっています。アメリカの民間宇宙開発ベンチャー、スペースX社は2022年以降に長距離旅客輸送に進出すると発表しました。これは最高時速2万7千キロメートルで一時的に宇宙空間を通過し、地球上の主要都市を30分程度で結ぶロケットです。

もしこれが実現すれば、これまで空輸便で十数時間かかっていたあらゆる物流を30分足らずで各都市をつなぐことになります。これまでの物流の常識を覆すようなサービスです。

時間削減可能なドローン配達

また、アメリカではすでにドローンを使った配達が始まっており、日本でも一部の地域や会社でテスト配達が行われています。ドローン配達のメリットは、「配送における人件費が削減される」「配達が困難な地域への配送が可能になる」「即時配達が可能になり手元に商品が届くまでの時間が削減される」などが挙げられています。

これらの配送技術の進歩が、近い将来に一般化した場合、国内ECでも越境ECでも、どちらであっても欲しいものを即日手に入れることができる時代が来るかもしれません。欲しいものが何であっても、どこでも購入でき、即日で手に入れることができる……。

ドラえもんの世界のような未来はすぐそこに来ているのかもしれませんね。

Chap

7

もっと売上を伸ばすためのECサイト分析と改善

ECサイトの売上を伸ばすには、データ分析がとても重要です。

ここではサイト分析に必須の指標や、

分析ツールの目的や機能について解説します。

SECTION 01

定量分析と定性分析

売上をゴールにおいて解析するECサイト分析

EC サイトの売上を伸ばすには、データ分析が欠かせません。ここではそんな EC サイトのデータの分析について基礎知識から解説します。

大切なのは「定量」と「定性」で評価すること

EC サイトの運営では、売上金額の増減に対し、思い込みや根拠の薄い改善施策を行ったために、かえって結果が出ないケースがあります。データを分析しながら EC サイトの改善を行うことが大切になります。データ分析で重要なのは、ゴールとなる目標設定を行うことです。EC サイトの最終的な目標は「売上金額」。まずはこの売上金額を 1 年間でどのように伸ばしていくかを定めます。そのために、売上を構成する「アクセス数×購入率×平均客単価」の数字（P.38）をまずは把握します。その際に、月平均、週平均、日平均に分けて把握することが大切です。また、EC サイトの売上は季節変動を受けるため、**前月比での売上の増減に一喜一憂するだけでなく、昨対比での売上を確認し、年間を通じた売上データで分析**することが大切です。

定量分析で行えるサイト分析の具体例

定量分析を行うことで、売上を伸ばす施策が明確になります。たとえば新規の顧客を増やすよりも、購入経験のあるユーザーに再度の購入を促すほうが売上につながります。そのため、再購入した顧客数と購入頻度を知っておく必要があります。また、資料請求をしたユーザーがどれだけ購入につながったかなどの数字が明確になれば、効果の高い施策を具体的に把握できます。

このような数字を分析することを定量分析と言い、KPI を立てるうえで大切なものとなります。

定量分析
数値データを元に行う分析のこと。「アクセス数」「購入率」「客単価」といった数値を元に、売上を伸ばすために行われる。

ECサイトの売上と顧客の分析

ECサイト分析の指標やキーワード

	指標やキーワードの意味
アクセス数	ユーザーがサイトを訪問した回数
ユーザー数	サイトを訪れた訪問者の数（ユニークユーザー数もある）
PV数	サイト内のページが表示された回数
平均滞在時間	1回サイトを訪れた際のサイトへの平均滞在時間を示したもの
直帰率	サイトを訪問し、どこのページも経由せず離脱したユーザーの割合
購入率	ECサイトで購入するユーザーの割合
参照元メディア	自然検索、SNS、広告などのサイトの流入元のこと
行動フロー	ユーザーのサイト内でのページを回遊した動き
参照元デバイス	サイトの閲覧に使用した機器

外部要因などの定性分析を行う

ECサイトの分析では各ツールを使うことで数字が明らかになるため、定量分析に偏りがちですが、**定性分析**も大切になります。定性分析とはECサイトでは「お客様の行動分析」や「競合他社との比較」「季節変動」が当てはまります。数字だけでは、「なぜそのような結果になった」のか要因をつかみきれません。そのため、「この商品の購入をどんな目的で検討しているのか？」「なぜこのタイミングで購入したのか」といった購入動機を絡めて分析する必要があります。そのためには、ベンチマークサイトの分析（P.20）やこれまでの年間販促カレンダーの施策などを振り返ることが肝要です。

PDCAを回して販促を行うには、販売促進のプランを立てて実行し、分析によってチェックすることが大事です。

定性分析
数字では表せないデータを分析すること。「お客様の行動」や「他社との比較」、「季節変動」など、購入動機を分析することができる。

SECTION 02

5つのKPI

ECサイトの分析時に押さえておきたい指標

ECサイトの分析を行う際に、違いのわかりにくいキーワードがあります。ここではアクセス数の指標となる「セッション数」、「UU数」、「PV数」の違いや、「直帰率」と「離脱率」の違いを紹介します。

アクセス数の3つの指標を理解する

セッション数
ユーザーが何回サイトを訪れたかを表す。離脱したユーザーが30分以内にサイトに戻ってきた場合は、同じセッションとなる。

UU数（ユニークユーザー数）
一定期間内にサイトにアクセスしたユーザーの数をカウントした数字。

PV数（ページビュー数）
ECサイトのページごとに1人のユーザーが1度アクセスをする度にカウントされる数字。言い換えると訪れた人たちが全部で何ページ閲覧したかの数字となる。

必ず押さえておきたいアクセス数には、**セッション数**と**UU数**と**PV数**の3つの指標があります。たとえばサイトの訪問者が2名いて、うち1人はサイトに3度訪れ、すぐ離脱。もう1人は1度訪れトップと商品詳細ページを閲覧して離脱した場合、セッション数は4回、PV数は5ページ、UU数は2人となります。

この3つの指標の中で**最も大切なのはセッション数です。**なぜなら売上の分析で最も大事な売上件数は、サイトへのアクセスが何回あったかをベースに考えるのが一般的だからです。お客様がECサイトで購入をする際、1人が3度のアクセスで1回の購入になることもあれば、3度のアクセスで2回購入する場合もあります。このように、サイトへ訪れた数と購入が最も結び付く指標となるため、KPIを立てる際にはセッション数を使います。

UU数は主にサイトの認知度を測る際に使用します。知名度を伸ばすような広告出稿やインフルエンサーマーケティング（P.146）を行った際の効果検証に役立つ指標となります。

PV数は必ずしも多ければいいというわけではありません。たとえばUU数に対しPV数が多く、また購入率が1%以下と低い場合、ユーザーはECサイト内を回遊し、さまざまなページは見ているものの、欲しい情報が見つからず購入につながらなかったと判定できます。この場合、探している情報が見つけにくいサイトになっているか、あるいは集客をしているユーザーの対象（ターゲット）が購入の対象とずれている可能性があります。

アクセス数の3つのKPIと分析方法

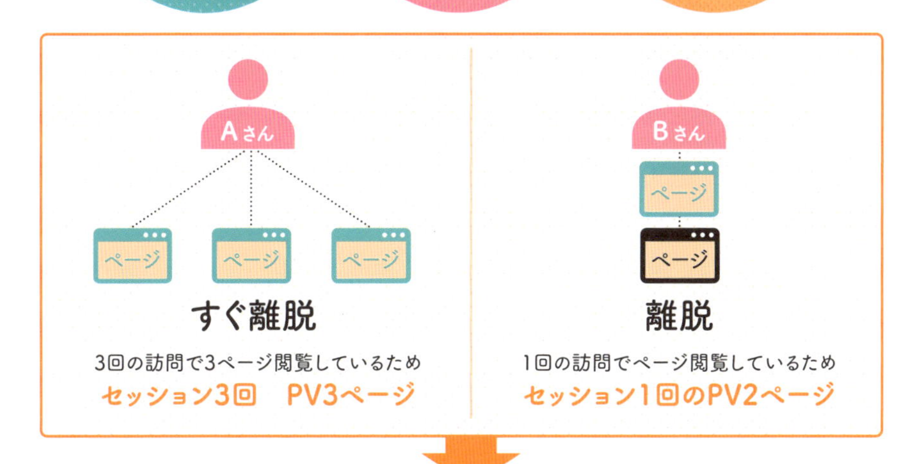

ページの離脱の仕方で異なる「直帰率」と「離脱率」

直帰率と**離脱率**も混乱しやすい指標です。直帰率とはECサイトにアクセスした最初のページのみを見て離脱をした人の割合のことです。離脱率は特定のページから離脱をした人の割合となります。最初にアクセスしたページから数ページ回遊して離脱をした場合、直帰は「0」で最後のページの離脱が「1」となります。

直帰率や離脱率は、扱う商材やECサイトの構成により大きく変わります。**大切なのはサイトの中で特に直帰率や離脱率が高いページがあるかどうか**です。数字が著しく高いページは、ページ構成が悪いか、ページに流入しているユーザー層とターゲットがずれている可能性があるので、見直す必要があります。

直帰率
サイトを訪れたユーザーが、他のページに移動することなくサイトから離れた割合のこと。セッション数を指標にして求められる。

離脱率
ユーザーがサイトのどのページから離れたのかを表す割合。PV数を指標にして求められる。

SECTION 03

アクセス解析ツールのキホン①

Googleアナリティクスの役割と重要性

ECサイトの分析を行うためには、売上にまつわるさまざまな数字を解析する必要があります。その際には、Googleが提供する無料のツール「Googleアナリティクス」を利用します。

本格的な分析を行うにはGoogleアナリティクス

ECサイトの分析を行うには、アクセス数や購入率などさまざまな数字の分析が必要になります。これらの数字はカートシステムに付随する分析機能で確認できるものもありますが、本格的にECサイトを分析するのであれば、**Googleアナリティクス**を導入する必要があります。

Google アナリティクス
Googleが無料で提供するアクセス解析ツール。アクセス数や滞在時間、使用したデバイスなど、ユーザーの行動に関するデータを分析することができる。

Googleアナリティクスとは、**無料で利用できる高機能なアクセス解析ツール。**具体的には「どんなユーザーが」「どこから入ってきて」「どのページを見て」「なにを買ったか」を詳細に分析できるツールです。単純なアクセス数だけでは把握できない細かな情報を解析し、ECサイトの改善につなげることができます。

Googleアナリティクスで分析できること

たとえば今年の1月と昨年の1月でアクセス数が多いページを一覧で比較し、ページごとのセッション数の違いや「スマホで閲覧しているユーザーに限定した場合は、結果がどのように変わるか」など、サイトの細かなデータを調べることができます。これにより、サイトの強みと弱みが定量的に明らかになり、適切な対策がとれるようになります。

Googleアナリティクスを利用する際は、まずPCやスマホなどデバイスごとにどのページが購入につながっているかを明らかにします。そのうえで改善幅の大きなポイントの優先順位を立て、より成果の出やすいところから改善をしていくことが大切です。

Google アナリティクスのレポート機能で取得できるデータ

① **リアルタイム**…現在サイトにアクセスしている人の情報
② **ユーザー**…どんなユーザーがサイトにアクセスしているか
③ **集客**…どこを経由してサイトにアクセスしているか
④ **行動**…サイト内のどのページを見ているか
⑤ **コンバージョン**…何を購入したか

ページや日付単位で調べることができるツール

Google アナリティクスで優先的に確認するべきデータ

デバイスごとのデータ分析

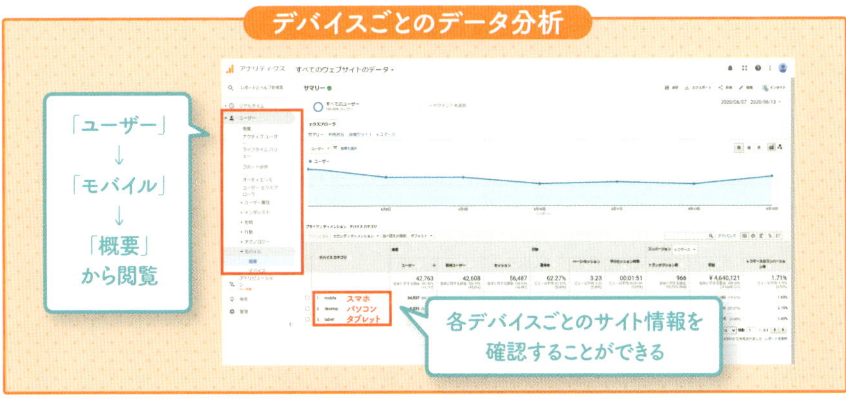

ページごとのデータ分析

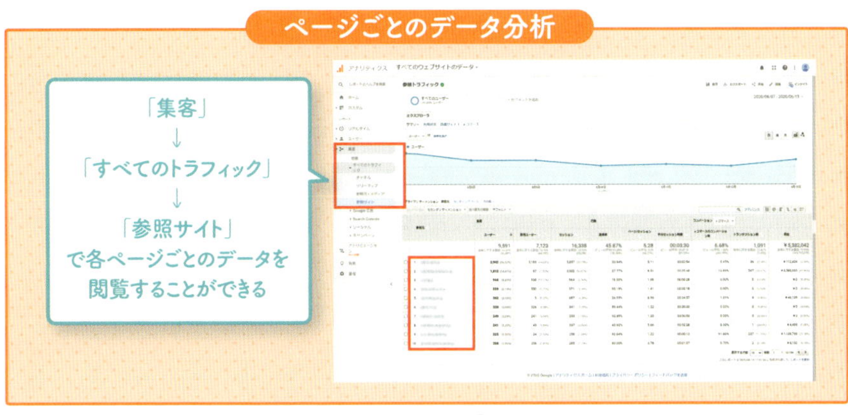

SECTION 04

アクセス解析ツールのキホン②

GoogleアナリティクスでECサイト専用分析

ECサイトの運営でGoogleアナリティクスを利用する場合、eコマースの設定を行うことで、さらに詳細なデータ分析を行うことができるようになります。

アクセス数などの基本データだけでは不十分

Google アナリティクスを利用すれば、サイト内のアクセス数や購入回数など基本的な内容の分析ができます。しかし、EC サイト分析の場合は、購入で生じた「価値」まで解析する必要があります。たとえば 1 つの商品しか購入していない場合と一度に 10 種類の商品を購入した場合、どちらも購入回数は 1 回ですが、発生する利益が違います。そのため単純に購入回数で判断するのでなく、購入ごとの価値を分析することが大切になります。

ECサイト専用のオプション機能を活用

EC サイトに特化した分析には、Google アナリティクスの「e コマース」というオプション機能を利用します。この設定を行うことで、EC サイトの分析に必要な購入数・購入率・売上・販売商品・購入頻度・購入までの検討期間など、EC サイト独特の分析指標データを収集できます。

e コマースの設定では「平均客単価」「人気商品」「ユーザーごとの購入数や粗利」「購入されるまでの期間」などが分析できます。たとえば、サイトを訪れてから購入までの期間を分析することで、「初回購入から何日以内であればプレゼントを付ける」などのキャンペーン施策の検討が可能になります。

設定方法は、Google アナリティクスの e コマース設定の機能をオンにして、カートシステムに専用の**トラッキングコード**を埋め込むだけです。

トラッキングコード
Google アナリティクスが提供する、ウェブサイトに訪れたユーザーのデータを取得するために、ウェブページに埋め込んでおくコードのこと。ユーザーの検索したキーワードや滞在時間などを取得し、アクセス解析に役立てる。

e コマース設定でできる分析

平均客単価

人気商品

ユーザーごとの購入数や粗利

購入されるまでの期間

ECサイトの分析に必要な「実売に関する数字面」の分析ができる

e コマースの分析ページの見方

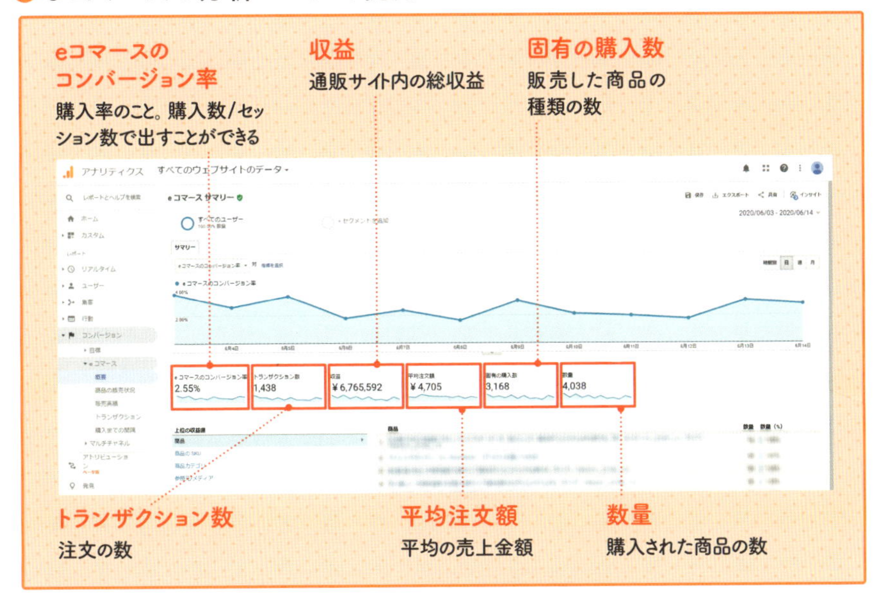

トランザクション数、固有の購入数、数量の違い

購入者1	みかん5個	りんご5個	ぶどう4個	梨0個
購入者2	みかん5個	りんご3個	ぶどう0個	梨1個

このとき注文の数は2人から購入されているため2回、販売した商品の種類は、みかん、りんご、ぶどう、梨の4種類、販売された商品数は各合計値で23となります。単純に注文回数だけで売上を分析をするのではなく、全部で何種類の商品を何個販売したか把握することで、客単価の変動の理由や、販促イベントの効果測定に役立つ。

トランザクション数2
固有の購入数4
数量23

SECTION 05

Google アナリティクスによる分析①

EC分析のポイントは流入元のメディアとデバイス

Google アナリティクスの「参照元メディア」と「参照元デバイス」からアクセス数やコンバージョン数の分析が行えます。ここでは、その分析を行う際にどのような点で注意が必要かを解説します。

流入元のメディアの分析で売上アップ対策

EC サイトの分析を行う際には流入元を確認することが大切です。「参照元メディア」とは検索エンジンや、広告や SNS、メルマガなど、どこを経由して EC サイトにアクセスしたのかがわかるだけでなく、経由先ごとの購入数を見ることができる機能です。各流入源のうち、**購入につながる流入元が明らかになり、販売施策を立てられます。**たとえば Instagram からの流入が多い EC サイトの場合、Instagram 広告を行うことで売上につながります。また、毎月メルマガの発行を行っているのに、メルマガからの売上が低いのであれば、コンテンツの改善を行うか、メルマガを停止し、別の施策の強化に切り替えていくなどの対策を立てることができるようになります。

また、検索エンジンからの流入を分析する際は、どのキーワードからの流入が購入につながっているかを確認します。ユーザーが検索エンジンで調べてサイトにアクセスし、購入につながっているキーワードが判明すれば、その類似キーワードの SEO 対策や広告を出稿することで、さらに売上を高めていく施策を立てることができます。

このように流入元ごとの売上につながっている理由を理解することで、結果の出ている「売上対策」は強化し、結果につながっていない施策は見直しを行うことができます。その中で、改善幅の大きな施策には優先順位を立て、販促施策を行っていきましょう。

Google アナリティクスを利用した流入元メディアとデバイスの分析

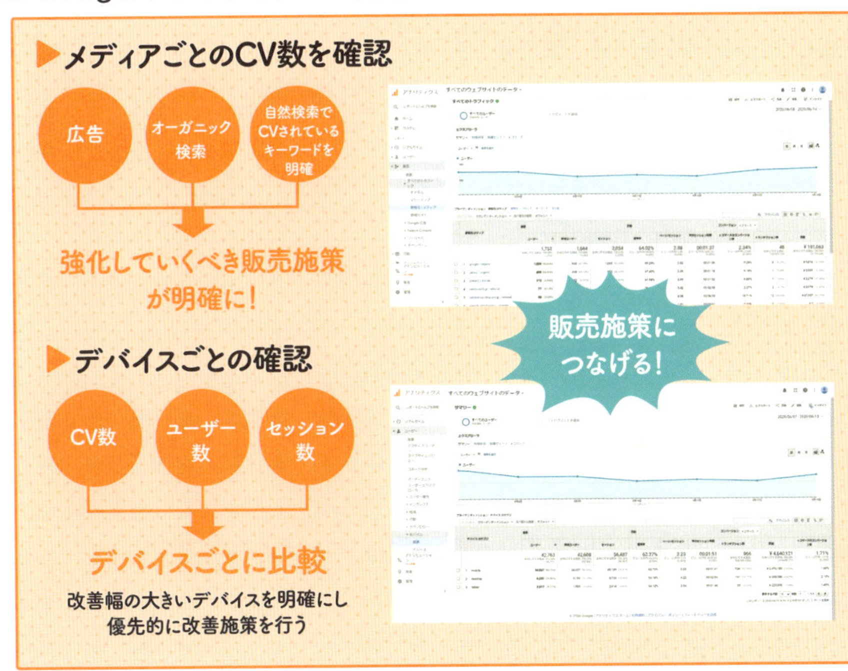

流入元デバイスごとの売上を分析する

ECサイトの改善を行う際、「参照元デバイス」機能でデバイスごとの売上を分析することも大切です。PC、スマホ、タブレットごとのアクセス数や**CV数分析**をすることで、どのデバイスへの施策の改善がインパクトあるのか判明します。

たとえば、ECサイト全体の購入率が1%を切っているECサイトがあったとします。この場合、ECサイト全体のデザイン変更を行うことで、**CVR**を改善を行うのは一見正しいです。しかし各デバイスからの購入率を分析してみると、PCからの購入率は1%を超えていて、スマホからの購入率は低いという場合、全体の見直しではなく、スマホサイトの改善を行うことが売上の改善につながります。

分析結果からデバイスごとに弱点がどこにあるのかを紐解き、ECサイトの改善点を明らかにしましょう。

CV数分析
CV(コンバージョン)とは成果の達成の意味で、ここでは商品の購入に至った数の分析のこと。

CVR
Conversion Rate(コンバージョンレート)を略したもので、サイトにアクセスしたユーザーのうち、どの程度が購入まで進んだかを表したもの。

SECTION 06

Google アナリティクスによる分析②

売上改善につなげるコンバージョン率の分析

Google アナリティクスの「行動」メニューから「ランディングページ」を分析することで、コンバージョン率の高いページを発見し、広告や SNS などの数値を改善することができます。ここでは「ランディングページ」からページ分析を行う方法を解説します。

ページ単位でコンバージョン率を分析する

EC サイトの分析を行う際、サイト全体や集客方法ごとの分析以外にも、ページ別のコンバージョン率を分析することも大切になります。ページ別 CV 率分析で、売上につながる優秀なページを見つけ出し、広告や SNS、SEO 対策などの集客対策を強化すれば、ユーザーの購入に結び付きやすいページへの流入を増やすことができます。特に広告は、こちらが集客力を強化したいページに、ユーザーを集めることができるため積極的に利用しましょう。

「ランディングページ」項目から分析を始める

Google アナリティクスでページ単位の**コンバージョン率**を分析するには、「行動」メニュー内の「ランディングページ」を確認します。ここで言う**ランディングページ**とは、P.96 で解説した縦長の購入ページとは異なり、ユーザーがサイト内で最初に入ったページのことを指します。より購入率の高いランディングページを広告の着地ページに設定することで、購入率をさらにコントロールします。

コンバージョン率が高いページを把握する際には、**サイト内の平均値よりも相対的に数値が高く、また購入数も多いページを探す**ようにします。たとえば購入数が少ないページの場合、特定のユーザーがたまたま購入したためコンバージョン率が高くなっているケースもあり、最低でも 2 桁の購入があるページを基準に分析を行うとよいでしょう。

コンバージョン率
購入率のこと。購入率は Google アナリティクスではコンバージョン率と表示されます。

ランディングページ
縦長の購入ページのことを指す意味合いで使われることがあるが、本来の意味はユーザーがサイト内で始めに訪れたページのこと。

➔ 購入率が高く売上につながりやすいページの見つけ方

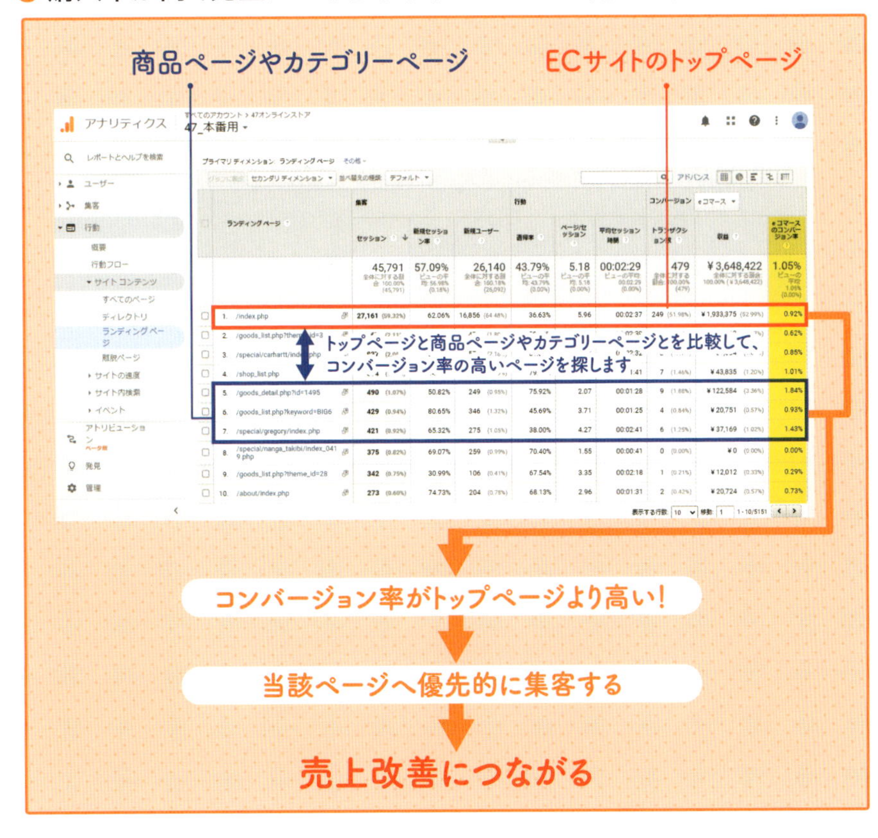

広告やSNSを使って CV率の高いページに誘導する

トップページと比較してコンバージョン率が高いランディングページを見つけたら、流入元のメディアやデバイス、流入キーワードを分析します。分析結果を元に、広告やSNSの流入先（着地ページ）として設定できないかを検討します。

たとえばトップページと人気商品のページで、人気商品のページのほうがコンバージョン率が高かったとします。この場合、広告のランディング（着地）ページとして人気商品のページを利用するだけで、費用対効果が改善するでしょう。

SECTION 07

SEO分析ツールのキホン

SEO対策の分析ツール！ Google Search Console

Googleアナリティクスとは別にGoogle Search Consoleを使ったサイトの分析を行うこともECサイトの分析では大切です。ここではGoogle Search Consoleについて解説します。

サイト流入の分析を行うサーチコンソール

Googleアナリティクスが「サイトにユーザーが訪れた後」を分析するのに対し、**Google Search Console**は「ユーザーがサイトを訪れる前」の分析をするツールです。

サーチコンソールには、大きく分けて2つの機能があります。「ユーザーが検索エンジンから、**どのようなキーワード＝ニーズでサイトへ流入しているのかを分析**する機能」と「Googleの検索エンジンに自社サイトの存在を知らせる＝**検索エンジンに掲載してもらえるように働きかける**機能」です。

Google Search Console
サイトの分析ツールで、自分のサイトが検索キーワードで何位なのか、どのぐらい検索され、どのぐらい訪問されたかがわかる。Googleアナリティクスがサイトに訪問してからの分析なのに対し、Google Search Consoleはサイトに訪問する前を分析する。

キーワード分析で未知のニーズを掘り起こす

たとえばバッグや財布を商材とするECサイトを例にすると、自社のサイト名や取り扱っている革製品の商品名、ブランド名をキーワードにして検索し、アクセスされていることは容易に想像できます。が、実際には上記に加えて「バッグ　1万円以下」や「バッグ　底板」といった、運営側では想定していないキーワードでの流入も多くあります。「バッグ　底板」でのアクセスが多いのに、底板の販売や修理を行っていないのであれば、サービスを提供することで売上を伸ばせる可能性が高まります。

Googleサーチコンソールでアクセス元キーワードを調べてみると、想像していないキーワードでの流入も多いため、確認してみるとよいでしょう。

Google Search Consoleでわかる内容

左メニュー	確認できる情報
検索パフォーマンス	どのキーワードで検索されているか
	各キーワードの検索順位
	自然検索でどれだけクリックされているか
URL検査	Googleに登録されているか
	スマートフォンから見たときの表示の確認
サイトマップ	サイトマップの送信
モバイルユーザービリティ	スマホ対応をしているか
リンク	リンクが張られているページURLやテキスト

キーワードごとの検索順位もわかる

サーチコンソールでは、サイト内の各ページがGoogleの検索順位で何位に表示されているかということもわかります。もし検索順位の上位を目指しているキーワードと、実際のキーワードが一致していない場合、SEO対策の見直しか、広告の検討が必要です。また、先のキーワードが検索上位なのにアクセスがない場合、description（P.110）の見直しなどクリック率の改善施策が必要です。

ECサイトの場合、テキスト量が多くコンテンツとして充実しているカテゴリーページは、検索順位が上がりやすい傾向にあります。そのため、特定のキーワードでの順位を伸ばす場合、まずはカテゴリーページの検索順位がどのキーワードで何位になっているかを確認し、改善を行うことが大切となります。

description
検索結果が表示されたときにサイトのタイトルの下に表示される300文字程度の補足説明。

SECTION 08

AIとサイト分析

客観的データで改善を提案「AI解析ツール」の活用

ECサイトは人為的な分析を行うのがこれまでの基本ですが、近年はAIを使った分析が注目されています。そんなAIを使った分析が効果的な理由を説明します。

AIを使った分析で最適な改善策を提案

ECサイトの改善施策は、「分析データ」とこれまでの「経験」から主観的に行うものです。しかし近年、より深い分析データと客観的データを使い、精度の高い改善を行うために、AIを活用する手法がスタンダードになっています。**AIにはGoogleアナリティクスの膨大なデータが蓄えられます。**そのデータの中で購入につながる最適なECサイトのパターンを分析し、自社のECサイトとの違いから改善を提案するツールになっています。

AI
人工知能のこと。AIアナリストはGoogleアナリティクスのデータをもとにアクセスを解析してくれる。

ECサイトの場合、ユーザーはサイトを訪れ、購入するまでの行動は、「デバイスの種類」「流入元」「入り口ページ」「経由ページ」「フォーム通過」によって決定します。たとえば、トップページから商品の使い方ページを経由し、商品詳細ページに遷移した人の購入率が高いというのが分析データからわかったとします。その場合、商品の使い方のページは購入を促すのに有効的なページと言えます。商品の使い方ページを必ずアクセスするように誘導できるページ設計であれば、購入につながる可能性が高まります。そのような場合、AIは「商品の使い方ページへのリンクを、もっと目立つように」という提案を行います。

また、反対に経由をした結果、購入率が下がるページの場合は、ページを改善した場合と、そもそもページへの導線を無くしてしまう場合のどちらが、より売上につながるかを膨大なデータから導き出してくれます。これは人為では限界がありますが、AIであれば細かな行動までをデータ化し、最適な改善を行えます。

AI解析の結果を使ってページを改善するフロー

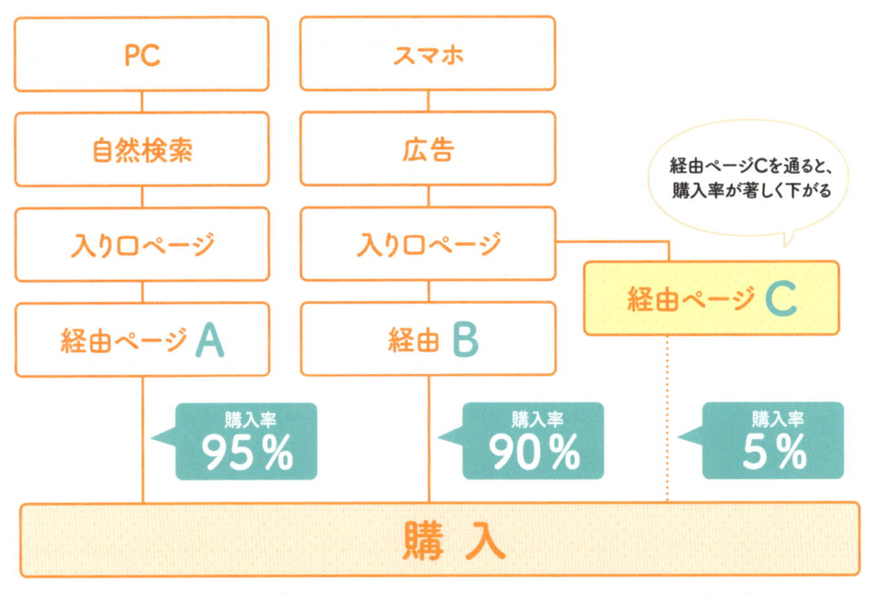

パソコンから自然検索で流入する場合

入口ページから経由ページAを通すのが購入への勝ちパターンに。

スマホから広告で流入する場合

入口ページから経由ページBを通ると購入につながる。しかし、経由ページCを通った場合には購入につながらない。そのため売上を上げるには経由ページCへのリンクは外したほうがよいことがわかる。

AIの提案を実行しPDCAを回し続ける

商品詳細ページに設定されている外部サイトへの**誘導ボタン**があることにより、離脱につながっているケースがよくあります。SNSで商品共有をするためのリンクなどの例です。そもそも商品の良さや情報を共有してもらうために設定したリンクが離脱の原因となっているといった、良かれと思った施策が本当に効果が出ているかを、人為的に判断するのは意外と難しいものです。このような細かな改善施策を常にAIは出し続け、A/Bテスト（P.154）を繰り返しながらPDCAを回すことができるようになり、売上が上がっていくのです。

誘導ボタン
SNSのシェアボタンのこと。商品の情報をユーザーに拡散してもらうために設置するが、スマホだと別のアプリが立ち上がってしまい、そのままサイトから離脱する可能性がある。

SECTION 09

その他のウェブ解析ツール

デザインの分析も！ウェブ解析に利用できるツール

ECサイトにおけるウェブ解析のためには、さまざまなツールが開発・公開されています。自社のECに必要に合わせてツールを選びましょう。

クリック率がひと目でわかる分析ツール

サイト内に設定しているリンクがどれだけクリックされているか分析できる「Page Analytics by Google」というツールがあります。これはGoogleアナリティクスのデータを使って、よく押されているリンクを分析できるツールです。**Google Chrome**（ウェブブラウザ）の拡張機能として無料で公開されているので、インストールするだけで使うことができます。

この機能を使うと、リンクの隣にオレンジ色で「〇〇％」と表示されるようになります（右図上）。これは、今訪れているページ内のリンクがクリックされた割合を示しています。これにより、**人気のあるリンクや、あまり利用されていないリンクを簡単に発見**できます。

Google Chrome
ウェブページを閲覧するアプリケーションソフト。ウェブブラウザのひとつ。拡張機能（アドオン）が豊富。

分析レポート作成も！競合サイト分析ツール

競合サイトの分析を行う際は「**SimilarWeb**」を利用しましょう。これは競合サイトがどれだけアクセスされているか、自然検索や広告などの集客チャネルからどれだけの成果があるか、人気があるページなどを確認できる無料のウェブサービスです（一部有料機能あり）。競合サイトがどのくらいの成果を出しているのかを把握することで、自社のポジションを知り、これからどのようなアクションを行うべきなのかを検討する際の材料になります。またグラフィカルなレポートをダウンロードすることもできるので、**社内会議などの資料としても活躍**します。

SimilarWeb（シミラーウェブ）
アクセス数や平均滞在時間、PV数などの推測値を知ることができ、競合サイトを分析することができるマーケティングツール。

ウェブ解析で利用したいツールの例

ユーザーの目線やマウスポインタの動きを分析

ユーザーがページをどのように見ているかを分析する、**ヒートマップツール**というのもよく利用する分析ツールです。代表的なヒートマップツールに「SiTest」があります。Google アナリティクスではサイトのアクセスデータを分析することができますが、ユーザーが実際にページをどのように見ているか、目の動きまでを分析することはできません。たとえば、ページ内の画像やキャッチコピーを入れ替えて A/B テストを実施している場合、変更前後でどちらがユーザーの注目を集めているかを確認する必要があります。

このような場合に役立つのが、SiTest などのヒートマップツールです。これを利用すれば、**色のグラデーションや濃淡で注目を集めているコンテンツを、視覚的に把握する**ことができます。

ヒートマップツール
ユーザーがそのウェブサイトでどのような行動をとったのか、サーモグラフィーのように色で可視化するツール。

Column

売れない理由は商品ではない！ 販売戦略だ！

EC事業者様と話していると「うちのお店はニッチな商品を扱っているから売るのは難しい」という声をよく聞きます。また反対に「高い商品品質と崇高な事業理念に共感してもらえれば何か特別なことを行わなくても売れる」と盲目的に売上を期待している事業者様の声もよく聞きます。しかし本当にECサイトは商材がニッチかどうかや、商品品質だけで売上が決まるのでしょうか？

ニッチな商品でも売れる

とあるECサイトが「食用昆虫」の販売をしています。扱っている商品は食用のサソリやタランチュラ。商品を見る限り、誰が買うのだろうか？　というニッチな物ばかり。元々食用昆虫の販売は「高たんぱくで栄養価の高い昆虫が世界の食料危機を救うのに役立つ」という世界の流れから、ECサイトを立ち上げました。事業者様の声でいうと、「ニッチな商品」「高い品質」「崇高な事業理念」を持ったECサイトです。このECサイトは果たして売れているのでしょうか？　結論から言うと現在このECサイトは順調に売上を伸ばしています。

分析→販売戦略が重要

その秘密は、販売戦略がきちんと行えていることです。まずこのECサイトが売上を伸ばすために行った施策は、これまでの購入者の分析でした。すると、繁華街からの注文が多いことがわかりました。そこから仮説を立て、ホストクラブで働く人限定で広告を出稿したところ、罰ゲームグッズとして売上を伸ばしたそうです。そこから、飲み会の罰ゲームグッズなどのキーワードでSEO対策を実施。少しずつ売上を伸ばし、今では実店舗を構えるまで成長しています。

ここまでニッチな商材を扱うECサイトは少ないかもしれません。

売上を伸ばしていくには、ペルソナを明確にした販売戦略を事前に立てることも大切です。しかし、実際に運営していく中で、実は他にも需要のある購買層が出てくることも少なくありません。もし今ECサイトの売上が上がらないのであれば、商品はどのような際に需要があるかを再度見直してみましょう。

Chap

8

ECサイト運用の王道！リピーター対策

売上を安定して伸ばしていくためには、

リピーター対策が必須です。

ここでは購入者を逃さないための具体的な方法について紹介します。

SECTION 01

リピーター対策の必要性

売上を安定的に伸ばしていくにはリピーター対策が必須

ECサイト成功の秘訣は、リピーター対策にあり。集客対策、購入率対策ばかりに目がいってしまいがちなECサイト運営ですが、実はリピーター対策こそが成功の大きなカギをにぎっています。

リピーター対策を意識したサイト運営

ECサイトの売上を伸ばしていくうえで、いちばんスポットがあたるのが集客対策です。しかし、ありとあらゆる手段で集客対策をし、せっかく顧客になってもらっても、その人たちが離脱してしまっては、いつまでたっても**ラットレース**から抜け出せず、売上は思うように伸びていきません。顧客の離脱による売上減少を再度コストと労力をかけ新規顧客を獲得することで補い、また顧客が離れたら、新規顧客を獲得し…という、まるで穴の開いたバケツに水を入れているような状況に陥ってしまいます。

ラットレース
働いても働いても、一向に資産がたまらない状態のこと。

どのようなショップでも、自社の商品を「今」欲しいと思っているお客様の数には限りがあるということを認識する必要があります。つまり、**新規顧客の売上はどんなに広告コストをかけようとも、一定の限界があります。**では、売上を順調に伸ばしているショップはどのようにしているのでしょうか？

売上を伸ばし続けているECサイトには共通点があります。それは、リピート売上がストックされていることです。一定水準の新規顧客を獲得しつつも、**リピート売上を積み上げているECサイトが、中長期的に売上を伸ばすことのできるショップ**です。

リピート売上を伸ばすことができれば、安定して高い売上を保持していくことができます。仮に新規獲得コストをかけられない事態が発生しても、リピート売上があれば、急激に全体売上を落としてしまうことはありません。

某大手ネットショップの新規・リピーター別売上データ

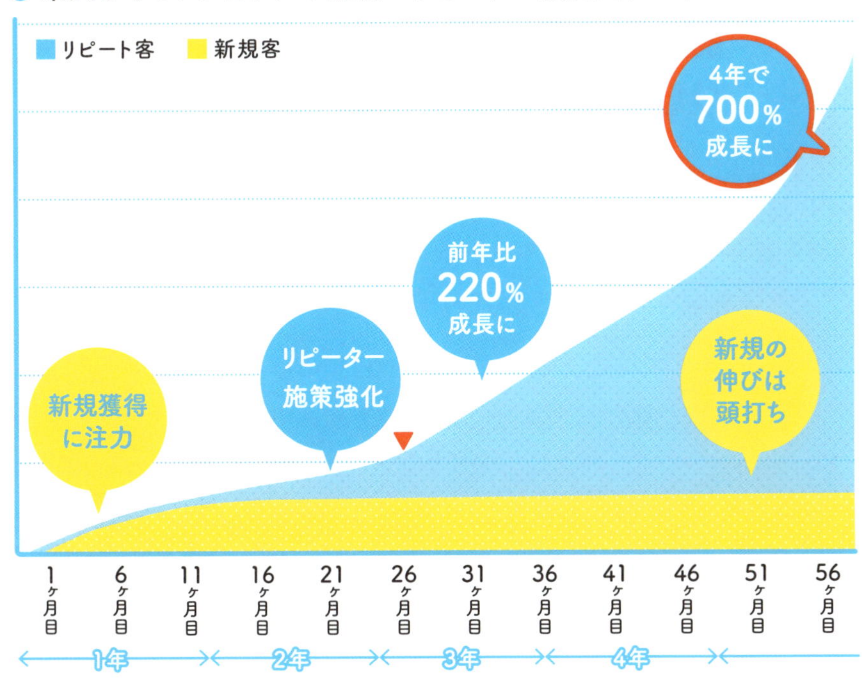

目指せ！　リピート売上率80%

上図は某ショップの新規売上とリピート売上の関係をグラフにしたものです。新規売上は一定水準を保ちつつも、リピート売上が大きく伸びています。特に26ヶ月目あたりからリピート売上が急増しているのがわかります。立ち上げ1年目は当然新規顧客獲得に注力をしていましたが、2年目から本格的なリピート対策を実施しはじめました。その結果、3年目以降に大きく全体売上を伸ばすことに成功しています。

ECサイトの世界にも**パレートの法則**は存在します。2割の**ロイヤルカスタマー**が、8割の売上をつくる。成功店舗といわれるようなショップの中には、売上構成の80%がリピート売上になっている店舗を多く見かけます。取り扱い商品によっては難しい場合もありますが、各ショップに合わせたリピート売上の目標を持って運営することが、成功への近道です。

パレートの法則
2割の要素が全体の8割を生み出しているという法則のこと。

ロイヤルカスタマー
企業に対して信頼感を抱き、継続的に関係性を維持し、企業に代わって他の顧客への宣伝役を果たしてくれる顧客のこと。

SECTION 02

顧客管理の基礎知識

顧客を知ることから始まるリピート対策

リピート対策をしなければいけないのは感覚的に理解できるが、何から始めたらよいのか迷われているショップは非常に多いようです。リピート対策を始めるには、まずお客様の状態を把握するところからスタートします。

リピート対策の基本　顧客とのつながりを管理せよ

CRM
Customer Relationship Management（カスタマーリレーションシップマネージメント）の略語で、直訳すると「顧客関係管理」のこと。

CRMという言葉を聞いたことがありますか？　これは、わかりやすくいうと、「顧客とのつながりを管理し、より良い信頼関係の中から利益を向上させていきましょう」という考え方です。1度購入してくれたお客様にリピーターとなってもらい、リピーターからファンへ、そしてロイヤルカスタマーへとなる道筋を意図的に管理していきます。

CRM活動の基本は、「顧客分析」と「顧客に合わせた施策」の2点です。まずは顧客の状態を把握することからすべてが始まります。5回以上購入してくれている人は何名いるのか、累計100万円以上購入している人は何名いるのか、その両方の基準を満たすロイヤルカスタマーは何名で誰なのか、顧客の現在のステータス管理をすることが「顧客分析」です。

セグメント
同じ価値観や購買傾向、製品に対する認識など、購買に至る行動が似通っている集団に分けること。

その分析**セグメント**に基づいて、メール配信などのアクションにつなげるのが「顧客に合わせた施策」になります。全員に送信している全体メルマガよりも、「私宛て」にカスタマイズされた、特別感のあるメルマガのほうが反応率は上がります。

リピート対策で特に重要なのが、「初回購入者をいかに2回目の購入につなげるか」です。CRM対策を行っていないショップでは、1回しか購入したことがない顧客の数が、リピーターより圧倒的に多いはずです。まずは2回目購入への引き上げを意図的に行い、リピート層の母数を確保できないと、3回目、4回目の購入につなげることが困難になります。

CRMの考え方

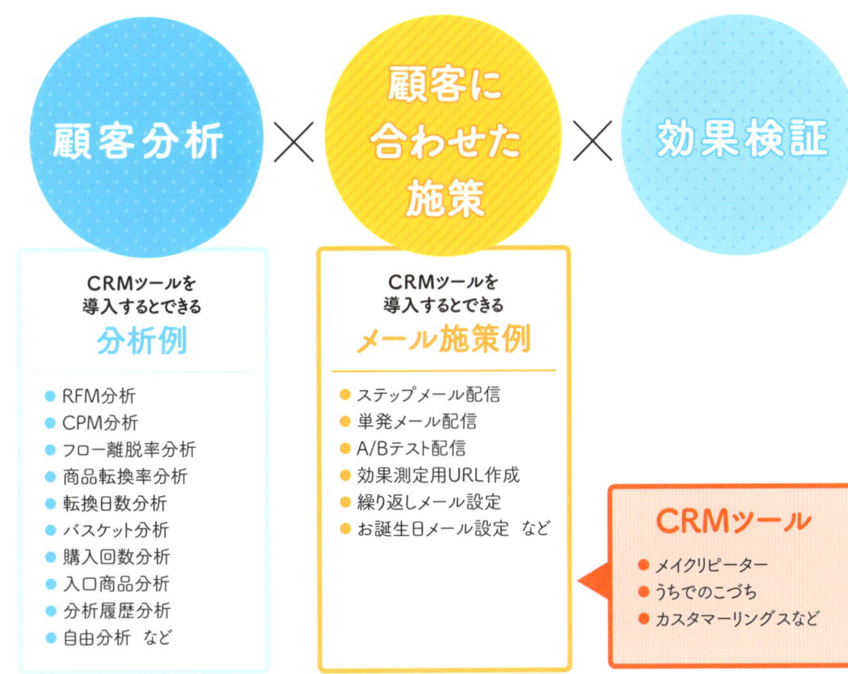

CRM対策をするにはツール導入がオススメ

CRM対策を実行するには、**メイクリピーター、うちでのこづち、カスタマーリングス**などの専用ツールの導入がおすすめです。

カートシステムに蓄積されている顧客データをエクセルに移し、自力で顧客分析をすることも可能ですが、膨大な時間と労力を費やしてしまいます。そこで上記のようなCRMツールを導入し、カートシステムと連携すれば、いつでも顧客状況が把握できる状態になります。CRMツールから、セグメントされた顧客に直接メールを配信することも可能です。また、送信したメールの開封率や、URLクリック数、メール配信による売上計測も可能になりますので、効果検証まで行えます。

顧客分析をし、顧客ごとに適した施策を行い、効果検証をかけ合わせていくことではじめて、リピート率を意図的に上げていくことができるのです。

メイクリピーター、うちでのこづち、カスタマーリングス
ECサイトに特化したCRMツールの一例。

SECTION 03

顧客分析の基礎知識

顧客分析の王道 会員ランク分析とRFM分析

顧客分析をする際に、最もポピュラーなのが会員ランク分析です。「ブロンズ会員」「シルバー会員」「ゴールド会員」などのおなじみの手法です。顧客状況をより正確に把握し、施策実行をするためにはRFM分析が有効です。

RFM分析を活用して顧客状況を把握し施策を実行

会員ランク分析は、カートシステムの機能として実装されていることが多いので、まずはデフォルトの機能を活用して、会員ランクの分析と施策を実行することがCRM活動のはじめの一歩になります。**会員ランク分析では、主に累計購入金額や累計購入回数により、ランクアップの定義づけを行います。**そこから、ランクに応じて購入価格・割引・ポイント付与率・送料無料などの優待設定をすることにより、リピート化を促していきます。

より「お客様に合わせた接客」を目指すのであればRFM分析が有効です。RFM分析とは、最終購入日（Recency）、累計購入回数（Frequency）、累計購入金額（Monetary）の3つの要素を表に落とし込み、顧客状況に応じた施策に取り組むための分析です。それぞれの要素のパラメーターはショップごとに異なるので、自社で設定をする必要があります。

たとえば、最終購入日（R）をR5＝〜3か月、R4＝〜半年、R3＝〜1年、R2＝〜2年、R1＝2年〜で区切ります。アパレルや食品などはこのくらいの期間に設定しますが、家具など購買周期が長い商品であれば設定期間を伸ばします。そして**累計購入回数**（F）と**累計購入金額**（M）にも自社の顧客分布に沿ったパラメーターを設定します。F5は累計購入回数10回以上、M5は累計購入金額50万円以上といった具合です。パラメーターを設定することで、RFM表に顧客がセグメントされます。抽出が完了したら、それぞれに沿った施策を実行していきます。

累計購入回数（例）
F5=10回〜、F4=〜10回、F3=〜5回、F2=〜2回、F1=〜1回

累計購入金額（例）
M5=50万円〜、M4=〜50万円、M3=〜10万円、M2=〜5万円、M1=〜1万円

RFM 分析表とその考え方

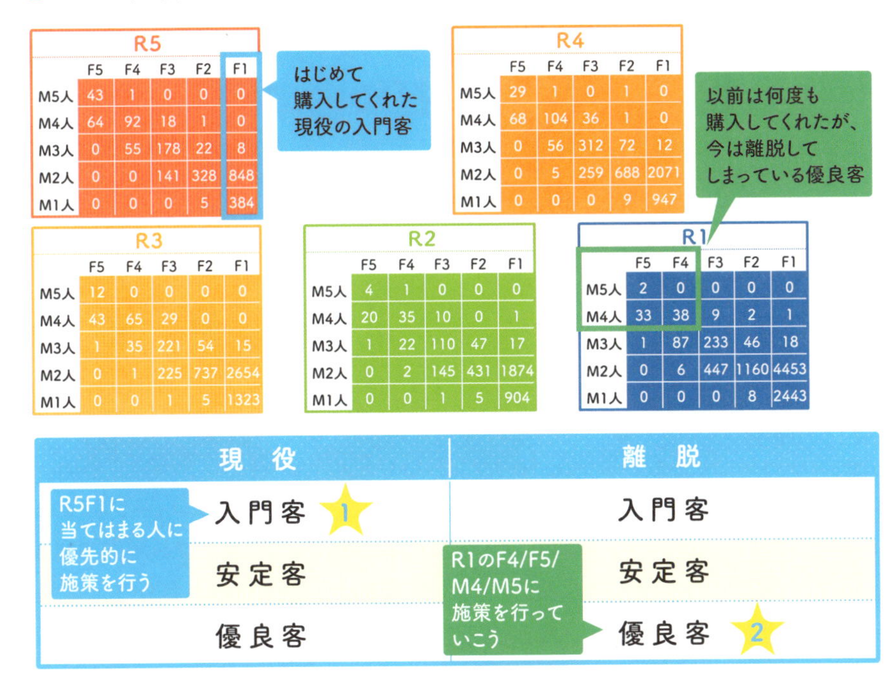

過去の優良顧客へは「おかえりなさいオファー」を

押さえておきたいのは、過去の**VIP顧客**のカムバック。直近2年間は買い物してくれなかったけれども（R1）、累計購入金額も回数も多かった（F4／F5／M4／M5）顧客には、強烈な「おかえりなさいオファー」を行い、再度購入してくれるように促していきます。なぜなら、「以前は金額も回数も多かったけれど、何らかの理由で直近では買ってくれていない」人がもし戻ってきてくれたら、また VIP 顧客になるかもしれないからです。**RFM 分析を行っていれば、セグメントされた顧客の属性に合わせた施策をすぐに実行することが可能**です。

また、恒常的にしなければならないのが、1回購入者（F1）に対し、リピートを促していく施策です。RFM 分析表があれば常に1回購入者を簡単に抽出することが可能なので、最終購入日が近い人から優先的にアプローチしてください。

VIP顧客
購入金額、購入回数が多く、購入最終日が近い顧客のこと。各社によって定義は異なるが、RFM 分析に基づいて決められる。

SECTION 04

F2 転換率

F2転換はスピードが命！ 鉄は熱いうちに打つもの

ありとあらゆる手法を駆使して新規顧客を獲得してもリピートにつなげられなければ、ショップは永続できません。リピートの中で最も重要なのが、F2 転換です。F2 転換させるには、「熱いうち」が最も効果的です。

適切なメルマガ配信で顧客の掘り起こしをせよ

F2 転換とは、リピートにつながった顧客のことです。F2 転換率は 2 回目の購入に至った割合を指すので、F2 転換率（%）＝ 2 回目の購入者数÷初回購入者数で算出できます。自社の F2 転換率をまず算出し、現在よりも 5%〜 10%アップを当面の目標にしましょう。業界やショップによって適正値は異なりますが、最終的には **F2 転換率 30%を目標としてください。**

F2 転換率がリピート対策の中でなぜ最も大切なのかは、右図で見るとわかります。F2 転換数が後のリピート数に大きな影響を与えています。F2 転換率が 10%のショップと 30%のショップでは、その後のリピート率が一緒だとしても、未来のリピート客の数は 3 倍も変わります。また、初回顧客獲得 CPO を 10%下げるのは大変な努力が必要ですが、CRM 対策を講じていない状況であれば､F2 転換率を 10%向上させるほうが難易度は低く、リピート顧客獲得 CPO へ与える影響も大きくなります。たとえば、初回顧客獲得 CPO が 5,000 円、F2 転換率 10%のショップがあったとします。そのショップが 1 リピーターを獲得するには F2 転換 CPO50,000 円の費用が発生します。さらに、初回顧客獲得 CPO が 10%下がった場合と、F2 転換率が 10%上がった場合を比較します。同じ 10%の変化ですが、F2 転換 CPO は 20,000 円もの差が発生しました。F2 転換率の重要性がわかります。常に新規獲得に注力し、F2 転換対策をしっかり行うことで、ショップの売上曲線はより加速していきます。

CPO
購入・注文 1 件にかかった顧客獲得コストのこと。F2 転換 CPO= 初回顧客獲得 CPO ÷ F2 転換率で求められる。

F2転換率の差で比較するリピート客数

	F1	F2	F3	F4
F2転換率30％	1000	300	90	27
F2転換率10％	1000	100	30	9

※F3以降の転換率は両者とも30％とする

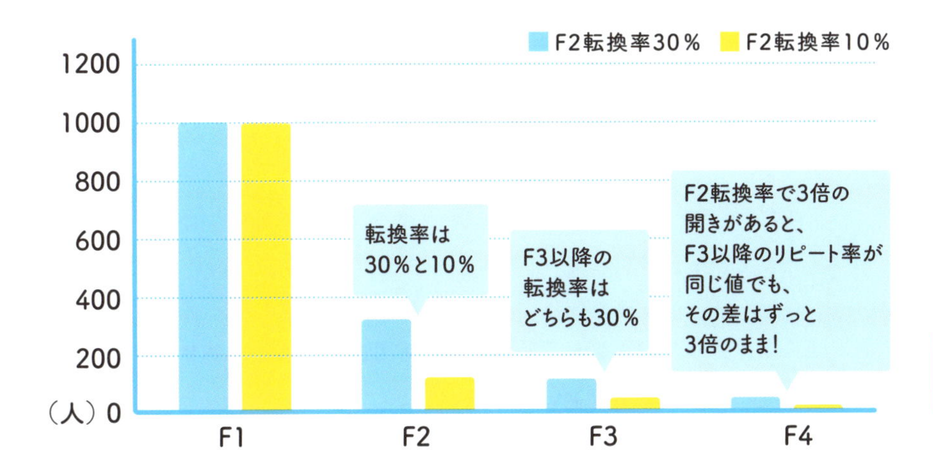

「熱い」うちからリピート対策に注力せよ

初回商品購入時から F2 転換施策を講じましょう。多くのショップは商品到着後から、リピート対策を始めます。しかし、それでは顧客のモチベーションはすでに下がっていて、リピートに最もつなげられるタイミングを逃してしまいます。「鉄は熱いうちに打て」です。2回目以降の買い物に利用できる特別オファーの提供を、初回購入時の注文確認画面、注文完了画面、サンクスメール、発送メール、商品到着時の同梱物の各ステップでアプローチします。

商品が到着し、開梱するタイミングまでに F2 転換のチャンスは何度もあります。仮にライフサイクルの長い家具のような商材であっても、開梱して設置されるまでに強烈な好印象を与えることができれば、いずれ F2 転換率を大きく伸ばすことができます。

SECTION 05

ダイレクトマーケティング①

メルマガ配信はタイミングが大事

EC サイトにおいて、顧客との連絡手段で必ず取得できるものがメールアドレスです。すべてのやりとりの起点はメールになりますので、メールでのやりとりを上手にこなすことが後のリピート率に大きな影響を与えます。

適切なメルマガ配信で顧客の掘り起こしをせよ

メール配信の際に注意するべき 3 大指標は、「開封率」「クリック率」「購入率」です。その中でも特に重要なのは、「開封率」です。メール配信は開封されてはじめて意味のある施策になるからです。開封率を高めるためにすべき対策は 2 点あります。

①配信タイミング

そもそもメールを開封してもらいやすい曜日、時間を選んで配信をするべきです。EC サイトにおけるメール配信で**開封の可能性がいちばん高いのは、最も注文が入っている曜日・時間帯**です。注文が多く入るタイミングが顕著に表れているようであれば、その曜日と時間帯がメール配信のベストタイミングです。

②メール件名（タイトル文）

お客様は自社以外のメールも大量に受信していると考えると、開封してもらうためには、目につきやすく、惹かれやすいメール件名になっていることが必要です。具体的には、**「限定感」「具体的な数値」「お客様名」をタイトルに入れることがポイント**です。

CRM ツールが導入されていれば、ツール内にメール配信管理機能があるので、セールス情報やイベント情報、キャンペーン情報などを、該当する顧客に対して自動で配信できます。「あなただけ」という限定感を感じてもらうために、セグメントされた属性に対してメールの文頭に名前を挿入することも簡単にできます。また、前回の購買時間帯に配信する機能が備わったツールもあるので、CRM ツールからの配信をおすすめします。

メルマガの効果測定の 3 大指標

	メール開封率	メールクリック率	メール購入率
指標	開封率 / 配信数 届いたメールがどのくらい読まれたかを示す値。開封率は、HTML形式のメールを配信し、Googleアナリティクスかメール配信システムを利用することで知ることができる	クリック数 / 開封数 広告やウェブサイトへのリンクのクリック数を表示された回数で割った数値	購入数 / クリック数 EC サイトの集客数に対して、商品が購入された割合のこと
目標値	20%以上 ※平均開封率10～15%	20%以上 ※平均クリック率5～10%	10%以上 ※平均購入率1～5%

いちばん重要なのは開封率
開封してもらうのが第一歩

メルマガの効果検証KPI

顧客全員に送る全体メルマガの開封率の平均値は、10%～15%程度です。顧客との**関係値**を良化できればできるほど、開封率は向上していくので、20% を目標に顧客属性に沿った適切な配信を目指していきましょう。

クリック率をより高めるためには、顧客ごとに最適化されたレコメンド商品を**画像リンク**とともに掲載することがポイントとなります。顧客属性に合わせ、よりメリットになる情報をお届けできるような工夫が必要です。クリック率も 20% を目標に施策を進めましょう。

購入率は、メール本文の URL をクリックしサイトに訪れたユーザー数を分母として考えます。興味を持って開封、クリックしているユーザーですので、購入率 10%以上を目指せる商品詳細ページを準備しておきましょう。

関係値
顧客との関係の深さのこと。

画像リンク
HTML メール内でタグを使用して画像にリンクをつけること。画像をクリックすると、リンク先のページに進む。

SECTION 06

ダイレクトマーケティング②

セグメントメール配信とステップメール配信

メール開封をしてもらうためには、一斉配信のメルマガでは限界があり、顧客に合わせた情報を配信できるようにする対策が必須です。ユーザーの状況や興味・関心に沿ったメール配信を心がけましょう。

誕生日メールから始めるセグメントメールの配信

セグメントメール
顧客や会員を条件に分けて、細かくターゲティングしたうえで送るメールのこと。

セグメントメール配信を設計する場合は、簡単に設計できるものから始めます。その代表例が誕生日メールです。CRM ツールが導入されていれば、簡単に設定できます。**お得な誕生日特典などのプレゼント付きで配信しましょう。**誕生日メールのテンプレートを作成し、配信機能をオンにするだけで、CRM ツールから毎日、誕生日の人へ誕生日メールが発信されます。仮に 3,650 人の累計顧客がいれば、毎日 10 人に自動で誕生日メールが配信されます。最初にテンプレートを作成するだけで、CRM ツールが大事なお客様に「誕生日おめでとうございます」と伝えてくれるのです。もし 10 人に 1 人が反応してくれる誕生日メールを設計することができれば毎日、売上が発生します。誕生日メールを設定するには、注文時や会員登録時にお客様の誕生日を必ず聞く設定にしておきましょう。ただし、初回注文時の離脱を防ぐためにも必須条件ではなく、任意で入力する項目に設定します。

誕生日メールの反応をより上げていくために、さらにセグメントを強化していきます。たとえば、男性向け / 女性向け、「○○○○（商品名）」を購入した顧客向け、「R5F5M5 ランク」（P.202）向け VIP 専用の内容を用意するなど、購買情報を元に、より反応率のよい誕生日メールを探っていきます。

お客様とコミュニケーションできるステップメール

ステップメールは、ストーリー性のあるシナリオメールを、合

ステップメールの配信例

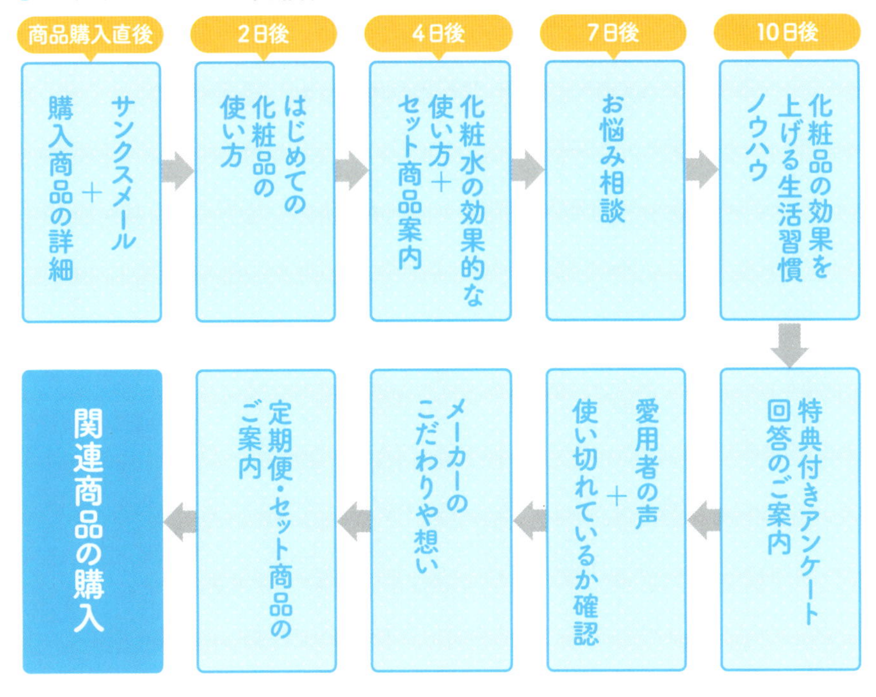

計10回程度の回数に定めて発信する手法です。たとえば、「商品Aを購入したユーザーが発生したら、全10回のシナリオメールが自動的に発送される」といった具合です。都度発行するメルマガと違い、**ストーリー性をもった明確な目標を各ステップに設定することがポイント**です。一方的に店舗側から情報を送信するだけではなく、お客様との双方向コミュニケーションを取れるようなしかけを組み込んでください。

たとえば、特典付きアンケートの協力依頼。コツはアンケートに答えたくなるような特典を用意すること。また、アンケートではポジティブな情報を引き出しがちになってしまいますが、ネガティブな内容も積極的に聞き出してください。課題の中に活路アリです。

後続の「愛用者の声」の中で課題に対する取り組みを内容に盛り込むと、「顧客の声をしっかり聴いてくれる企業」という印象が持たれ、より信頼度を高めることが可能です。

SECTION 07

LINE マーケティング①

圧倒的な誘導率でお客様とつながるLINE公式アカウント活用法

ECサイトが購入者との連絡手段として必ず取得しているのは、メールアドレスです。しかし、個人メールの利用率は年々落ち続けています。そこで救世主として現れたのがLINE公式アカウントです。

LINE公式アカウントでリピート対策

個人間のコミュニケーションにおいて、メールの時代は終わったと言っても過言ではありません。ECサイトにおけるBtoCの世界でも、近い将来その流れはやってくると考えられます。メールに対して勢力を強めているのが、**LINE**によるチャットコミュニケーションです。LINEの公式アカウントを持つ企業も増えてきており、既に一部のカートシステムでは、発送メールなどのお客様とのやりとりにLINEを活用することが可能となっています。

LINEの有効性はなんといっても開封率です。**LINEの開封率はメルマガよりも圧倒的に高い**ので、今後はメールでのアプローチよりも、LINEでのコミュニケーションにシフトしていくべきでしょう。右図での例では、LINEの配信数に対して、サイトまで誘導できた**誘導率**が68%を記録しました。メルマガではまず難しい数値です。

メルマガの一般的な開封率は、通常のショップで15%程度、顧客とのつながりが強いショップでも30%～40%程度です。しかし、**LINEの開封率は60%を超える**と言われています。なぜLINEの開封率がここまで高いかというと、メールの場合は興味がなければ未開封で**未読スルー**をしますが、LINEの場合は通知バッチを消したいために、「読む気がなくても既読にする」習慣があるためです。つまり、開封だけはしてくれるので、あとはいかに興味を持たせるメッセージを配信するかに注力できるのです。

LINE
コミュニケーションアプリのひとつ。スマートフォンの普及とともに利用者が爆発的に増加した。QRコードを読み込むだけで簡単に友だち追加することができる。

誘導率
広告を見た人がどのくらいの割合でサイトに訪れたかを示す値。

未読スルー
受け取ったメッセージを確認・返答せず無視すること。LINEには既読機能があるため、メッセージの送信相手がメッセージを確認したかわかるようになっている。

LINE 公式アカウントを活用した実例

サイト誘導率を高めるリッチメッセージ

メッセージ配信の基本は**リッチメッセージ**の配信です。スマホ時代はテキストでダラダラと文章を読ませるのではなく、**シンプルにより短時間で訴求ができる、画像や動画でのアプローチが基本**になってきます。

上図の場合は、母の日のプレゼントを今すぐには購入しようと思っていないユーザーにも、母の日が近づいてきていることと早めの購入でお得になることが、文章を読まなくても瞬時に伝わります。そして興味を持ってくれれば、タップしてくれるでしょう。LINEでのアプローチでは、少なくとも開封はしてくれるので、あとはいかに興味を引くことのできるリッチメッセージを配信できるかがポイントになります。テキストメッセージはあくまでも補足説明が必要なときに配信するものだと考えてください。

リッチメッセージ
リンク付きの画像を配信することができる機能。画像やテキスト情報をひとつのビジュアルにまとめることで、視覚的にも簡潔でわかりやすくできる。

SECTION 08

LINEマーケティング②

友だち獲得のコツと即ブロック防止術

圧倒的な開封率を誇るLINE公式アカウントですが、そもそも「友だち」になってもらえないと、配信ができません。ここでは友だち集めのコツと即ブロック防止術を伝授します。

ありとあらゆるタッチポイントで友だち集め

タッチポイント
サービスやコンテンツがユーザーと触れる点のこと。顧客接点ともいう。

まず、お客様との**タッチポイント**では、必ず友だち集めを行う必要があります。店舗を併用している場合であれば、レジで友だち登録を促し、カタログ販売をしている場合であれば、カタログの1ページ目で友だち登録を促してください。**「お客様との接点では友だち登録」を合言葉に目標設定を行い、友だち獲得を積極的に行って**いきます。

自社サイト内の友だち登録リンクは、サイトヘッダー、サイトフッター、ハンバーガーメニュー内、カテゴリー表示下部、会員登録ページ、購入完了ページに設置します。

Twitter、Facebook、InstagramなどのLINE以外のSNSを運用している場合でもLINEの友だち登録を促していきます。なぜなら、LINEのほうがお客様へのリーチ力が高いからです。他SNSはタイムライン投稿で情報がどんどん流れていってしまうのに対し、LINEはメッセージ配信がプッシュ通信でできるため、顧客へ直接リーチできるのです。

その他には、商品を発送した際の同梱物や、その後のメルマガでも友だち追加訴求を行っていきます。**必ずすべてのタッチポイントで友だち登録を促してください。**

ブロック
相手からのメッセージや通話を届かないようにし、自分の情報も相手に伝わらなくすること。

LINEの友だち登録は面倒なアドレス入力やパスワード入力が不要なので、非常に簡単です。その反面、**ブロック**するのもまた簡単です。ブロックしたいアカウントの設定にある「ブロック」をタップするだけで完了してしまうので、ブロック対策が必要です。

媒体ごとに友だち獲得の目標 KPI を設定する

媒体	アクセス数	コンバージョン率	獲得数
店頭	1,000人	25%	250人
カタログ	10,000人	5%	500人
同梱物	5,000人	5%	250人
Twitter	1,000人	10%	100人
メールマガジン	2,000人	15%	300人

「即ブロック」を防止する期間オファーの例

即ブロック防止には、永続的なお得感の演出を

LINE の活用でいちばん気をつけなければいけないのが、友だち登録時に配布したクーポンを利用し、その直後に発生する「即ブロック」です。せっかく友だち登録をしてもらっても、クーポンの使用直後にブロックされては、友だちになってもらった意味がありません。**「即ブロック」防止には、永続的なお得感が重要**です。

初回友だち登録クーポンのみのオファーでは、クーポン利用直後の「即ブロック」のリスクが高まります。必ず**期間オファー**を設定し、登録をしておくとお得なことがあることをアピールします。たとえば LINE の機能を活用した毎月の抽選会実施でも、十分に「即ブロック」抑止につながります。コツは「誰がもらっても喜ぶ」ものを軸に考えること。自社の商品の割引やプレゼントだと、オファー内容が限られてしまうケースがあります。飽きのこない永続的にもらって嬉しい、金券系オファーがおすすめです。

期間オファー
LINE で配布したクーポンを利用したお客様が「即ブロック」をしてしまわないように、永続的に特典などを配布すること。

SECTION 09

納品時のリピーター対策

顧客のハートを掴むには開梱時がチャンス

お客様が商品の箱を開ける瞬間は、リピート対策を行うまたとないチャンスです。感謝状を入れていつも購入してくれる感謝を伝えるなど、同梱物を工夫してチャンスを逃さないようにすることが大切です。

箱を開けた瞬間のワクワク感を忘れずに

リピート対策の中で、最も重要な要素が同梱物といっても過言ではありません。P.70でも解説したとおり、商品の箱を開けた瞬間は、購買体験の中で最も高揚感が高まる瞬間であると同時に、見てもらいたい物を必ずお客様の目に触れさせることができる、唯一の瞬間でもあります。その一瞬にお客様のハートを掴めるかどうかは、後のリピート率に大きな影響を与えます。

それでは、どのような同梱物を入れたらよいか具体例を見ていきましょう。必ず同梱する物には「**納品書**」や「**領収書**」などがあります。でも、待ちに待った商品が届いて「いざ開封！」の瞬間に同封されていたのが「納品書」だけでは少し味気ないですよね？　手書きの感謝状が目に飛び込んできたら高揚感は間違いなく高まります。

必須の同梱物は、**「感謝状」「LINE公式アカウントの友だち登録を促すご案内」「商品チラシ」の３つ**です。特に感謝状は、「初回購入」と「リピート購入」で、内容を分けることを心がけます。新規の購入者にははじめて購入してくれた感謝を、リピート購入者にはいつも購入してくれる感謝を伝えます。

その他には、「お客様の声」を同梱することによって、購入者の「やっぱり買ってよかった」という共感を得ることが可能です。商品開発秘話や効能に触れる内容など、ネットショップ上では伝えきれない内容を届けることができるのもメリットです。

納品書
受けた注文のとおりに納品したことを発注者に確認する書類。

領収書
料金が支払われたことを証明する書類。後払いの場合、請求書を送付し、料金を支払ったコンビニや金融機関で発行される払込受領書となる。もしくは、受領印のある払込票を郵送してもらい、引き換えとする。

リピート対策のための同梱物

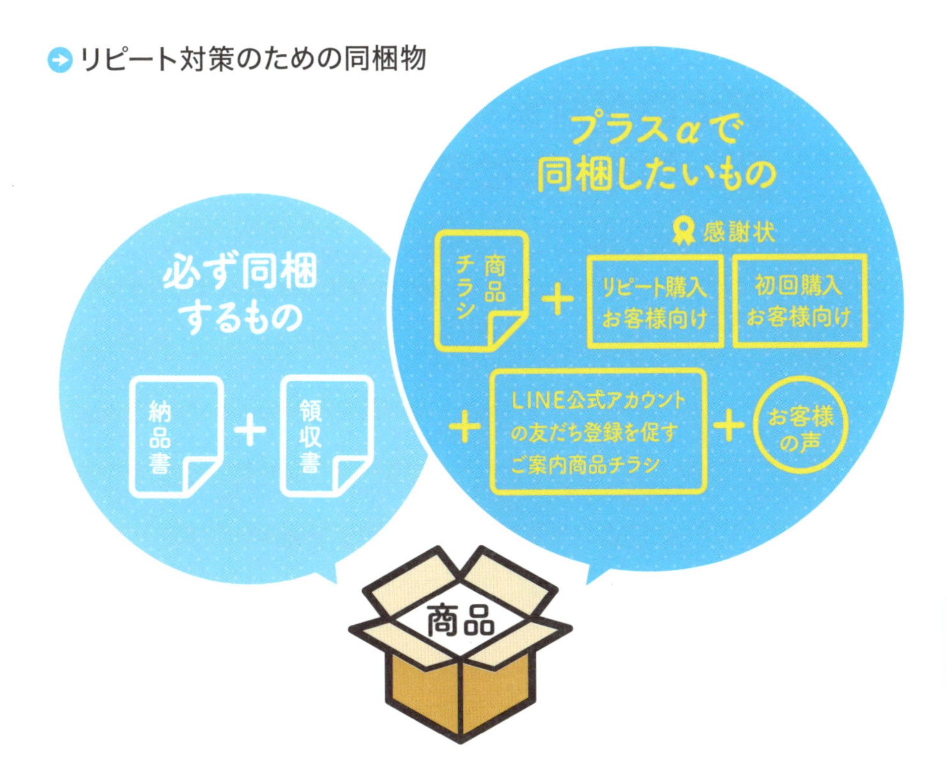

繁盛店の同梱物をチェックせよ

木工製品を扱っているネットショップの中には、桧の香りがするスプレーで、開封時にさわやかな香りの演出をしているお店もあります。このように「同梱物」はアイデア次第で無数に考えることができます。

しかし、「斬新なアイデアを」と言われても、急に思いつかないのも現実です。そこでまず**参考にしたいのは、繁盛店やライバル店の同梱物**です。繁盛店には繁盛する理由が必ずあります。実際に購入体験をすることが､繁盛の秘密を最も早く知る方法です。5店舗くらいをピックアップして実際に購入し、初回の同梱物やリピート時の同梱物をチェックするだけではなく、注文後のフォローメールやサポート体制も体感することをおすすめします。定期的にライバル店の商品を購入し、自社の顧客に合う同梱物を研究してみましょう。

SECTION 10

紙媒体のリピーター対策

アナログ対策も忘れずに！ 30代以上にはDMとカタログを

DM、カタログ、小冊子、バースデーカードなど、紙媒体を併用すれば、顧客とのタッチポイントを増やすことが可能です。他のネット通販ショップの取り組み度が低いからこそ、チャンスが眠っている施策です。

タッチポイントを増やしてリピート率アップの秘策

30代以上のユーザーがメインターゲットになっているショップでは、**DM**や商品カタログのような紙媒体が有効です。「今どき紙媒体？」と思われるかもしれませんが、紙媒体が有効な理由は大きく2つあります。1つ目は**タッチポイントが増える**こと。リピート率を上げていくにはお客様と接する頻度をなるべく多くすることが重要です。2つ目はネット通販の場合、紙媒体施策まで目が向いていないことが多いため、**ライバル店との差別化が図りやすい**ことです。ただし、20代以下のユーザーが多いショップの場合、紙媒体への馴染みが少ないので注意が必要です。

郵送物は必ず手に取ってもらうことができるので、メルマガに比べると視認性が高いのが特徴です。しかし、開封もされずにゴミ箱に入れられてしまっては意味がありません。まずはしっかり開封してもらい、中身を見てもらう必要があります。そのための工夫として、「クーポン同封」などの目を引く文言をハガキの表や封筒に記載しておく必要があります。また、開封率を上げるには、封書タイプよりも圧着式ハガキのほうが有効です。

定型サイズの封書では、他の郵送物に紛れてしまい、目立ちにくくなってしまいます。そこで、変形サイズを使ったり、厚みのある冊子を封入したりして、中身が気になる工夫をします。また、捨てられないためには、「取っておく意味」を付加することが必要です。翌月まで使えるクーポンを同封するなど、しばらく捨てずにとっておいてもらえる工夫をしましょう。

DM
ダイレクトメッセージのこと。顧客宛てに郵便物や電子メールを送って直にプロモーションを行う手法。

郵送物
郵送物は、郵送代に加え、印刷代がかかる。大量に印刷すれば、1枚あたりのコストは減るが、ハガキのカラー印刷は約65円、黒1色が約40円かかる。

紙媒体施策の例

年間送付回数とタイミング

郵送物にはコストがかかるので、適切な送付計画と効果測定が欠かせません。小冊子タイプのカタログは効果が出やすいですがコストもかさむので年1回の繁忙期前に、圧着タイプの郵送物はシーズンごと年4回を目安に送付するとよいでしょう。ショップによって繁忙期には差があります。自社の繁忙期に合わせた送付計画を立てましょう。

効果測定は**クーポンコード**からの売上で判断します。実際にかかったコストと売上を天秤にかけたときに、経費以上に売上が確保できていればもちろんよいのですが、多少のマイナスが出ている場合でも継続の判断をしたほうがよいです。なぜなら、クーポンコードを活用して売上を確保できる以外にも、LINE公式アカウントの友だち増加施策や、ショップに対しての意識喚起などの効果が見込めるからです。

クーポンコード
オンライン上の割引で使用できるクーポンの文字列のこと。

SECTION 11

定期購入のリピート技①

1年目で年商1億円も夢ではない！単品リピート通販の世界

単品リピート通販とは、化粧品やサプリメントなど、リピート性が高く商品アイテム数が極めて少ないECサイト形態のことです。定期購入のしくみを究極まで突き詰めた業態です。

定期通販の極み、収益構造を理解する

洋服や雑貨のように多品種の商品を扱う業態を「総合通販」、その対極で化粧品やサプリメントなどリピート性が高く、商品の取り扱いアイテム数を絞った業態を「単品リピート通販」と呼びます。新規顧客獲得に成功し、なおかつ新規顧客獲得数以上に解約数が増えなければ、定期購入顧客を純増させていくことができるので、非常に収益構造が安定したビジネスモデルです。

販売商品の多くはオリジナル商品で構成されているため、ライバルとの単純な価格競争に巻き込まれないというメリットもあります。**軌道にさえ乗れば、立ち上げ1年目で年商1億円を超えるショップもたくさんあります。**一方、自社のオリジナル商品を認知拡大するところから始めなくてはならず、新規獲得コストに膨大な費用がかかるのも特徴です。

単品リピート通販の世界では、**継続課金**金額を最重要視した運用を行います。新規獲得コストを大量にかけて、リピート売上で元をとる作戦です。新規獲得コストが商品代金の100%を超えることもよくあることです。たとえば、ダイエット商材や育毛商材のように競争の激しいジャンルの商品であれば、1万円の商品を販売するのに、2万円の広告コストが発生することもあります。そのため、**商品原価**を20%以内に抑えておくことができないと、獲得競争に耐えられないリスクと、途中解約によって利益確保ができないリスクが高くなってしまいます。

継続課金
一定の間隔で、継続的に利用料金を利用者から徴収するしくみ。

商品原価
メーカーが、商品を生産するために費やす経費や、卸店や小売店における商品の仕入値のこと。

➔ 単品リピート通販の累計収益推移

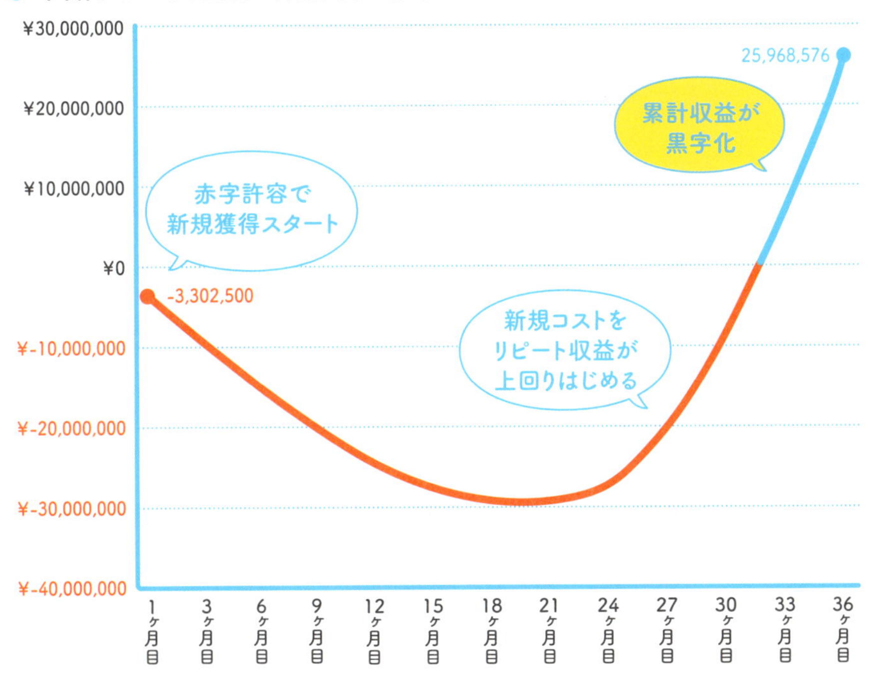

ワンステップかツーステップか

単品リピート通販では、新規獲得にコストを必要とするため、上のグラフのように累計赤字の時期が長くなります。しかし、黒字に転換しはじめると**ストック収入**が得られるため、急激に利益構造が改善されます。

新規顧客を獲得する方法には、大きく分けて２種類あります。それが、ワンステップとツーステップです。ワンステップはいきなり定期購入を促すパターンです。定期コースで申し込むと初回金額が安くなるなどの**オファー**を出し、都度購入ではなく初回購入時から定期通販を促します。

ツーステップは初回お試し商品をまず買ってもらい、気に入ってもらってから定期購入を促します。**ツーステップは初回購入から定期購入への引き上げコストが発生するので、資金力のある企業向けの施策**です。

ストック収入
蓄積型の売上、収入構造を持ったビジネスのこと。顧客を囲い込み、持続的にサービスを提供しながら、長期的に収入を上げることができる。

オファー
特典のこと。より多くの人を購入に結びつけることができる。

SECTION 12

定期購入のリピート技②

サブスクリプションモデルはリピート通販の新潮流

近年、サブスクリプションという言葉を耳にすることが多くなりました。物販ECの世界でもサブスクリプションモデルが浸透しはじめています。その意味や実例、ショップにとってのメリットを解説します。

定期便？ 頒布会？ サブスクリプションとは？

サブスクリプション
月額一定金額の支払いをすることにより、一定サービスを受けられることを保証するサービス。サブスクと省略して呼ばれることが多い。

本来、**サブスクリプション**（以下、サブスク）とは、「定期購読」や「年間購読」という意味を指す言葉でしたが、近年は「定額制サービス」という認識で広く普及しています。代表的な例として、Amazonプライムのような一定金額を支払うことにより、音楽や動画が見放題になるサービスがあります。レンタルサービスと混同されやすいですが、一般的なレンタルサービスは、「商品Aを1週間借りると1,000円」と個別商品に対してレンタル料が設定されます。一方、サブスクサービスは、「1ヶ月間何本借りても3,000円」など、**定額を支払うことにより一定のサービスが保障されるのが特徴**です。レンタル大手のTSUTAYAも近頃は「1ヶ月1,000円で借り放題」というサブスクサービスをメインに展開しています。

サプライズが成功の秘訣

また、従来から日本にもある定期便サービスや頒布会サービスもサブスクモデルの一種です。借りるサービスも消費するサービスも、一定金額を支払って提供されるものはサブスクサービスになります。ECサイトで扱いやすいのは、食べ物、洋服、おもちゃ、家具などがあります。特に食べ物は、お米など決まった商品を定期的にお届けする定期便サービス、旬な食材の詰め合わせやおすすめワインの詰め合わせを毎月提供する頒布会サービスなど、バリエーションの幅が広いです。**サブスクモデル成功の秘訣は、お**

サブスクモデルのメリット

ユーザー

- 定期的に商品が届く
- 知らないものに出会える
- お得にサービスが利用できる

ショップ

- 安定的な収益が見込める
- 外的要因を受けづらい
- 新規顧客を獲得しやすい

双方にメリットがあるWinWinの関係

客様にサプライズも一緒に届けることです。専門的な知見のあるショップ側だからこそできる、毎月のサービス提供が楽しみになるサブスクモデルの提供を行いましょう。

サブスクモデルでショップの安定経営を

一度購入した人が、毎月リピーターとして買いにくればよいのですが、それはなかなか難しいことです。サブスクモデルであれば毎月リピーターによる定期的な取引が発生するため、**都度買いシステムよりも月々の売上が圧倒的に安定します。**

天候やトレンドなど、さまざまな外的要因を受けづらいのも特徴です。顧客数・顧客単価・契約期間の３軸を把握することで、向こう半年から１年程度の利益予測も立てやすく、安定したショップ運営ができます。売上のすべてでなくとも、サブスクモデルの商材に取り組んでいくことを強くおすすめします。

Column

ユーザーとウェブがつながり続けるIoT世界のCRM

ユーザーが取った行動の履歴やパーソナルデータをもとにして、商品をおすすめするのがこれまでのECにおけるCRM施策でした。しかし、近い将来、ECのCRMは今以上に密接に人々の生活を支えるものになります。

IoTが自分の行動を先回り？

あらゆる機器やデータがインターネットに接続され、インターネットを介して操作できるようになっています。たとえば、外出先から自宅のエアコンのスイッチを入れたり、路線バスの現在の走行位置をスマホで把握したり…。これを「IoT」と呼びます。IoT化することで、自身の行動やパーソナルデータが蓄積されていき、自身の行動に最適な形で、IoT機器が事前に行動を予測し先回りしてくれるようになるでしょう。

たとえば、毎月1回1ヶ月分のミネラルウォーターを購入している人の場合、中に入っている水の量を冷蔵庫が判断し、水が切れる前に「水がそろそろなくなります。注文はいかがでしょうか？」と促してくれる。あるいはスマホにインストールされたダイエットアプリのデータと、購入している食材のデータを連動させ「1週間分の適切なカロリーを計算した献立」を作成してくれる。エアコンの運転を開始する時間のデータから、家にいる時間を逆算して荷物の受取り時間をIoT家電が設定してくれるなど、個人の生活に合わせたサービスを享受できるようになるでしょう。いわばユーザーとウェブが常に相互につながり合う世界になることで、個人にフォーカスした、より密接な顧客対応が可能になるのです。

もっと踏み込んだ概念が定番に

ネットショップ単体でのCRMの概念は取り払われ、顧客満足度を向上させるサービスやIoT機器との連携が必須となってきます。

そのようなビッグデータ活用時代には、ただ単純にデータ活用をするだけではなく、「お客様とのつながり＝CRM」の重要性はより増します。「大切な記念日のプレゼントを忘れない」ところまではデータで簡単にフォローができますが、「最適なプレゼント商品の提案」ができるところまで、一歩踏み込んだ概念がCRMの定番になっていきそうです。

Chap

9

多店舗展開で売上アップ！ECモールへの出店

多店舗展開に欠かせないのが

ネット上のショッピングモール「ECモール」。

ここでは3大モールの特徴を紹介しながら、

ECモールのしくみと効果的な販促方法について解説します。

SECTION 01

ECモール出店の基礎知識①

ECモール出店のメリットと注意点

P.24でも解説したとおり、ECサイトの運営では、自社ECサイトの他に、ECモールを利用します。集客力の高いECモールに出店し、自社ECを認知していないお客様を獲得しましょう。

ECモールの集客力を利用する

Amazonや楽天市場、Yahoo!ショッピングなどのECモールの最大の特徴は、圧倒的な集客力の高さです。モール自体に知名度があるため、**うまく販促を行えばECモールの顧客を自社のお客様として取り込むことができます。**

また、ECモール自体が売上を伸ばそうと、アクセスを増やすための販促活動を行っています。資本力のあるECモールが用意した"売れるしくみ"が、たくさん設けられています。これによりECモール型サイトの運営は、自社ECサイトよりもアクセス数を集めやすい設計になるのです。

モール内の販促施策の実施は必須

ただし、ECモールには競合も含め出店者も多く、モールの中でお店の存在が埋もれてしまうのは否めません。また、モールで商品を購入するお客様の多くは、楽天市場やAmazonなどのサイトを直接訪れるか、事前にスマホにダウンロードしたアプリを起動させ、そこから商品を検索して購入します。そのため、Googleなどの検索エンジンを一度も経由しません。

このようなECモールの顧客に自社が取り扱う商品を購入してもらうには、それぞれのモール運営が推奨する販促施策を行うことは必須です。**モール内での効果が高いSEO対策や、露出を増やすための広告施策は、ECモール型サイトの運営ではたいへん重要**になります。

多店舗展開が必要な理由

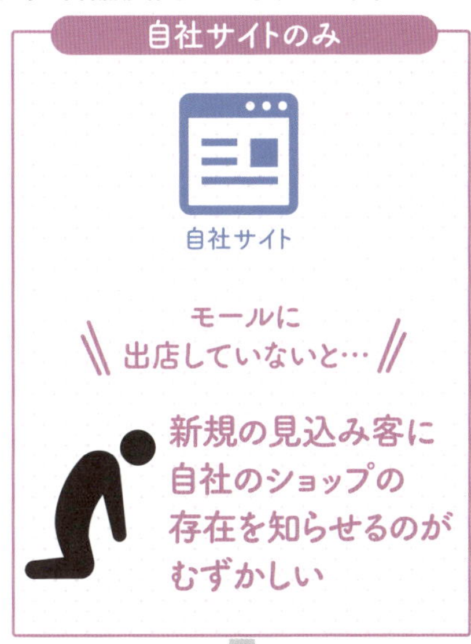

だから

多店舗展開が大切！！

ECモール型サイトはよりブランディングの意識を

EC モール型サイトは自社 EC サイトと比べ、ブランディングには向きません。自社 EC サイトであれば、ショップのコンセプトや世界観に共感して利用してくださるお客様が多いのですが、EC モールでは購入意欲が湧いた商品を購入するだけです。どこの店舗で購入したかという意識は薄く、「楽天市場」や「ZOZOTOWN」で見つけた商品という認識です。

また、次回購入する際にも、「先日訪れたショップをもう一度利用する」のではなく、今回も同じ EC モールを利用するという意識のため、あくまでモールのリピーター客ということになります。そのため、EC モール型サイトの運営では、各モールの特徴に合わせた**同梱物などを他店と差別化することで、ブランデングを高める施策を講じる必要**があります。

ZOZOTOWN
EC モールのひとつ。1,200 以上のショップが集まる、日本最大級のファッション通販サイト。

SECTION 02

EC モール出店の基礎知識②

3大ECモールの特徴と売上アップのサイクル

楽天市場、Yahoo! ショッピング、Amazon は、多店舗展開するうえでも重要な集客チャネル。ここではそれぞれの大型モールの特徴を紹介します。

3大ECモールの特徴

国内の3大ECモールといえば楽天市場、Yahoo! ショッピング、Amazon です。国内の EC 市場規模が約 18 兆円なのに対し、この **3 社の国内の EC 流通金額の合計は、8 兆円を超える**と言われています。自社 EC サイトの多店舗展開を行うのであれば、欠かすことのできない集客チャネルです。それぞれの EC モールにはどのような特徴があるのか見ていきましょう。

楽天市場は国内最大のモールです。月商 1 億円以上のショップが 100 店舗以上もあり、国内 EC として最も商流金額の大きなモールです。しかし競合サイトも数多く出店しているため、自社の店舗が埋もれないように運営することが大切です。

Yahoo! ショッピングの特徴は、販売手数料が無料であることです。初期費用やランニングコストが安く、出店のハードルが低いので、50 万店舗以上が登録しています。また、T ポイントや携帯キャリア SoftBank との連携、PayPay への対応、2019 年にはアパレルモールの ZOZOTOWN の買収など、独自のサービス展開を行っている点も見逃せません。

最後は Amazon です。Amazon はもともと本や CD を販売する EC サイトでしたが、マーケットプレイスというサービスを 2002 年より展開し、誰でも Amazon 内で商品販売ができるようになりました。Amazon は自社 EC サイトを運営する会社であったため、他のモールとは違い、物流体制が整っていました。今は FBA（フルフィルメント by Amazon）という独自の物流サービ

FBA
Amazon の物流拠点（フルフィルメントセンター）に商品を預けることで、商品の保管から注文処理、配送、返品に関するカスタマーサービスまで、Amazon が代行する物流サービス。

EC モール出店で売れるサイクル

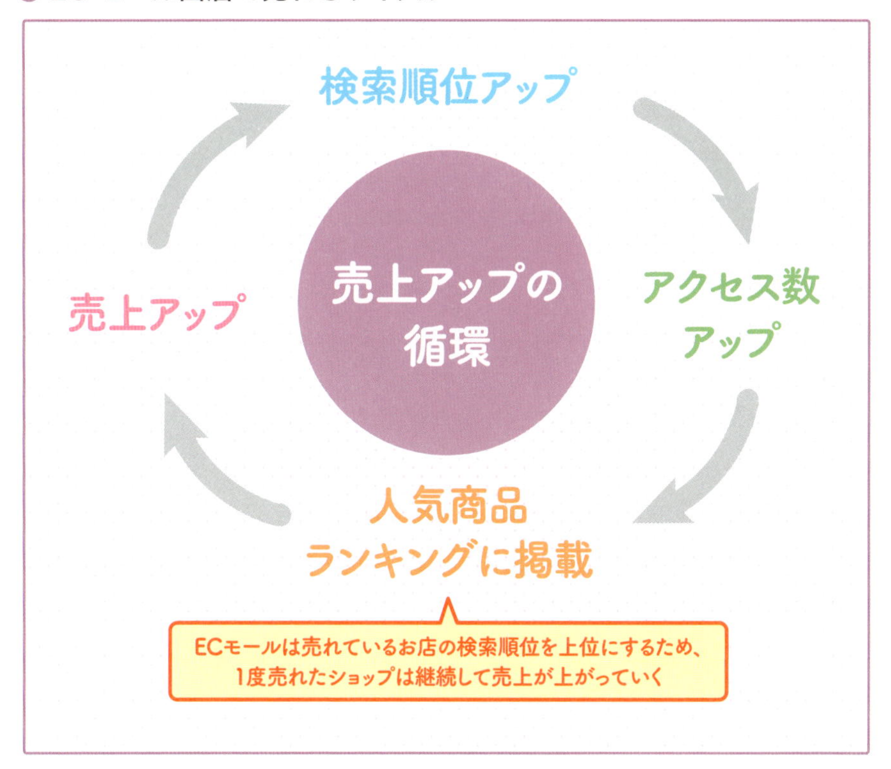

スを出店者に提供し、配送のサポートを行っています。

ECモール型サイトの売上が2極化しやすい理由

各モール内での検索順位は、累計売上ではなく直近の売上によって決定する傾向があります。**1度検索順位の上位に入ると、検索結果に表示されやすくなり、アクセス数が増加します。**また、モール内の人気商品ランキングにも掲載され、さらに売れるサイクルが回ります。

反対に、この流れに乗り遅れてしまうと、検索順位で表示されにくくなり、挽回が難しくなってしまいます。そのため、モール内では売れているショップと売れていないショップとが2極化しやすくなるのです。EC モール型サイトの運営では、まずは早くこのサイクルに乗れるように対策を行うことが肝要です。

SECTION 03

EC モールでの販売促進

ECモール型サイトでの販促ポイントは「目玉商品」

EC モール型サイトの売上を伸ばすには、まず目玉商品をつくり、露出を増やしていくことが大切です。EC モールのしくみを踏まえその理由を解説します。

ランキング表示のため販促を1点に集中

EC モールで売上を伸ばすには、集客力の高い商品をつくることがポイントです。それは前節で解説したように、売上実績が大きいサイトほど露出が増え、検索で上位表示されやすいためです。また、楽天市場や Yahoo! ショッピングはモール内にあるランキングに表示されると、さらにモール内での露出が増えます。まずは新規購入を伸ばしていくことが大切です。

新規購入を伸ばすポイントは、目玉商品を 1 つ用意することです。各モールの検索結果やランキングはショップ単位ではなく、商品単位で表示されます。そのため取り扱い商品のすべてに均等に力を入れてしまうと、結局どの商品もあまり露出されずに中途半端な結果となってしまいます。それを防ぐためにも、まず、**1 つの商品を目玉商品にして販売促進を集中し、その商品をきっかけとして店舗への流入が増えるように対策を行います。** EC モールでは、来訪者がモールの中でクリックした商品は「最近チェックした商品」として表示されるため、一度でも商品詳細ページにユーザーを流入させることが大切です。

なお楽天市場には**リアルタイムランキング**という機能があります。これは 15 分に 1 度集計される、売上実績のランキングです。このランキングには比較的安易に露出させることができるため、まずは一極集中で集客対策を行うことが楽天市場で売上を伸ばすポイントです。

リアルタイムランキング
楽天市場で行われている商品ランキングのひとつ。15 分に 1 度更新されるため、広告を集中して投入した際に効果を得やすい。

効率的な広告の出し方

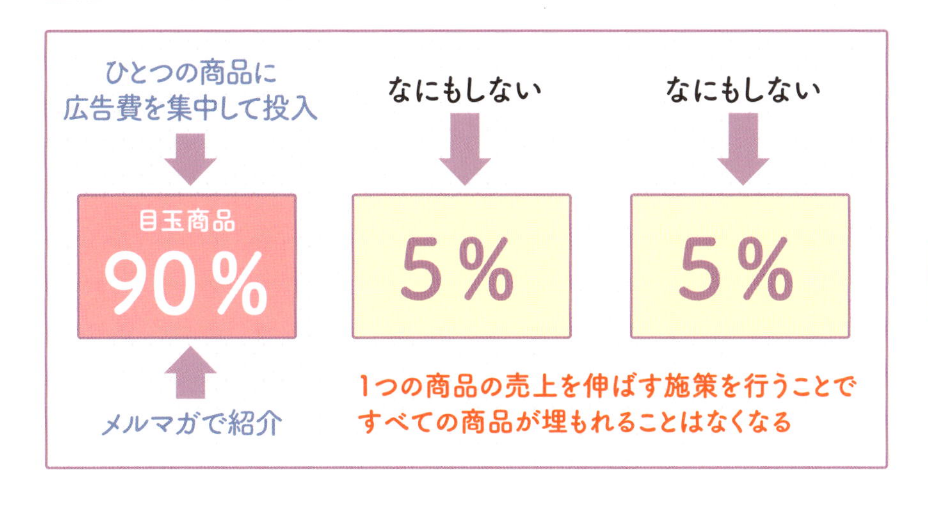

赤字覚悟で準備する目玉商品

サイトへの集客と顧客の獲得が目的である目玉商品は、**たとえ商品単体での採算が赤字になったとしても、その後の売上につながる施策と考えます**。そのため、他店よりも値段の安い特売商品が代表的なものになりますが、限定品や福袋での販売、訳あり商品としての割引商材なども目玉商品となります。

また、最新トレンドを活かした商品開発や、仕入れ量の少ない希少な商品を用意し、それを目玉商品にするケースもあります。

大切なのは、売上を出すことでECモール運営からの評価を上げ、売れるサイクルを回し続けることなのです。

SECTION 04

EC モールでの広告&イベント

広告出稿と ECモール主催のセールイベント

EC モール型サイトであっても、自社 EC と同様に広告の出稿を必ず行いましょう。ただし、EC モールと自社 EC サイトで行う広告とでは異なる点があります。ここでは、EC モールにおける広告出稿のポイントを解説します。

モール内には多くの広告枠が用意されている

EC モール型サイトで埋もれないようにするためには、モール内 SEO 対策のほかに、モール内の広告を利用します。

広告を出稿する際の基本的な考え方は、クリック型課金（運用型広告）と成果報酬型課金（P.127）の 2 つです。各モールが持っている広告枠に、モール側のルールやしくみに従って出稿する必要があります。たとえば楽天市場では、商品検索をした際に表示されるクリック型課金の「楽天プロモーションプラットフォーム広告」や、商品が購入された際に広告費が発生する「楽天スーパーDEAL 広告」、楽天トラベルなど楽天グループ内の別サービスに広告が掲載される「楽天 CPA 広告」など、さまざまな広告枠が用意されています。これらの広告を利用し、集客対策を行うことが EC モール内での販促のポイントとなります。

モール内検索に表示される広告が最強

その中でも**特に大切なのは、商品検索時に最上位に掲載されるクリック型課金の広告**です。Google などの自然検索で商品を調べるユーザーと比較して、EC モールの利用者はより購入意欲が高く、具体的な購入目的をもってモールに訪れています。このようなモールの利用者が商品を検索する際、いちばん最初に表示されるページは、当然クリック率が高くなります。購入意欲の高いお客様を逃さないためにも、EC モール型のサイト運営を行う場合は、モール内**検索連動型広告**の出稿が必須です。

検索連動型広告
EC モール型サイトの検索枠に入れたキーワードに連動して表示される広告のこと。リスティング広告ともいう。

モール内検索時に上位表示される広告表示の表現

また、検索時に表示される広告は「スポンサープロダクト」などといった表記で表示されるため、広告色を薄めて出稿することができ、クリック率も特に高くなります。

モールが主催するセールイベントには必ず参加

モールが主催するセールイベントも多く用意されています。楽天市場の場合は「**楽天スーパー SALE**」、Amazon は「**Amazon プライムデー**」、Yahoo! ショッピングは「**いい買い物の日**」など、それぞれの EC モールごとに年に数回催されます。EC モールの顧客の多くが参加するこれらのイベントは、事前に自社の年間販促スケジュールに組み込んでおきましょう。イベント実施日の2ヶ月ほど前から、予算を増額しておいた広告費を投入してあらかじめ売上を上げて、モール内の検索順位を上位にしておくことも大事です。

楽天スーパーSALE
楽天市場で年に4回行われるお得に購入できるキャンペーン期間。

Amazon プライムデー
Amazon プライム会員のために行われる年に一度開催される大型キャンペーン期間。

いい買い物の日
11月11日に実施される Yahoo! ショッピングの買い物キャンペーン期間。

SECTION 05

ECモールで登録する商品情報

商品検索ページで表示される情報の重要性

ECモール型サイトでは、検索結果一覧に表示されるサムネイル画像と商品タイトルが重要です。ここではユーザーの目を引くための商品画像や商品名の決定など、商品検索ページ設定のポイントを解説します。

商品検索ページでは競合商品も同列で表示される

楽天市場とYahoo!ショッピングでは、商品検索を行ったユーザーに対し、いかに自社で取り扱う商品に興味を持ってもらい、集客できるかが重要になります。ただ、自社で販売する商品と同じ商品を他社も販売している場合、その2つが商品検索ページに同時に表示されることも少なくありません。そのため、自社の商品がクリックされるかどうかは、ECモールの運営では死活問題なのです。

楽天市場やYahoo!ショッピングでは、商品検索をすると「商品画像」「商品名」「価格（と送料）」「獲得ポイント」「レビュー」「ショップ名」が表示されます。この中で、設定する際に注意すべきは「商品画像」と「商品名」です。

商品画像と商品名で競合と差別化

商品画像

同一の商品を他社が販売したとしても、自社商品が目立つようにメインの画像にも目を引くようなアイコンやキャッチコピーを入れ差別化をはかる。

商品画像は最初にユーザーの目を引くポイントなので、特に注力しましょう。ただの商品写真やイメージ画像でなく、**商品の売りとなるテキストを画像内に掲載したものを用意します。**たとえば「楽天ランキング1位獲得」や「母の日ギフト対応」「送料無料」「商品スペック」などを文字やアイコンにして写真に載せることが大切です。

商品名も同じように、商品の名称をただ登録するのではなく、**レビューやランキングの情報、商品の細かな情報や配送料金など、商品名以外の情報も盛り込みます。**このような情報を記入するこ

ECモールの検索結果で自社の商品をアピール

とで、他社との差別化を明確にし、自社の商品ページへのアクセス数を増やすことが、成功のポイントとなります。

楽天市場ならではの施策とYahoo!ショッピングの注意点

楽天市場の「リアルタイムランキング」(P.228) では、15分に1度ランキング順位が更新されるため、広告を利用することで比較的簡単に「1位」の称号を獲得できます。この販売実績の有無で商品の売上が大きく変わるため、ここで1位を獲得し、商品画像や商品名のアピールポイントにしましょう。

Yahoo! ショッピングも基本的には、楽天市場と同様の設定を行います。ただし、Yahoo! ショッピングの場合、商品名に「ランキング1位獲得」といったキーワードの設定が行えません。商品画像には文字を載せることができるため、商品画像をつくり込んで他社との差別化を図りましょう。

これらの情報は、一度登録したら終わりではありません。広告の設定と同じように、季節ごとに変更をして常にユーザーに興味を持ってもらえるように手を入れ続けます。

SECTION 06

レビューの収集と特典の活用

特典の魅力で集める！ ECモール内の商品レビュー

お客様が商品を購入する際、商品レビューを参考にするケースが多くあります。売上にも直結するこのレビューを集めることも大切です。

特典付きのフォローメールでレビューを募る

EC モール型サイトは自社 EC サイト以上にレビューを充実させることが大切です。特に**商品ページのレビューが 20 件を超えると信頼性が高まり、購入率が上がる傾向があります。**また、レビュー数が 0 件か 1 件かでも大きく**転換率**が違います。

レビューの数が多いことは、お客様にとって人気アイテムかどうかの判断基準となります。そしてレビューの内容から購入を決断します。レビューは売上に直結するのです。

レビューを集めるには、商品を買ってくれたお客様に「フォローメール」を送り、レビューの投稿をお願いするのが一般的です。また、その際に、お客様にとってのメリットとなる特典を提供することが大切になります。

転換率
ECサイトへの集客数に対して、商品が購入される確率のこと。コンバージョンレート（CVR）とも呼ばれる。集客×転換率×客単価が売上となる。

ECモールのルールに反した特典はNG

ただし、自社 EC サイトであればどのような特典を付けても制限はありませんが、モール型サイトでは EC モールの**レギュレーション**に違反した特典は設定できません。

たとえば楽天市場の場合、「レビューを書いたら次回の購入で送料無料」などのキャンペーンは問題ありませんが、商品購入前にレビューを書くことを条件に、商品の割引きを行うことは禁止されています。また、当然ながら商品のレビューが集まった段階で、レビューだけを残し、**他の商品**の情報に差し替えることも禁止されています。

レギュレーション
規則や規定という意味。たとえばレビューの場合、商品購入時にレビューを書くかどうかの意思決定をさせることは、レギュレーションで禁止されている。

他の商品
家電など同一の商材が新作として発売されるものに関しては、商品が前の型番と何が異なるのか、いつの段階で差し替えが行われたかが明記されている場合に限り、商品を差し替えることができる。

レビュー特典の NG 例

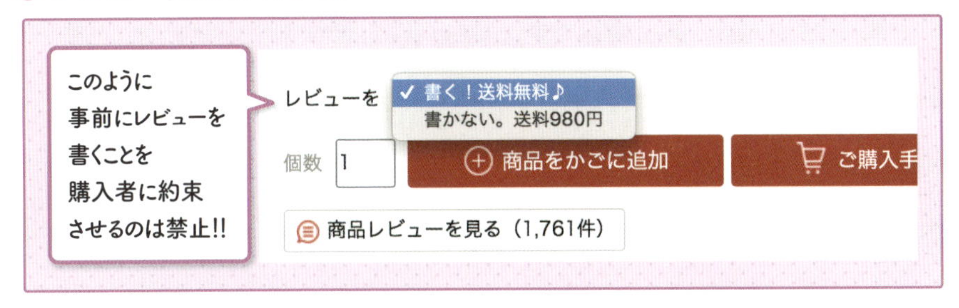

レビュー数の見え方

楽天市場のレビュー例

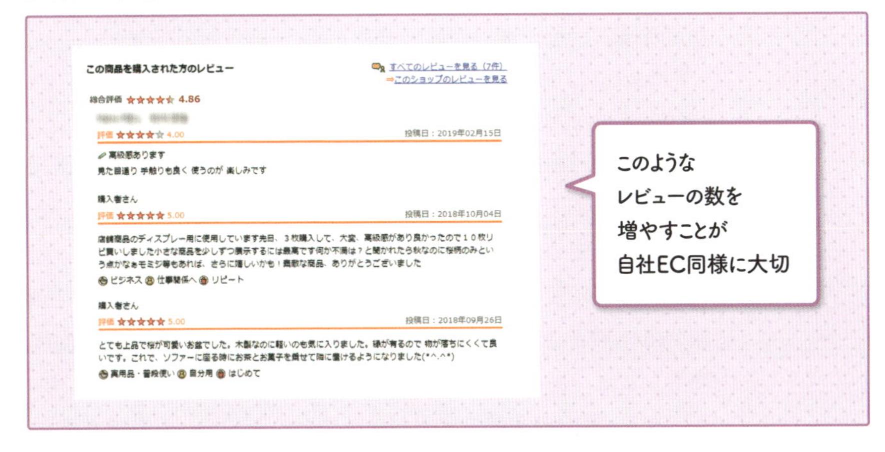

SECTION 07

Amazon マケプレの基礎知識①

Amazonマーケットプレイス出品のポイント

Amazon の商品登録には、独自のルールが多数あります。ここでは、Amazon の商品登録の考え方を解説します。

大きなお店の棚を借りて商売するイメージ

楽天市場や Yahoo! ショッピングなどの EC モールでの EC サイト運営は、リアルのショッピングモールに自分のお店を出し、そのモール内で販売をするイメージと変わりません。しかし、Amazon はこのようなモールの運営とは異なる特徴を持っています。

Amazon はもともと、自社で本や CD を販売する巨大な EC サイトでした。2002 年になると Amazon が運営する EC サイトの中で商品を販売することを許可する「**マーケットプレイス**」というサービスを展開し、誰でも Amazon のサイト内で商品を販売することができるようになりました。つまり、Amazon には EC モール型サイトを出店するのではなく、**販売したい商品を、Amazon という大きな EC サイトの棚に一緒に並べて売ることができる**というイメージなのです。

マーケットプレイス
インターネット上で、売り手と買い手が自由に参加して取引を行う電子市場のこと。EC モールをはじめ、ネットオークション、フリマアプリなどを指す。

Amazon は商品単位での出品を行うため、商品登録に関しても特徴があります。最大の特徴は、同一の商品がすでに Amazon 内で販売されている場合、商品の新規出品ではなく、すでに用意されている商品ページを利用し、その商品の在庫の 1 つとして、先に販売している事業者との相乗り出品になることです。それにより、すでに販売している商品であれば、自社で販売できる在庫数や価格設定を行うだけで、簡単に販売を始められます。また、商品レビューもすでに商品ページに掲載されているものを利用できるため、販売の準備の負担が少ないというメリットもあります。

Amazon と他の EC モールとの違い

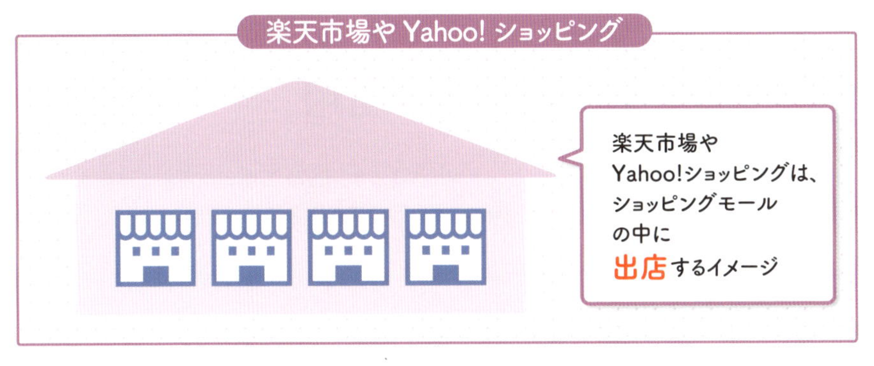

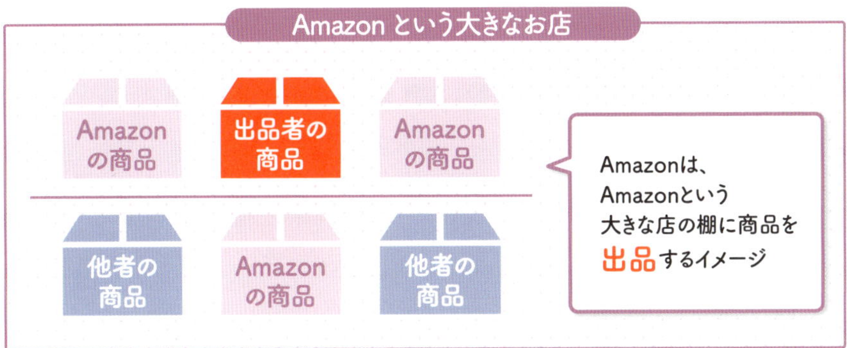

新規商品の出品にはページを作成

Amazon にまだ出品されていない商品を販売する場合には、1 から商品ページを作成する必要があります。その際に注意が必要なのが商品写真です。Amazon はメインの商品画像 1 枚と、サブ画像を 8 枚設定できます。メインの商品画像は、背景が無地のものしか利用できません。また、サブ画像はメイン画像では写っていない側面や使用方法、詳細画像の設定はできますが、「送料無料」や「金額」などのサービスに関する記載があるものは利用できません。さらに、Amazon は商品画像にマウスポインタを当てると画像が大きくなりますが、このとき小さいサイズの画像だと商品画像が粗くなってしまい、きれいに表示されないため、1000pxt 以上に設定することがポイントです。

SECTION 08

Amazon マケプレの基礎知識②

フルフィルメント by Amazonの利用

Amazon で出店するなら FBA（フルフィルメント by Amazon）を利用するのがおすすめです。ここでは FBA のメリットと、利用できない際の代替案を解説します。

フルフィルメント by Amazonがおすすめの理由

Amazon 内の検索では、**配送スピードが速いショップが検索結果の上位に表示されるしくみ**になっています。これは、Amazon が配送スピードを重要視しているからです。そのため Amazon で売上を伸ばすには、広告施策だけでなく、受注後すぐに出荷できるようなしくみを用意することが大切です。

しかし、EC サイトの売上が大きくなるにつれ、出荷のスピードを確保するのは難しくなります。そこで効果的なのが、Amazon の提供する「FBA（**フルフィルメント** by Amazon）」という物流代行サービスです。これは、商品在庫を事前に Amazon の倉庫に預けておき、出荷に関する作業をすべて Amazon に委託するというサービスです。また FBA を利用することで、販売ページに **prime マーク**を付けられるようになります。

フルフィルメント
EC サイトで商品が注文されてからユーザーに商品が届くまでに必要な業務全般を指す（P.66）。

primeマーク
Amazon プライム会員になっている購入者は、prime マークが付いている商品の送料やお急ぎ便、日時指定便が無料になる。そのため、同じような商品の場合、マークが付いているものを優先して購入することが多い。

発送や在庫管理だけではないサービス

EC 事業者が商品を Amazon の倉庫に納品することで、Amazon 側で商品梱包や配送に関するお客様からの問い合わせ対応を代行してくれます。土日を含め、24 時間 365 日いつでも出荷に対応してくれるため、本格的に Amazon を利用するのであれば、必須のサービスです。Amazon が配送スピードを重視していることもあり、今すぐに商品が欲しいというお客様の強いニーズを満たすことができます。

Amazon の購入画面

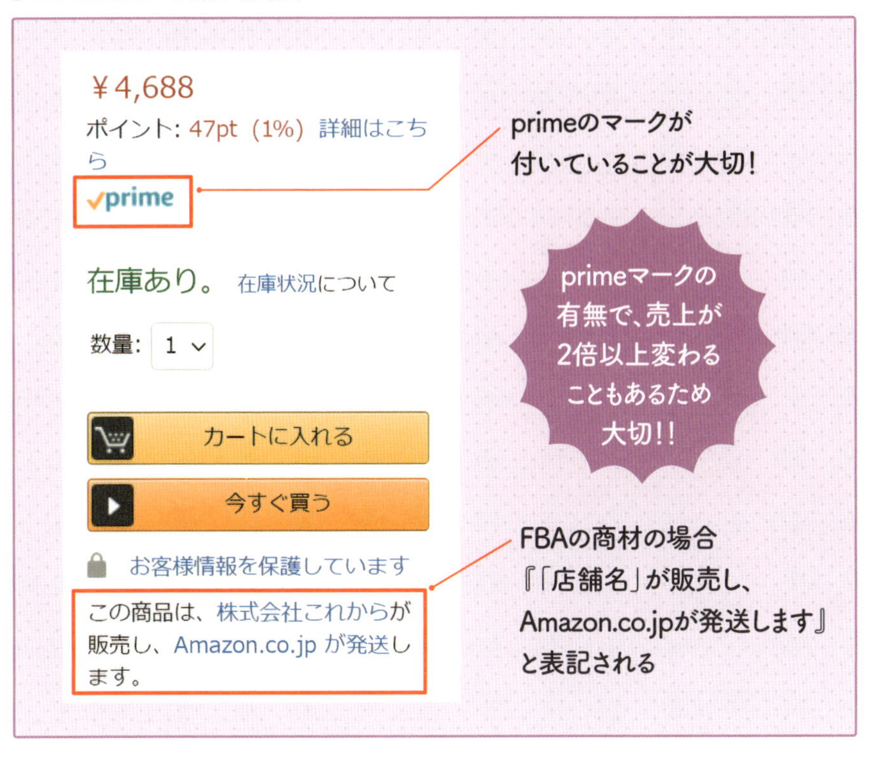

primeマークが付けば売上は伸びる

FBA は倉庫のスペースの関係で、大型家具や時期によって出庫数が大きく変動する季節商材を扱うショップは利用ができません。このような商材を扱う場合、Amazon の基準と同レベルで配送処理ができる企業であれば、「**マケプレプライム**」を利用することで prime マークを付けることができます。

Amazon での売上は prime マークの有無で 2 倍以上も変わると言われています。 なぜなら prime マークはお客様の安心感につながるだけでなく、「お急ぎ便の対応」「全国配送料無料」「配送の追跡」などの**サービス**を受けることができるからです。Amazon での売上拡大を目指すのであれば、FBA かマケプレプライムを利用し、prime マークを付けて販売を行いましょう。

マケプレプライム
Amazon 出品者が出荷する商品に prime マークを付けることができるプログラム。

(primeマークで享受できる)サービス
他に「Amazon 既定の返金、返品ポリシーの対応」「Amazon のカスタマーサービスによる、返品受付の提供」がある。

Column

ECモールへの出店だけでいいのか？

自社ECサイトを持たずECモールのみで運営をしている事業者の方に、なぜ自社ECサイトを持たないかを質問すると「自社ECサイトは売れないから」「ECモールじゃないと集客力がないから」という声が返ってきます。単純に比較すればECモールのほうが集客力はあるかもしれませんが、自社ECサイトだから売れないことはありません。

集客対策はどちらも必須

ECサイトで売上を伸ばすには、「サイトへのアクセスを増やすこと」が必要です。ECモール型サイトの場合、楽天市場やYahoo!ショッピングに知名度があるため、ECモール自体の集客力はあります。ただそこから自分のサイトに集客をするには、集客施策が必要です。モールに出店している事業者の数が多いため、埋もれないようにする必要があるからです。ECモール型サイトでも自社ECサイトの運営と同様に集客施策は必須なのです。

「自社ECサイト」と「モールへの出店」どちらが売れますかと聞かれたら「どちらも適切な対策を行えば売れますし、対策を怠れば売上を伸ばすことは難しいです」となります。

自由な自社ECサイト、不自由なECモール型サイト？

ただし永続的にECサイトを運営していくのであれば、自社ECサイトは必須です。なぜなら、ECモール型サイトはモール側の規定やルールの変更に必ず従う必要があるためです。

たとえば2020年3月から、楽天市場の出店者は一部地域や商品を除き、3,980円以上の購入で送料を無料に設定する規定が実施されるようになりました。これにより、各事業者は商品価格の見直しが必要になるなど大きな問題になりました。自社ECサイトの場合は、送料をいくらに設定しても問題はありません。しかし、ECモール型サイトに出店するのであれば、モール側の規定変更によっては販売方針を変えなければならないケースも出てきます。

Eコマース事業を長く続けるのであれば、ECモール型サイトとは別に自社ECサイトを運営し、安定して売上を立てられるようにするのが大切です。

参考文献

『改訂版ネットショップ検定公式テキスト ネットショップ実務士レベル 1 対応』
一般財団法人ネットショップ能力認定機構（著）ISBN:9784820789253

『ネットショップ検定公式テキスト ネットショップ実務士レベル 2 対応』
株式会社 E コマース戦略研究所（著）, 一般財団法人ネットショップ能力認定機構（認定）ISBN：9784820789314

『EC 業界大図鑑 2018 年版──2017 年の EC 業界を総まとめ !!』
EC のミカタ（編著）, 小林亮介（監修）ISBN:9784478104231

『現代広告の心理技術 101』
ドルー・エリック・ホイットマン（著）ISBN:9784904884775

『ビジネスフレームワーク図鑑 すぐ使える問題解決・アイデア発想ツール 70』
株式会社アンド（著）ISBN:9784798156910

『新版 プロが教える Google アナリティクス 実践テクニック ユニバーサルアナリティクス対応』
大倉裕治（著）, 於保真一朗（著）, 株式会社メディックス（監修）
ISBN：9784800710888

» おわりに

本書を手にしてくださった読者の皆様に大変感謝いたします。本書は、自社ECサイトをはじめて運用する際に生じる疑問に答えられるよう、基礎的な知識から実践に応用できるヒントまでを解説しました。

ECサイトを立ち上げてから売上が安定軌道に乗るまでには、「担当者の必須業務」「コンセプト作成のポイント」「集客方法」「リピーター獲得」などの幅広い知識が必要になります。本書はサイトの企画立案から運営までの基礎的な内容を網羅していますが、お伝えしたいことはまだたくさんあります。本書を執筆して、改めてEC担当者の業務範囲の広さを痛感させられました。すべての問題を一度に解決するのは困難ですので、どの要素の課題がいちばん売上に影響するかを考え、優先順位をつけて一つひとつ解決していくことが大切です。新たな施策に取り組むとき、売上が伸び悩んだときの羅針盤になれれば幸甚です。

EC業界の流れは早く、次々に新しいテクノロジーが登場します。日々の業務に追われていると、ついつい未来への投資や新たな施策へのチャレンジを後回しにしてしまいがちです。定期的に振り返り、改善施策を考える時間を確保することをぜひオススメします。息抜きとして参考サイトやライバルサイトでお買い物を楽しんでみるのも、立派な市場調査になります。良質なユーザー体験をしたことがある人ほど、自社のサイトに対してもアイデアが浮かびやすくなります。ECサイト改善の基本的な考え方は「常にユーザーファースト」であることです。

最後に、本書を手に取ってくださった皆様のEC事業がうまくいくことを心より願っております。またその際に本書がその一助となれば、著者としてはこの上ない喜びです。いずれ皆様とどこかでお会いすることがございましたら、ぜひ本書の感想を伺わせてください！

株式会社 これから

執著者

川村拓也　戸田裕文

志岐大地　増井貴大　美甘典輝　西正浩　森永周一郎

今泉雄介　岡田明人　小野寺克吉　渡辺裕美　澤田直弥
宮口陽平　菊永泰至　小澤博之　山田治郎　相場涼子
斎藤濯　小池真規子　梶田航平　岩崎純也　濱畑陽介
田原瑳那　山越惇平　達谷窟創太　篠崎雅弥

Index

記号・アルファベット

5G …… 16
A/Bテスト …… 154
AI …… 192
AISAS …… 43
Amazon Pay …… 56,159
Amazonプライムデー …… 231
ASP …… 144
ASP型 …… 26
bot …… 166
BOTCHAN PAYMENT …… 167
BtoB …… 12
BtoC …… 12
CMS …… 172
CPA …… 131
CPC …… 131,148
CPO …… 204
Creema …… 32
CRM …… 147,200
CROSS MALL …… 30
CSS …… 98
CtoC …… 12
CtoCサイト …… 32
CTR …… 131
CVR …… 131,187
CV数分析 …… 187
description …… 191
descriptionタグ …… 110
DM …… 216
EC …… 12
EC Force …… 28
ECzine …… 72
ECアプリ …… 122
ECサイト …… 12
ECチャネル …… 14
ECのミカタ …… 72
EFO対策 …… 160
eコマース(設定) …… 184
F2転換 …… 204
FABE分析 …… 90
Facebook …… 118
FAQページ …… 23
FBA …… 226
futureshop …… 28
Google Chrome …… 194
Google Search Console …… 190
Googleアナリティクス …… 182,184
Googleショッピング広告 …… 136
Googleマーチャントセンター …… 136
HTML(タグ) …… 98
hタグ …… 115
ID決済 …… 56
Instagram …… 120,142
IoT …… 222
IPアドレス …… 116
JavaScript …… 98
KPI …… 44,130
KPI設定 …… 46
LINE …… 210
LINE公式アカウント …… 118,210
MakeShop …… 28
MarkeZine …… 72
minne …… 32
O2O …… 17
OMO …… 17
Page Analytics by Google …… 194
PDCA …… 20,153
primeマーク …… 238
PV数 …… 180
qualva …… 167
RFM分析 …… 202
SEO対策 …… 106,108,116
ShopNow …… 121
SimilarWeb …… 194
SiTest …… 195
SNS …… 118,138
SNS広告 …… 126,138
SWOT分析 …… 40
SYNALIO …… 167
TikTok …… 138,142
titleタグ …… 110
Twitter …… 118
UU数 …… 180
VIP顧客 …… 203
WordPress …… 172
YOTPO …… 169
YouTube …… 119,142
ZOZOTOWN …… 225

あ 行

アクション率……142
後払い決済……55
アフィリエイター……144
アフィリエイト……106
アフィリエイト広告……126,144
アプリ限定コンテンツ……122
アプリ広告……126
アリババ……34
アルゴリズム……108
合わせ買い……162
アンバサダー……146
アンバサダーマーケティング……147
いい買い物の日……231
一元管理ツール……30
インデックス……109
インフィード広告……140,150
インフルエンサー……106,146
インフルエンサーマーケティング……146
ウェブ広告……126,152
うちでのこづち……201
運営統括責任者名……50
運用型広告……127,230
越境EC……34
オープンソース型……26
お試し商品……65
オファー……219

か 行

カートシステム……26
カートページ……92
会員限定コンテンツ……102
会員ランク分析……202
海外配送代行サービス……35
外部対策……109
外部要因……40
回遊率……91
隠しテキスト……117
カゴ落ち……95,160
カスタマージャーニーマップ……43
カスタマーリングス……201
画像リンク……207
カテゴリーレコメンド……88
カラーミーショップ……28
関係値……207
期間オファー……213
記事LP……156
クーポンコード……217
クーリングオフ……22
ググる……16
クッション材……70
グノシー……140
クリエイティブメッセージ……139
クリック型課金……230
クリック単価……131,148
クリック率……131
クレジットカード決済……54
クローラー……109
軽減税率……102
継続課金……218
景品表示法……52
決済システム……54
顕在層……128,132,152
検索連動型広告……230
広告クリエイティブ……134
広告媒体社……126
購入率……45
購買モチベーション……128
コーディング……98
コピーコンテンツ……116
コメント削除……168
コンセプトシート……78
コンテンツエリア……83
コンバージョン単価……131
コンバージョン率……131,188
コンビニ決済……54

さ 行

在庫数……18
在庫連携ソフト……32
サイドエリア……82
サイトマップ……80
ささげサービス……59
サジェスト……165
サジェストキーワード取得ツール……174
サジェストツール……114
サブ商材……65
サブスクストア……28

Index

サブスクリプション……220
参照元デバイス……187
参照元メディア……186
シームレス……121
シェアボタン……94
自社ECサイト……24
自社アプリ……123
指名層……132
準顕在層……128
純広告……127
商品画像……232
商品カテゴリーページ……88
商品原価……218
商品検索フォーム……164
商品検索ページ……232
商品詳細ページ……58,90
商品ページ……94
商品レビュー……168,234
ステップメール……208
ストック収入……219
スパム行為……116
スマートニュース……140
成果地点……130
成果報酬型広告……127
セグメント……200
セグメントメール……208
セッション数……180
潜在層……128
総合通販……28,218
訴求軸……154

た 行

ターゲット設定……128
ダイレクトマーケティング……73
ダウンロード販売……12
タッチポイント……212
多店舗展開……30,225
短尺……143
単品通販……28
単品リピート通販……218
チャット……166
チャットボット……166
チャネル……106
注文確認メール……19
直帰率……181
ついで買い……69
通販通信……73
ディスプレイ広告……126,134
定性分析……179
定量分析……178
データフィード……137
手数料……25
テスト注文……100
デモグラフィック……128
転換率……234
転売屋……145
動画SNS……119
動画広告……126,142
特定商取引法……50,80
トップページ……58,82,84
ドメイン……65
トラッキングコード……184
トランザクション費用……54
トンマナ……148

な 行

内部対策……109
内部要因……40
ながら決済……56
入金確認メール……19
入札価格……132
ネクストエンジン……30
ネットショップ担当者フォーラム……73
納品書……214

は 行

パーソナライズ機能……162
配送メール……19
配送料金……68
バズる……118
パッケージ型……26
ハッシュタグ……120
バナー広告……148
パレートの法則……199
販促カレンダー……48
ハンバーガーメニュー……86
販売事業者名……50
ヒートマップツール……195
ビジネスマッチングサイト……72

非指名層……132
ビッグワード……113
非物販EC……12
誹謗・中傷……168
被リンク……117
品質に関するガイドライン……117
ファーストビュー……82
フッターエリア……83
物販EC……12
プライバシーポリシー……80
プラグイン……27
フルフィルメント……66,238
フレームワーク……40
ブロック……212
平均客単価……38,64
ヘッダーエリア……82
ペルソナ……42
ベンチマーク……20
返品条件……50

ま 行

マーケットプレイス……236
マケプレプライム……239
マス広告……126
未読スルー……210
ミドルワード……113
無料カート……28
メイクリピーター……201
メイン商材……65
メインターゲット……78
メインメニュー……82
メディアEC……170
メルカリ……32
メルマガ……207
モール型ECサイト……24
モバイルシフト……134

や 行

薬機法……52
ヤフオク!……32
ユーザー属性……129
郵送物……216
誘導ボタン……193
誘導率……210
有利誤認表示……52
有料カート……28
優良誤認表示……52

ら 行

楽天CPA広告……230
楽天スーパーDEAL広告……230
楽天スーパーSALE……231
楽天プロモーションプラットフォーム広告……230
楽天ペイ……56
ラットレース……198
ランキング機能……162
ランディングページ……96,188
リアルタイムランキング……228
リスティング広告……96,132
離脱率……181
リッチメッセージ……211
リピート機能……28
リピスト……28
リマーケティング広告……106,134
領収書……214
リンク切れ……100
リンクファーム……117
累計購入回数……202
累計購入金額……202
レギュレーション……234
レコメンドツール……162
レコメンドメール機能……162
レスポンシブデザイン……86
ロイヤリティ……24
ロイヤルカスタマー……199
ロングテールキーワード……112

わ 行

ワイヤーフレーム……82

著者紹介
株式会社これから
自社ECに特化し、制作、集客支援、広告運用、CRM施策、コンサルティングに至るまで、一気通貫体制にてサービス提供をするどヘンタイ集団。2000サイト以上に及ぶサポート経験から生まれたノウハウとAIを融合させ、1日500円からはじめられる自社EC特化型自動広告配信システムAdSISTも提供中。また、日本のEC人材、AIエンジニアの圧倒的な不足を解消するため、小学生向けプログラミング教室も運営している。自社ECに特化したセミナー講演依頼は毎年50本以上。
ホームページ：https://corekara.co.jp/

■装丁　井上新八
■本文デザイン　山本真琴（design.m）
■本文DTP　佐々木志帆／小池那緒子（ナイスク）
■企画・編集　橘浩之
■編集・制作　ナイスク　http://naisg.com
松尾里央／高作真紀／鈴木英里子／安藤沙帆

図解即戦力
EC担当者の実務と知識がこれ1冊でしっかりわかる教科書

2020年　8月　4日　初版　第1刷発行
2024年　2月24日　初版　第5刷発行

著　者　株式会社これから
発行者　片岡　巌
発行所　株式会社技術評論社
東京都新宿区市谷左内町21-13
電話　03-3513-6150　販売促進部
03-3513-6185　書籍編集部
印刷／製本　株式会社加藤文明社

ISBN978-4-297-11315-5 C0034　Printed in Japan

◆お問い合わせについて

- ご質問は本書に記載されている内容に関するもののみに限定させていただきます。本書の内容と関係のないご質問には一切お答えできませんので、あらかじめご了承ください。
- 電話でのご質問は一切受け付けておりませんので、FAXまたは書面にて下記問い合わせ先までお送りください。また、ご質問の際には書名と該当ページ、返信先を明記してくださいますようお願いいたします。
- お送りいただいたご質問には、できる限り迅速にお答えできるよう努力いたしておりますが、お答えするまでに時間がかかる場合がございます。また、回答の期日をご指定いただいた場合でも、ご希望にお応えできるとは限りませんので、あらかじめご了承ください。
- ご質問の際に記載された個人情報は、ご質問への回答以外の目的には使用しません。また、回答後は速やかに破棄いたします。

◆お問い合せ先

［郵送］
〒162-0846
東京都新宿区市谷左内町21-13
株式会社技術評論社　書籍編集部
「図解即戦力
EC担当者の実務と知識が
これ1冊でしっかりわかる教科書」係
［FAX］03-3513-6181
［Web］https://book.gihyo.jp/116